本书为四川大学马克思主义学院出版项目资助成果

成渝地区双城经济圈
城乡融合发展的政治经济学研究

王林梅 / 著

西南财经大学出版社

中国·成都

图书在版编目(CIP)数据

成渝地区双城经济圈城乡融合发展的政治经济学研究/王林梅著.--成都:西南财经大学出版社,2024.6

ISBN 978-7-5504-6208-3

Ⅰ.①成… Ⅱ.①王… Ⅲ.①城乡建设—区域经济发展—研究—成都②城乡建设—区域经济发展—研究—重庆 Ⅳ.①F299.277.1

中国国家版本馆 CIP 数据核字(2024)第 106143 号

成渝地区双城经济圈城乡融合发展的政治经济学研究
CHENGYU DIQU SHUANGCHENG JINGJI QUAN CHENGXIANG RONGHE FAZHAN DE ZHENGZHI JINGJI XUE YANJIU
王林梅 著

策划编辑:邓克虎
责任编辑:肖 翀
责任校对:邓嘉玲
封面设计:墨创文化
责任印制:朱曼丽

出版发行	西南财经大学出版社(四川省成都市光华村街55号)
网 址	http://cbs.swufe.edu.cn
电子邮件	bookcj@swufe.edu.cn
邮政编码	610074
电 话	028-87353785
照 排	四川胜翔数码印务设计有限公司
印 刷	四川煤田地质制图印务有限责任公司
成品尺寸	170 mm×240 mm
印 张	12.75
字 数	246 千字
版 次	2024 年 6 月第 1 版
印 次	2024 年 6 月第 1 次印刷
书 号	ISBN 978-7-5504-6208-3
定 价	88.00 元

前　言

　　城乡关系是我国现代化建设进程中必须正确处理的重大关系。我国城乡关系经历了城乡二元分割阶段、以城市为重点的城乡关系调整阶段、城乡统筹阶段，目前正向城乡融合发展的新阶段迈进。2017年，党的十九大报告依据我国社会主要矛盾变化，做出中国特色社会主义进入新时代的重要论断，首次在全国党代会报告中提出"城乡融合发展"的概念，并将城乡发展不平衡和农村发展不充分作为人民日益增长的美好生活需要和不平衡不充分发展之间的矛盾的重要体现，从而提出实施乡村振兴战略，建立健全城乡融合发展体制机制和政策体系。2022年，党的二十大报告再次强调要坚持农业农村优先发展，坚持城乡融合发展，畅通城乡要素流动。

　　城乡融合既是生产力发展到一定阶段城乡关系演进的必然结果，也是我国实现乡村全面振兴和农业农村高质量发展，从而实现全体人民共同富裕的必由之路。然而，城乡融合发展的实现机制是什么，如何科学测度城乡融合水平，如何有效推动城乡融合发展，成为我国城乡融合发展亟须回答的重要理论和实践问题。

　　成渝地区是我国较早关注到城乡差距并积极探索实行城乡一体化发展路径的地区。早在2003年成都就率先开展统筹城乡改革，2007年国家发展和改革委员会批准重庆市和成都市设立全国统筹城乡综合配套改革试验区，2019年成都西部片区、重庆西部片区成为国家城乡融合发展试验区。2021年《成渝地区双城经济圈建设规划纲要》提出，要以推动城乡融合发展为重点，通过完善要素市场化配置，破除体制机制弊端，构建"工农互促、城乡互补"的新型工农、城乡"协调发展、共同繁荣"的关系。因此，成渝地区双城经济圈在新时代推进城乡深度融合发展方面更有时间和政策积累上的先天优势。

　　基于此，本书选取成渝地区双城经济圈这一典型区域为研究对象，从马克思主义政治经济学视角进行该区域城乡融合的实现逻辑、发展特征、存在问题及应对策略的研究。

本书分为四部分，共 7 章。第一部分包括第 1、2、3 章，构建城乡融合发展的理论分析框架。第二部分为第 4 章，成渝地区双城经济圈城乡融合战略意义、现实基础及实现逻辑剖析。第三部分为第 5 章，成渝地区双城经济圈融合水平测度与问题分析。第四部分包括第 6 章和第 7 章，国内外城乡产业融合的经验借鉴和成渝地区双城经济圈城乡融合发展的应对策略。

本书框架及主要观点如下。

第一部分：在科学界定城乡融合定义的基础上，深入解析城乡融合的理论基础和实践逻辑。城乡融合是指通过打破和消解阻碍城乡一体发展的壁垒，实现城市子地域系统和乡村子地域系统内部空间、功能、要素、文化、社会等维度耦合协调发展，从而形成利益共享、功能渗透、风险共担、发展互惠的价值共同体的过程和状态。马克思、恩格斯运用唯物史观对城乡关系发展的历史规律做了科学总结和概括，敏锐地指出城乡融合是城乡关系发展的必然趋势，城乡融合的本质内涵是实现人的全面自由发展；同时，只有当生产力和城乡生产关系发展到一定阶段后，消灭城乡对立、实现城乡融合才有可能。新中国成立以来，中国共产党人对中国的城乡发展建设做出了符合实际国情和历史发展要求的理论创新，为建设城乡一体化，逐步消除城乡差别做出了巨大的努力。如在社会主义革命和建设时期，毛泽东同志提出了城乡兼顾和工农并举的思想。在改革开放和社会主义现代化建设新时期，邓小平同志就萌发了工农互助和城乡互动思想。江泽民同志提出发展小城镇和统筹城乡思想，并重视"三农"问题。胡锦涛同志提出了"两个趋向"论断，要求促进城乡一体化发展，并进行了建设社会主义新农村的探索。在中国特色社会主义新时代，习近平总书记提出了城乡融合发展思想。我国城乡发展的演进经历了从城乡分立分治、城乡改革与一体化发展到城乡融合发展三个阶段。城乡关系的演变是生产力与生产关系变革的产物，我国城乡关系的演进历程内嵌于我国现代化发展过程，从"分离"到"融合"的背后积蓄了社会主义国家强大的政策推动力。

第二部分：在对成渝地区双城经济圈地理范围的理论解析基础上，深刻剖析成渝地区双城经济圈城乡融合发展的战略意义、现实基础，提出成渝地区双城经济圈城乡融合发展的实现逻辑。成渝地区双城经济圈具有经济区和政策区的双重特征。2021年10月，中共中央、国务院印发了《成渝地区双城经济圈建设规划纲要》，规划范围包括重庆市的中心城区及万州、涪陵、綦江、大足、黔江、长寿、江津、合川、永川、南川、璧山、铜梁、潼南、荣昌、梁平、丰都、垫江、忠县等27个区（县）以及开州、云阳的部分地区，四川省的成都、自贡、泸州、德阳、绵阳（除平武县、北川县）、遂宁、内江、乐山、南充、眉山、宜宾、广安、达州（除万源市）、雅安（除天全县、宝兴县）、资阳15个市。通过运用空间引力模型进行测算，范围内区域间联系紧密，符合理论设定。据此，本书也采用规划范围作为研究范围。同时进一步观察成渝地区双城经济圈的空间形态和空间结构，已形成"两中心—四片区"组团结构，双核轴链形态不断加密，两中心带动大都市区圈群结构日益凸显。深入推进成渝地区双城经济圈城乡融合发展，加快国家城乡融合发展试验区建设是国家赋予成渝地区双城经济圈的重大改革任务，有利于实现成渝地区协调发展，全面推进成渝地区实现乡村振兴，为实现共同富裕提供可行路径，为中国式现代化道路打造区域化样板，多元多维多层次提升成渝地区引领西部地区高质量发展的战略地位，为成渝地区开启新时代现代化建设新征程蓄势赋能。成渝地区双城经济圈城乡融合发展的关键在于实现新型城镇化与乡村振兴战略协调驱动，从经济、社会、文化、生态和空间建设五大领域同步推进，形成工农互促、城乡互补、全面融合、共同繁荣的新型工农城乡关系，从而实现城乡经济融合、城乡社会融合、城乡文化融合、城乡生态融合和城乡空间融合。

第三部分：在成渝地区双城经济圈城乡融合水平测度的基础上，深刻剖析城乡融合发展的问题。本书借助组合CRITIC权重分析工具确定成渝地区双城经济圈城乡融合发展指标体系的各项权重，并加权形成最终的城乡融合发展指数值，进行城乡融合发展水平测评；并进行成渝地区双城经济圈城乡融合发展的整体、片区和空间演变态势的动态侦测。实证分析发现，成渝地区双城经济圈城乡融合发展存在城乡融合程度较低、区域分化特征突出、经济圈区际空间联系相对较弱、城乡收入差距仍然较大、城乡要素双向流通机制不完善、城乡公共产品供给体制不健全、县域城乡融合载体功能发挥不足等问题。成渝地区双城经济圈城乡融合发展的问题，既有如体制机制障碍方面的我国城乡关系矛盾的普遍问题，同时又体现出明显的区域特征。在这里需要特别说明的是，由于新冠疫情发生后，成渝地区双城经济圈的经济社会数据波动较大，无法真实反映出城乡融合发展的水平和总体趋势，对政策的评估也容易出现问题，因此本书中成渝地区双城经济圈"15+29"个市（县、区）的相关经济社会数据仅截至 2019 年年底。

第四部分：在深刻总结西方发达国家和我国城乡融合示范区典型经验的基础上，提出提升成渝地区双城经济圈城乡融合发展水平的应对策略。推动成渝地区双城经济圈城乡融合，一方面要置身于整个国家的现代化进程和城乡融合发展趋势，另一方面又要从区域视野中因地制宜地促进区域城乡关系的发展。本书梳理总结了美国"城乡共生型"模式、德国"城乡等值化"模式、日本"地域循环共生圈"模式，以及中国广东清远"一主线两标准"模式、长春九台"四集四引"模式、江西鹰潭高水平一体化模式、西安高陵区"三机制+三转变+三建设"模式。国外城乡融合发展的典型案例和我国城乡融合试验区城乡融合典型样本可以为成渝地区双城经济圈的城乡融合发展提供有益镜鉴。要基于城乡关系理论和国内外城乡融合典型经验，有效解决成渝地区双城经济圈城乡融合发展中的问题。在战略层面，以乡村振兴为牵引，在城镇化进程中统筹推进城乡融合；在战术层面，实施梯度发展战略推进空间均衡发展；在载体层面，有效发挥县域和小城镇的片轴带动作用；在机制层面，健全城乡融合的体制机制。

作者

2024 年 2 月

目　录

1 导论

1.1 研究背景及意义

1.1.1 选题背景

加快推动成渝地区双城经济圈建设,打造内陆开放战略高地,推动西部高质量发展是中央财经委员会第六次会议对成渝地区发展做出的全新战略部署。成渝地区作为西部地区经济体量最大、一体化程度最高、经济联系度最紧密的核心增长极,如何进一步强化重庆和成都的中心城市带动作用,同步增强协同创新发展能力,促进要素自由流动效率,是实现区域高质量发展转型和协调发展的关键难题。其中,最具典型性的问题是如何稳步提升成渝地区双城经济圈的城乡融合水平。

虽然成渝地区双城经济圈在推动城乡融合发展改革中已经具备了深厚的时间积淀和前期实践经验,但新时代成渝地区双城经济圈内部的城乡差距依然明显,新型城镇化与乡村振兴进程依然不均衡、不协调,农业和农村现代化水平仍然相对滞后。如果不能妥善处理两者关系,就极有可能影响成渝地区双城经济圈高质量发展增长极培育之大局。为此,在全面建设社会主义现代化国家、深入推进"十四五"规划和新时代推进西部大开发形成新格局的关键时间节点上,借助入围国家城乡融合发展试验区的重大战略机遇,剖析成渝地区双城经济圈城乡融合发展的实现逻辑,积极构建符合成渝地区双城经济圈区域本土化特征的城乡融合发展统计侦测体系,探索成渝地区双城经济圈城乡融合发展的现实策略,创新城乡生产要素双向自由流动和公共资源合理配置的体制机制,既是新时代响应我国新型城乡关系重构过程中的重大理论创新,也是主动贯彻落实党的二十大报告提出的推进城乡融合，深入实施区域协调发展战略，推动西部大开发形成新格局，有利于为西部其他地区乃至全国提供协调推进乡村振兴战略和新型城镇化战略可复制可推广的重要经验借鉴。

1.1.2 研究意义

1. 理论意义

以成渝地区双城经济圈城乡融合发展作为核心问题，积极探索其实现逻辑、测量指标体系、变化趋势及优化策略。一方面，是对中国特色社会主义城乡关系理论和农业农村现代化理论的补充和发展；另一方面，也表现为紧扣乡村振兴和新时代推进西部大开发形成新格局的战略部署，探索城乡融合科学评价方法，弥补当前新型城镇化与乡村振兴理论缺陷，填补城乡关系领域实证研究空白的重要价值贡献。

2. 应用意义

通过科学辨识成渝地区双城经济圈的空间边界和空间特征，准确把握城乡融合的本质属性和建立一套测评完备的成渝地区双城经济圈城乡融合发展侦测标准，能够为成渝地区各级政府进一步聚焦城乡融合发展短板、有的放矢地制定一系列政策方针提供科学依据，也能够为全国其他地区同步推进城乡融合发展，提高和进一步改善城乡实质性融合进程提供一套行之有效的考核参照标准，从而有助于"自上而下"的政策落地和挂图作战。

1.2 文献综述

1.2.1 成渝地区双城经济圈的形成及区域特征研究

1. 经济圈的内涵及成渝地区双城经济圈的演进历程

尽管成渝地区双城经济圈概念提出不久，但学术界对经济圈内涵特征的界定和分析却十分成熟。从城市和区域经济发展空间规律来看，关于经济圈内涵的代表性观点主要包括以下三类。一是大都市区或城市带论。将经济圈等同于一定区域范围内经济社会活动联系紧密的空间经济组织实体（Sylvia，2020；Monroy，2020）。二是均质区域论或增长极论。将经济圈定义为生产资料、商品或要素内部自由流动，经济结构和社会组织高度相似并在一定空间内财富积累比重较高、增速较快的地理均质区和经济中心（Bosker，2019）。三是时空压缩论。将经济圈视为经济联系度高、产业分工密切、生产和生活互动频繁，并在时间和空间上高度依赖的区域共同体（Warf，2009）。

以传统经济圈内涵概念为依托，成渝地区双城经济圈也自然而然地拥有一般经济圈的自然属性和发展规律，学术界关于成渝地区双城经济圈的形成演变历程，归纳起来主要有以下三类观点。一是三阶段成长论。该观点认为成渝地区双城经济圈的形成依次经历了2011年前后的成渝城市群时期、2016年的成渝经济区时期和2019年年末的成渝地区双城经济圈时期，此三阶段划分的直接依据来自国家区域空间规划的政策节点（钟海燕，2020；李月起，2018）。二是四阶段演变论。该观点在三阶段成长论共识基础上，纳入了成渝双核大都市区形成的特定历史阶段，认为在成渝城市群形成壮大和逐步向成熟的成渝经济区演变过程中，成渝中心城市经历了中心区迅速扩张和次中心迅速发育壮大阶段。成渝双核城市的极化效应和中心地带动能力逐步增强（戴宾，2020；Qin，2015）。三是双重跳跃论。该观点认为成渝地区双城经济圈的形成经历了从"区域分割"向"区域整合"、从"双核竞争"向"双核融合"的双重转型，完成了空间一体和政策一体的两维度跳跃，使得成渝地区双城经济圈的一体化协同发展水平更上一层楼（王娜，2019；刘春霞，2017）。

2. 成渝地区双城经济圈的区域特征

近期，关于成渝地区双城经济圈的区域特征的讨论已经逐步上升为学术热点。总的来看，理论界对成渝地区双城经济圈区域特征的推断和界定，主要有以下四个代表性观点。其一是"两中心性"。该观点认为成渝地区双城经济圈是与国内和国外绝大多数经济圈、城市群所不同的，其是由两个经济实力相当、区域辐射带动能力相同的双核中心城市共同引导扩散带动的地理空间（杨继瑞，2020）。其二是"多维临近性"。该观点强调成渝地区双城经济圈所处区域具有地理上接近、产业上互补、文化上相似、基础设施上相通等多维临近特点，为此，成渝地区双城经济圈本身在一体化进程上便具有不可替代的先天优势（冯奎，2020）。其三是"不平衡性"。该观点认为成渝地区双城经济圈内部存在明显的"大城+大乡"现象。广阔的经济腹地和副中心、次级中心地发育水平远远落后于成都和重庆两个核心增长极，经济圈周边塌陷和中间塌陷问题较为突出（盛毅，

2020；王崇举，2020）。其四是"竞合性"。该观点认为成渝地区双城经济圈的区域经济发展具有显著的同质化竞争和异质性合作并存特点。这是成渝地区分分合合的历史规律发展必然，也是经济圈发展去行政化和地方行政化自主性发展之间角力的区域性表现（林毅夫，2020；姚乐野，2020）。

3. 成渝地区双城经济圈的构建方略

新时代如何实施并加快构建成渝地区双城经济圈，是理论界亟须解决的问题之一。当前学术界对推动成渝地区双城经济圈建设提出了较多建设性观点，具有代表性的包括以下三种。一是四目标导向说。该观点指出成渝地区双城经济圈应当以全面深化改革为牵引，打造高质量科教创新中心、西部高质量产业中心、全方位内陆开放新高地和公园城市示范区（罗来军，2020）。二是轴心建设说。该观点强调成渝地区双城经济圈应当着力实现"中心"变"轴心"，协同实现交通轴、文化轴、生态轴、产业轴、科技轴、创新轴六轴一体布局（李后强，2020）。三是问题化解说。该观点明确当前成渝地区双城经济圈建设的难点和痛点在于内部合力不足、区内中小城市塌陷、资源环境承载压力大、极化效应大于分散效应等，为此应针对性出台改革策略，在新时代成渝地区双城经济圈深化改革中对上述问题逐步进行解决，促使经济圈更加高质量发展（卢阳春，2020）。

1.2.2 城乡融合的内在特质及实现动力研究

1. 城乡融合的内涵界定

作为描述城乡关系变化的一种特定状态，城乡融合的概念自党的十九大报告提出之后便引发了学术界的热烈讨论和研究。关于对城乡融合内涵的科学理解已有很多成果涌现，总体来看，对于城乡融合本质的界定和把握主要侧重于以下三个方面。一是从城乡关系角度来阐释城乡融合。该观点强调城乡融合是城乡生产要素的合理流动，促使城乡经济和社会生活协调发展，逐步缩小直至消灭城乡差距，最终实现城乡一体化的过程（黄渊基，2019）。二是从系统论角度来理解城乡融合。该观点将城乡融合的科学内涵解读为一个有机整体，放在开放的、公平的、公正的发展环境中，实现人的全面发展和人与自然的和谐相处（许彩铃，2018）。三是从结构论角度来把握城乡融合。该观点将城乡融合视为城乡功能、城乡要素配置和城乡权益相互渗透的统一体（涂圣伟，2020）。总体来看，对于城乡融合概念的界定需要放在新历史时期和改革背景下，尤其要注意与城乡统筹、城乡一体化概念的区分。

2. 城乡融合的实现条件及动力机制

关于如何推进城乡融合过程，理论界同步做了大量探索。其重点在于研究城乡融合的实现条件和动力机制，代表性观点有四。其一，制度条件论。该观点将城乡融合的实现条件归纳为一系列制度安排，包括双向流动制度、产业融合发展制度、公共服务均等制度、生态环境共治制度和收入分配公平制度（蒿慧杰，2019）。其二，内外要素论。该观点认为推进城乡融合必须借助农业现代化和农村城镇化发展、城市的现代化发展、市场主体的不同利益诉求等内外要素的共同作用（唐琼，2020）。其三，技术变迁论。该观点强调工业技术变迁对农业的改造及工业对农业的进一步反哺，促使农业劳动生产率及农业发展实现后发赶超，推动城乡结构并轨（金成武，2019）。其四，内源刚性结构兼政府主导论。该观点认为后发国家需要在长期发展中协调城镇与乡村关系、工业与农业关系，以及地区关系。必须依靠政府机制将资源配置于效率较高的地区以实现局部工业化，而后再利用优先发展地区的发展成果实现城乡融合发展（Wang，2009；蔡昉，2016）。

3. 城乡融合的测量方法

理论界对城乡融合水平的实证测量方法，可以归纳为单指标法和指标体系法两大类。单指标法主要包括使用城乡泰尔指数、威廉逊指数、熵指数、基尼系数等不平等系数来间接测量城乡融合度，重点关注城乡分割程度（Kenneth，2005）。指标体系法则重视在把握城乡融合的本质和科学内涵的基础上，通过建立多层次、多维度的指标体系集来系统测度城乡融合发展水平，目前已逐步演变为学术界较为认同的测量方法。目前主流的城乡融合指标体系测量思路包括三种。一是使用全局主成分分析法（GCFA），通过建立包含人、经济、社会、生态、空间的多维指标体系测度城乡融合水平（周佳宁，2019；谢守红，2020）。二是使用熵值法、横纵向拉开档次法，通过构建涵盖前提、动力、后果等全过程层次的指标体系度量城乡融合水平（温涛，2020；赵德起，2019）。三是使用空间计量工具，通过城乡融合的空间效应进行甄别分析，此类研究主要集中在跨区域乃至跨国比较研究中（He，2019；Kun，2020）。

4. 城乡融合发展的推进策略

在加快推进城乡融合发展的政策考量方面，学者们给出了大量建设性意见。如有学者指出：促进城乡融合发展，应以实现人的自由迁徙与社会融合、工农部门"效率收敛"、要素市场化配置为基本导向，畅通城乡人口双向迁徙、资源要素双向流动、人与自然和谐共生"三个循环"，筑牢市场、法治、信用三大根基，推进城乡要素配置合理化、产业发展融合化、公共服务均等化、基础设施联通化、居民收入均衡化（Chen，2018）。也有学者认为：推动城乡融合发展，需要重塑制度创新理念，突破路径依赖效应，进行系统化的制度安排，进一步优化和改进城乡融合发展制度（蒿慧杰，2020）。还有学者认为：现阶段稳定推进城乡融合发展，必须要与乡村振兴战略和新型城镇化战略相衔接，持续深化市场化改革，提高土地、劳动、资本等生产要素在城乡之间的有效配置；进一步完善地方政府激励机制和创新财政支农机制；加快推进农村信息化等基础建设和农村产业技术进步；推进城市"扩散效应"和乡村内生动力融合发展（文丰安，2020）。

1.2.3 成渝地区推动城乡融合发展相关研究

由于成渝地区早期已被列入城乡统筹国家综合配套改革试验区，在城乡统筹发展和城乡一体化制度创新层面做了大量有益探索，因此国内的研究也开始关注成渝地区推动城乡融合的典型做法和积累优势。如有学者对成渝地区前期城乡统筹的成效进行了动态评估，认为成都市市域城乡一体化现状优于重庆市市域，成都市辖区城乡统筹发展呈现聚集态势，对周边地区的辐射作用不断增强，而重庆市辖区内发展较快的区域多处于城乡一体化发展加速阶段；两市辖区内的城乡融合发展都不平衡，较大部分地区仍处在城乡一体化缓慢发展阶段（白志礼，2010）。也有学者对成渝地区实施城乡融合发展的基础做了系统总结，指出正是因为成渝地区在前期改革中促进社会统筹、生活统筹和生态统筹的程度的普遍提高，所以在此轮城乡融合试点中因具有相对优势脱颖而出，未来城乡融合的重点在于推进经济统筹和空间统筹，以农村与城市的劳动力、财产性收益分配、土地产权等层面为突破口将成为此轮改革的重点方向（何雄浪，2018）。

1.2.4 研究述评

从已有文献的研究进展和总体情况来看：大量文献仍然集中在成都、重庆国家统筹城乡综合改革试验区实践探索的研究上，对城乡融合发展水平测度的研究成果仍相对较少，尤其是推动成渝地区双城经济圈建设提出以后，这方面的研究亟待丰富与深化。

一是对成渝地区双城经济圈的研究才刚刚兴起，多数研究仍未跳出成渝经济区或成渝城市群的传统观点，对新时代成渝地区双城经济圈的基本定位、空间范围、功能结构等的认知水平有待提高。

二是对乡村振兴背景下推进城乡融合的时代逻辑、科学内涵、测量方法等内容的研究较为薄弱，尤其是专门针对成渝地区双城经济圈建设过程中的城乡融合路径、价值意义的探索性研究相对稀缺，无法形成进一步巩固成渝地区双城经济圈城乡一体化发展的理论优势和创新性观点，在城乡融合的具体性制度供给端层面和经济主体需求端层面的研究刚刚起步。

综上所述，在新型城镇化战略和乡村振兴战略并举协同发展的新时代，立足于面向 2020 年后推动西部大开发形成新格局的关键时点上，有必要深入研究作为国家布局在西部的重要增长极——成渝地区双城经济圈的城乡融合发展状态及优化路径问题，建构起更加科学、精准，且具备政策推广价值的城乡融合发展统计侦测指标体系，为动态、分区域提升城乡融合水平政策制定提供直接依据。

1.3　研究设计

1.3.1　研究框架

根据逻辑关系，研究内容可以分为四个部分。

第一部分：概念界定、理论基础与实践逻辑。

该部分内容是整个研究的起点和基础。重点聚焦成渝地区双城经济圈城乡融合发展的基本理论阐述和政策演变文本分析。一是厘清新时代城乡融合发展的科学内涵及突出特征，以及城乡融合发展在融合条件、融合方式、融合特征、融合后果等方面的内在要求。二是从马克思主义经典作家城乡关系思想、中国共产党对城乡融合发展的理论探索、发展经济学的城市化、二元结构理论入手，构建成渝地区双城经济圈城乡融合的理论基础。三是立足新时代成渝地区双城经济圈高质量发展转型的战略诉求和城乡融合发展的演进历程，梳理归纳引导我国城乡融合发展的政策演变逻辑和政策体系。

第二部分：成渝地区双城经济圈城乡融合的战略意义、现实基础及实现逻辑。

该部分是重点研究部分，也是承上启下的关键内容。重点旨在明晰研究对象、研究意义及城乡融合的实现逻辑。一是从经济圈的科学内涵出发，考察成渝地区双城经济圈的测量标准，辨识成渝地区双城经济圈的基本空间特征。依据成渝地区双城经济圈的测量和识别基准，借助空间探索性分析、地理学制图、引力断裂点等工具准确刻画出成渝地区双城经济圈的空间边界。二是深刻解析成渝地区城乡融合发展的战略导向和重大意义。通过挖掘成渝地区双城经济圈已有的城乡统筹和城乡一体化改革经验，从城乡要素、城乡空间规划、城乡产业布局、城乡政策、城乡公共服务等方面全面考察解析成渝地区双城经济圈实现城乡融合发展的独有优势。三是从经济融合、生态融合、文化融合维度出发，构建新型城镇化和乡村振兴战略"双轮"驱动成渝地区城乡融合发展的实现逻辑。

第三部分：成渝地区双城经济圈城乡融合发展的测评与问题分析。

该部分是重点研究部分，也是课题的创新体现。重点研究成渝地区双城经济圈城乡融合发展指数的构建和动态演变评估与存在问题。一是紧扣城乡融合发展的科学内涵，从城镇化发展和乡村发展两个子系统出发，分别构建衡量城镇化发展水平和乡村发展水平的多指标评价体系。遴选多个二级指标设置成渝地区双城经济圈城乡融合发展的综合测量指标体系，科学测算二级指标和一级指标的相应权重；同时通过合成跨时序的成渝地区双城经济圈城乡融合发展指数，动态分析并总结不同时间期限内成渝地区双城经济圈城乡融合发展水平演化势态，评估时变规律。二是根据实证分析结果，提出成渝地区双城经济圈城乡融合发展的问题。

第四部分：优化成渝地区双城经济圈城乡融合发展水平的应对策略辨析。

该部分是对策部分，也是政策和应用价值的具体体现。重点旨在根据成渝地区双城经济圈动态城乡融合发展指数及分项指标值的演变规律，结合国内外城乡融合的典型做法，以及国家和四川省、重庆市促进城乡融合发展体制机制建设的总体战略部署，从战略、战术、载体、机制等层面提出改善和提高城乡融合水平政策建议。

1.3.2　研究思路

本书以马克思主义政治经济学为研究视角，以城乡融合发展的理论和政策演进作为研究起点，以成渝地区双城经济圈作为研究地域对象，将解决提高成渝地区双城经济圈城乡融合发展水平作为核心问题，在清晰界定成渝地区双城经济圈空间边界和科学辨识城乡融合发展的本质内涵、质性规定和基本特征的基础上，充分回顾并提炼成渝地区双城经济圈推进城乡融合发展的优势基础和动力条件，构建成渝地区双城经济圈城乡融合的实现逻辑。借助指标体系和组合 CRITIC 权重赋值法构建成渝地区双城经济圈城乡融合发展指数。动态评估区域内城乡融合发展水平的时变规律，并以此规律为依托，凝练成渝地区双城经济圈城乡融合发展中的问题，优化成渝地区双城经济圈城乡融合发展水平的针对性策略。

根据上述研究思路，本书的整体技术路线如图 1-1 所示。

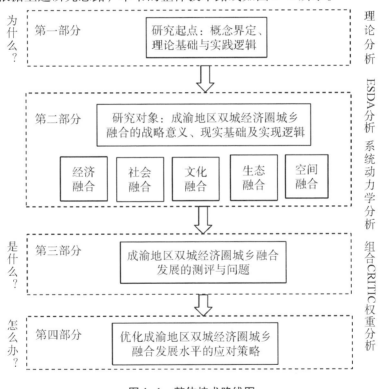

图 1-1　整体技术路线图

1.3.3　研究方法

（1）归纳总结法：主要用于遴选成渝地区双城经济圈城乡融合的理论和政策依据，特别是对于相关性理论、城乡关系演进历程和最新政策演化的辨识和处理，需要紧扣时代背景和理论发展趋势。

（2）空间探索性分析方法（ESDA 法）：使用空间探索性分析工具中的空间自相关指数和 LISA 集聚指数刻画识别成渝地区双城经济圈的空间特征，借助 GIS 制图工具和空间引力理论确定成渝地区双城经济圈的空间边界。

（3）系统动力学分析法：使用系统动力学分析框架构建成渝地区双城经济圈城乡融合的动力演化机制，结合城乡融合发展自身的科学内涵，刻画出成渝地区双城经济圈城乡融合动力发展路径。

（4）组合 CRITIC 权重分析法：借助组合 CRITIC 权重分析工具确定成渝地区双城经济圈城乡融合发展指标体系的各项权重，并加权形成最终的城乡融合发展指数值。

1.4　研究的创新和不足之处

1.4.1　研究的创新之处

一是学术思想的创新。目前，国内与城乡融合发展相关的研究主要聚焦于全国层面的研究，对于经济圈城乡融合的研究较少。成渝地区双城经济圈是全国率先开展城乡融合的区域，同时又有国家级城乡融合发展试验区。成渝地区双城经济圈城乡融合既有我国现代化发展中城乡关系演进的普遍特征，同时又有自身特色。成渝地区双城经济圈具有经济区和政策区的双重特征，其城乡融合发展的目标不仅要立足新型城镇化和乡村振兴双轮驱动，实现整体上的城乡经济融合、城乡社会融合、城乡文化融合、城乡生态融合和城乡空间融合水平提升，同时要实现两个片区间以及各自片区内城乡融合的均衡发展。

二是学术观点的创新。本书认为，城乡关系的演变是生产力与生产关系变革的产物，我国城乡关系的演进历程内嵌于我国现代化发展过程，从"分离"到"融合"的背后积蓄了社会主义国家强大的政策推动力；实证分析发现，成渝地区双城经济圈城乡融合发展存在城乡融合程度较低、区域分化特征突出、经济圈区际空间联系相对较弱、城乡收入差距仍然较大、城乡要素双向流通机制不完善、城乡公共产品供给体制不健全、县域城乡融合载体功能发挥不足等问题。推动成渝地区双城经济圈城乡融合，一方面要置身于整个国家的现代化进程和城乡融合发展趋势，另一方面又要从区域视野中因地制宜地促进区域城乡协调发展。

三是学术方法的创新。使用空间探索性分析工具中的空间自相关指数和 LISA 集聚指数刻画识别成渝地区双城经济圈的空间特征，借助 GIS 制图工具和空间引力理论确定成渝地区双城经济圈的空间边界。借助组合CRITIC 权重分析工具确定成渝地区双城经济圈城乡融合发展指标体系的各项权重，并加权形成最终的城乡融合发展指数值。

1.4.2　研究的不足之处

一是理论基础的凝练程度可能还需要加深。应进一步深化马克思主义和中国化马克思主义城乡融合思想的解析，体现其相互之间的联系，尤其是中国化马克思主义城乡融合思想的创新发展之处。

二是问题的提炼程度可能还需要加深。应进一步强化成渝地区双城经济圈城乡融合发展问题的剖析的理论性和实践性。

三是对策的针对性可能还需要提升。应进一步完善促进成渝地区双城经济圈城乡融合发展的政策体系梳理；加强理论与实践的结合，做到由点到面，使重点和关键路径更加明晰。

2 概念界定与理论基础

2.1 城乡融合发展的科学内涵

2.1.1 城乡融合发展的定义

城乡融合思想最早萌芽于空想社会主义家莫尔《乌托邦》中对"城乡一体化"的理想化构思。"城乡融合"概念由恩格斯在其 1847 年写成的《共产主义原理》中首次提出。在《共产主义原理》中恩格斯认为，废除私有制的主要结果将导致："城市和乡村之间的对立也消失。从事农业和工业的将是同一些人，而不再是两个不同的阶级……通过消除旧的分工，进行产业教育、变换工种、共同享受大家创造出来的福利，通过城乡的融合，使全体成员的才能得到全面的发展。"[①] 马克思、恩格斯认为，城乡融合是城乡关系发展的一个阶段，城乡关系必然经历从"浑然一体"到"分离、对立"，再到"融合"的历史过程。而随着城乡对立的消失，共产主义联合体也必将实现。同时，马克思、恩格斯在批判吸收空想社会主义"乌托邦"构想的基础上，指出资本主义私有制是城乡对立的根源，要在生产力和生产关系发展的共同作用下消除城乡分离和城乡差别，从而形成良性互动的城乡共同体[②]。马克思主义城乡融合思想的提出成为社会主义从空想到科学的重要标志之一。

作为描述城乡关系变化的一种特定状态，城乡融合概念自党的十九大报告提出之后便引发了学术界的热烈讨论和研究，关于对城乡融合内涵的

---

① 马克思、恩格斯：《马克思恩格斯选集》第 1 卷，人民出版社，1972，第 223—224 页。
② 范根平、王玲玲：《城乡融合的科学内涵及其实践路径：基于马克思主义城乡关系理论的思考》，《北京交通大学学报》（社会科学版），2023 年第 22 期。

科学理解已有很多成果涌现。总体来看，对于城乡融合本质的界定和把握主要侧重于如下四个方面。

一是从城乡关系角度来阐释城乡融合，着重描述城乡融合的目标。这一观点强调城乡融合是城乡生产要素的合理流动，促使城乡经济和社会生活紧密联系、协调发展，逐步缩小直至消灭城乡差距，最终实现城乡一体化的过程①。

二是城乡价值视角下的城乡融合，科学定义了城乡融合后城乡发展的样态标准。这一观点认为城乡融合发展的目标是实现等值发展，即达到城乡要素回报趋同、多维协调发展、居民生活品质相当的"不同类但等值"的发展②。

三是从系统论角度来理解城乡融合。这一观点聚焦人地系统的协调和可持续发展，将城乡融合的科学内涵解读为一个有机整体，放在开放的、公平的、公正的发展环境中，实现人的全面发展和人与自然的和谐相处③。

四是从要素结构论角度来把握城乡融合。这一观点着重展现了城乡融合的驱动机制，将城乡融合视为城乡要素、城乡结构、城乡功能配置和城乡权益相互渗透的统一体。其核心机制在于打破城乡二元结构制度壁垒，使城乡间要素流动由以前的单向趋向转为双向互动④。

综合现有研究，我们可以把城乡融合理解为通过打破和消解阻碍城乡一体发展的壁垒，实现城市子地域系统和乡村子地域系统内部空间、功能、要素、文化、社会等维度耦合协调发展，从而形成利益共享、功能渗透、风险共担、发展互惠的价值共同体的过程和状态。

城乡融合是城乡高质量发展的目的和结果，目标在于化零为整，构建全面融合的新型城乡关系空间形态。因此，看待和审视城乡融合，至少从本质上来说包括空间融合、产业融合、功能融合、社会与文化融合、生态融合等方面。

---

① 刘春芳、张志英：《从城乡一体化到城乡融合：新型城乡关系的思考》，《地理科学》2018年第10期。

② Liu Y S, Chen C and Li Y R, "Differentiation Regularity of Urban-rural Equalized Developmentat Prefecture-level City in China," *Journal of Geographical Sciences* 9, No. 25 (2015): 1075—1088.

③ 刘彦随：《现代人地关系与人地系统科学》，《地理科学》2020年第40期。

④ 杜国明、刘美：《基于要素视角的城乡关系演化理论分析》，《地理科学进展》2021年第40期。

2.1.2 城乡融合发展的特征

1. 城乡融合强调将城市和农村系统视作有机统一体

回顾与审视我国城乡关系发展历程，国家发展战略和政策在推动城乡从分离到融合的过程中起着积极的推动作用。但同时，国家发展战略和政策也是我国长期以来的城乡发展失衡的制度根源。比如，新中国成立后，为了提高综合国力，在很长一段时间里我国实行了城市（工业）偏向的发展战略，造成了城乡差距的拉大。诚然国家相继提出城乡统筹和城乡发展一体化战略和政策来改变这一状态，但城市带动乡村、工业反哺农业的作用发挥有限，农业农村发展不平衡、不充分的问题仍然突出。究其原因，受城市发展价值高于乡村价值的固有观念，以往的政策更加重视城市对乡村、工业对农业的单向度"反哺"，抑或是乡村单纯仿照城市发展模式，而并未有效认识自身的价值和功能，以及城乡系统相互之间的联系。党的十九大报告明确提出要坚持农业农村优先发展，这充分表明新时代我国正确处理城乡关系的政策方针发生重要转向。其目的在于在乡村振兴战略下，将更多的资金、人才、技术等要素配置、基础设施和公共服务资源向乡村倾斜，夯实乡村发展基础。同时，加强乡村振兴与新型城镇化的战略协同，不断健全城乡融合发展的体制机制，整体谋划城乡一体化发展，推动形成"工农互促、城乡互补、全面融合、共同繁荣"的新型工农城乡关系。

2. 城乡融合发展的核心是城乡生产要素的自由流动和平等交换

各种要素在城乡间的双向流动是推动城乡融合的主要原因。在城乡融合发展的微观层面，最为重要的就是打破长期固化和城市偏向的要素配置方向，建立城乡要素自由配置的机制并鼓励生产要素更多地在农村配置。而在农业农村现代化所需要的生产要素中，最为重要的就是人—地—钱—技术四方面。改革开放40多年，我国城乡要素流动性逐步增强，逐渐从由城到乡的单向聚集转向"城乡双向互动"。但是我们同时要看到，在市场机制下，城乡发展的长期不均衡局面可能会在一定历史时期内继续让城镇化成为主导要素配置的决定性因素，要素向乡村流动有限。但随着城镇化发展进入中后期，逆城镇化规律和工业反哺农业将有序地推动要素向乡村回流。因此，城乡融合发展首先是必须尽快破解城乡在制度上的要素流动限制障碍，为实现城乡要素平等交换和自由流动搭建平台。

3. 城乡融合的重点是促进城乡产业融合

无论是生产要素还是基础设施，最终能够有效支撑并促使城乡可持续增长的关键还是在于多元化产业及现代化产业的引领和带动。马克思指出，"乡村农业人口的分散和大城市人口的集中，仅仅适用于工农业发展水平还不够高的阶段"[①]，要"把农业和工业结合起来，促使城乡对立逐步消灭"[②]。随着生产要素逐步向农村流动，农业农村现代化趋势增强。农村空间形态、人口结构、产业业态演变，农村的功能已从传统单一的农产品"生产"功能向"生产、生活、生态"功能延伸，农业新型生产经营模式、组织模式不断涌现，生态农业、乡村旅游、农副产品加工等成为农村新的经济增长点。因此，城乡融合的关键是产业间的融合，在能够更好发挥乡村和农业多种功能的同时，促进非农产业和传统农业的深度融合，形成一三互动、接二连三乃至一二三产业融合的良性发展局面，以此来集聚劳动力、吸纳就业及人口、招引资本，并盘活土地和技术。

4. 城乡融合的目标是缩小城乡差距、实现城乡共荣

一是推动城乡基本公共服务和基础设施普惠共享。在市场之外，城乡融合的一个重点内容就是要建立城乡均等化和具有可及性的基础设施和公共服务配置，这也是政府职能的内在要求。由于我国城乡发展的长期不均衡和央地政府财力配置的"央强地弱"格局，我国对乡镇特别是农村的公共服务和社会保障投入相对较少，历史性欠账较多。因此，城乡融合的内在要求在道路、教育、医疗、社会保障、住房以及社会救济等方面更多地向乡村倾斜，实现增量投入与存量投入相结合。

二是探索农民收入持续增长的长效思路。城乡融合的最终目标是要显著缩小城乡居民收入差异，从生产、生活、生态上消除城乡对立，为此要着力破解制约农民增收的各种阻滞因素。从城市居民的主要收入来源及结构来看，重点是要推动农民增加经营性和财产性收入，同时巩固并扩大工资性和转移性收入，如此一来，使得乡村有人愿意来、留得下、有盼头。

5. 城乡融合发展要求重塑城乡发展动力机制

新中国成立以来，我国城乡关系伴随着政府—市场关系的调节逐步演化。在全面深化改革的大背景下，中国加快城乡融合发展的政策选择整体上须沿着政府—市场关系调整这个主线展开，促使市场在资源配置中起决

---

① 马克思、恩格斯：《马克思恩格斯文集》第1卷，人民出版社，2009，第689页。

② 马克思、恩格斯：《马克思恩格斯文集》第10卷，人民出版社，2009，第53页。

定性作用和更好地发挥政府作用①。缩小城乡差距的任务艰巨，牵扯的利益复杂。一方面，在城乡融合发展中继续充分发挥政府的主导作用。加强推动城乡融合的制度设计和制度安排，健全户籍、土地、资本、公共服务、基础设施等体制机制。针对乡村发展滞后，加大对乡村基础设施、公共服务、生态环境治理等的财政资金和资源配置方面的支持力度。另一方面，在社会主义市场经济条件下，城乡融合应是城乡系统中微观市场主体基于个人资源禀赋和利益决策而形成的良性交互状态，单纯依靠政府行政性指令无法完成。因此，应遵循经济规律，尊重市场机制和市场主体的力量。充分发挥市场在资源配置中的决定性作用，推动形成城乡各类要素自由流动、平等交换与合理配置的机制。

2.1.3　城乡融合相关概念辨析

总体来看，要界定城乡融合的概念，就需要将其放在新历史时期和改革背景下，尤其要注意区分其与城乡统筹、城乡一体化的概念。

1. 城乡统筹是推进城乡协调发展的工具

改革开放后，我国城乡间开始出现有限的交流和开放，城乡间的封闭状态和结构性矛盾有所缓解。但由于城乡二元体制如户籍管理制度、城市劳动就业和福利制度的限制，城乡二元结构依然存在。特别是随着工业化和城镇化的推进，城市中心导向发展倾向愈演愈烈。到21世纪初，我国城乡在收入、教育、医疗、社会保障等方面的差距日趋扩大，农民工城市融入等新问题也不断暴露出来。城乡发展严重失衡、"三农"问题凸显成为制约当时经济社会发展的重要因素。

2002年11月，党的十六大对城乡发展战略进行了重大调整，提出："统筹城乡经济社会发展，建设现代化农业，发展农村经济，增加农民收入，是全面建设小康社会的重大任务 。"② 2003年10月，中共十六届三中全会提出落实科学发展观，并将统筹城乡发展放在五大统筹的首位。在后来的中共十六届四中全会上，胡锦涛同志又进一步提出了"两个趋势"的著名论断，即"在工业化初始阶段，农业支持工业、为工业提供积累是带有普遍性的倾向；但在工业化达到相当程度后，工业反哺农业、城市支持

---

① 高帆：《城乡融合发展如何影响中国共同富裕目标的实现》，《中国经济问题》2022年第5期。
② 江泽民：《全面建设小康社会 开创中国特色社会主义事业新局面》，人民日报出版社，2002。

农村，实现工业与农业、城市与农村协调发展，也是带有普遍性的倾向"①，表明城乡统筹具有必要性和阶段可行性。

城乡统筹的目的在于缩小城乡差距和解决城乡发展不均衡问题。城乡统筹的实质是以"工业反哺农业、城市支持农村"，即依靠政府的体制改革和政策调整，按照经济发展规律，发挥工业对农业、城市对乡村的带动作用，从而推动城市和乡村协调发展。这是对长期以来的重工轻农、重农轻乡思想和做法的摒弃，力图打破城市与农村经济间的"汲取"型关系。

2. 城乡一体化是推进城乡协调发展的手段

总体来看，城乡统筹在解决城乡不均衡发展问题中起到了重要的作用。在城乡统筹战略实施以来，我国先后推动包括免除农业税、新农合新农保等农村税费改革，农村综合改革，城乡户籍、就业、财税、金融、社保等方面改革，土地管理和使用制度改革，逐步形成城乡发展的新机制。但是城乡统筹战略主要依靠政府力量，市场机制参与有限，加之城乡地位的不平等，导致在实际的实施过程中城市带动乡村发展的效果不明显，不同程度出现城市对农村土地、劳动力等资源要素的单向统筹，挤占农业农村的发展空间，从而背离了城乡统筹的初衷。

为了进一步促进城乡协调发展，2007 年党的十七大报告首次提出城乡一体化发展理念，强调"建立以工促农、以城带乡长效机制，形成城乡经济社会发展一体化新格局"②。2012 年党的十八大报告明确提出要"推动城乡发展一体化"，中共十八届三中全会进一步做出"建立以工促农、以城带乡、工农互惠、城乡一体的新型工农城乡关系"的重要论断，"城乡一体化"正式上升为国家战略。

与城乡统筹相比，城乡一体化更能体现城乡发展的目标。单从政策意义来讲，城乡统筹强调要统筹城市和乡村、工业和农业两个地域系统以及相联系的产业系统的发展，工具意味更突出，没有明确的目标内涵。城乡一体化除了体现城乡发展目标外，具体还包含城乡经济、空间、基础设施和公共服务一体化等内涵要求。城乡一体化的实质是通过城乡间资源的优化配置，不断缩小城乡发展差距，使城乡全体居民平等享有在发展水平、公共产品供给、生活便利性等方面的现代化经济社会发展成果。

---

① 中共中央文献研究室：《十六大以来重要文献选编》（中），中央文献出版社，2006。
② 胡锦涛：《高举中国特色社会主义伟大旗帜，为夺取全面建设小康社会新胜利而奋斗：在中国共产党第十七次全国代表大会上的报告》，《人民日报》2007 年 10 月 25 日第 1 版。

3. 城乡融合是推进城乡协调发展的最终目标

城乡统筹和城乡一体化发展战略是在推进城镇化的过程中纠正"重视城市轻视农村、重视工业轻视农业"的政策导向，解决日益严峻的"三农"问题；在制度上进行了多次改革，一定程度上起到了缩小城乡发展差距的作用。但是基于这种实际上的城市偏向政策，乡村从属于城市的地位未从根本改变，导致城乡要素流动不畅、公共资源配置不合理、乡村基础设施落后等问题依然严重，甚至出现 2002—2011 年间城乡收入差距出现不缩小反拉大的情况。

党的十九大报告提出实施乡村振兴战略，要求"建立健全城乡融合发展体制机制和政策体系，加快推进农业农村现代化"[1]。紧接着，2018 年中央一号文件对城乡融合的内涵要求进行了全面表述，即"坚决破除体制机制弊端，使市场在资源配置中起决定性作用，更好发挥政府作用，推动城乡要素自由流动、平等交换，推动新型工业化、信息化、城镇化、农业现代化同步发展，加快形成工农互促、城乡互补、全面融合、共同繁荣的新型工农城乡关系"[2]。

城乡融合是党在新时代总结城乡发展经验、直面城乡发展差距、破解城乡发展不平衡问题而提出的重大战略。城乡融合不仅与城乡统筹、城乡一体化一脉相承，同时是城乡统筹和城乡一体化的全面升华。城乡融合的本质是构建城乡地位平等、结构互融、功能互补、良性互动的城乡有机融合体。将城市与乡村放在平等的地位上，真正摒弃了城市中心主义发展理念。同时，城乡融合更加强调通过新型城镇化和乡村振兴两大战略的协同，促进城乡之间要素合理流动和平等交换。总体来说，城乡统筹、城乡一体化、城乡融合是我国在不同发展阶段提出的城乡发展战略，三者内涵要求各有侧重，但又具有政策延续性。根据马克思主义城乡关系思想设想，城乡融合是未来共产主义社会的主要特征。因而，城乡统筹是我国社会主义城乡发展的最终目标和最高级状态。我国在新时代提出城乡融合发展是一个超前谋划，对持续推进中国式现代化和中华民族伟大复兴具有重要的战略意义。

---

① 习近平：《决胜全面建设小康社会 夺取新时代中国特色社会主义伟大胜利：在中国共产党第十九次全国代表大会上的报告》，《人民日报》2007 年 10 月 28 日第 1 版。

② 中共中央国务院：《关于实施乡村振兴战略的意见》，《人民日报》2012 年 11 月 18 日第 1 版。

2.2 城乡融合发展的理论溯源

2.2.1 马克思主义经典作家的城乡关系思想

2.2.1.1 马克思、恩格斯的城乡关系思想

19 世纪 40 年代起，马克思、恩格斯就开始关注城乡关系问题。他们以西欧资本主义发展背景下德、法、英等国的城乡发展状况为主要依据，在吸收借鉴古典政治经济学和空想社会主义有关思想的基础上，运用唯物史观对城乡关系发展的历史规律做了科学总结和概括。

马克思、恩格斯并未单独就城乡关系问题撰写过专著，对该问题的研讨散落分布在《神圣家族》《英国工人阶级状况》《德意志意识形态》《哲学的贫困》《共产主义原理》《共产党宣言》《论住宅问题》《资本论》《反杜林论》，以及《家庭、私有制和国家的起源》等著作中，几乎贯穿其研究社会历史的全过程，总体上遵循"城乡统———城乡对立—城乡融合"的研究主线。

1. 城乡融合是城乡关系发展的必然趋势

城乡分离与对立是生产力和生产关系相互作用的结果。人类社会早期，由于劳动生产率水平低下，欠缺社会分工和城市产生的条件，"城市和乡村无差别的统一"①，整个社会是一个高度的聚合体。随着社会生产力的发展和分工的细化，手工业逐渐从农业中分离出来，城市作为早期手工业生产和物品交换的场所也与农村界限日益明显，城乡关系走向分离与对立，"一切发达的、以商品交换为媒介的分工的基础，都是城乡分离，社会的全部经济史，都可以概括为这种对立的运动"②。

城乡对立造成人的畸形发展。城乡分离后，城市和乡村代表不同的人口、不同的生产部门和不同的发展要求，自然决定它们代表不同的利益，利益的分裂和冲突使两者形成尖锐的对立之势，"城市已经表明了人口、生产工具、资本、享受和需求的集中这个事实，而在农村则是完全相反的

---

① 马克思、恩格斯：《马克思恩格斯全集》第 46 卷（上），人民出版社，1979，第 480 页。
② 马克思、恩格斯：《马克思恩格斯文集》第 1 卷，人民出版社，2009，第 408 页。

情况：隔绝和分散的"①。同时，"这种对立鲜明地反映出个人屈从于分工、屈从于他被迫从事的某种活动，这种屈从现象把一部分人变为受局限的城市动物，把另一部分人变为受局限的乡村动物，并且每天都不断地产生他们利益之间的对立"②，农村居民长期陷于蒙昧状态，居于被城市统治剥削的地位，被牢牢禁锢在土地上，而城市居民则被其赖以谋生的技能所奴役，沦为专项手艺的奴隶。城市和乡村的分离在人类肉体和精神被沦为牺牲品的同时直接造成了人的畸形发展。

城乡融合是城乡关系发展的必然趋势。一方面，城乡对立割裂城乡联系，导致城乡功能和生产方式的分离对抗，"破坏了农村居民精神发展的基础和城市居民肉体发展的基础"③，束缚人的自由全面发展。另一方面，城乡对立还造成"城市病"的产生，城市由于人口、生产资料、财富的过度集中而出现交通拥挤、资源短缺、空气污浊、环境恶化等城市病态，农村则因为生产生活资料的流失以及农业生产条件的破坏陷入贫穷、衰败、孤立的状态。因此，"城市和乡村的对立的消灭不仅是可能的，而且已经成为工业生产本身的直接需要，同样也已经成为农业生产和公共卫生事业的需要"④。只有消除城乡对立，"现在的空气、水和土地的污染才能排除"⑤，只有通过城乡融合"才能使目前城市中病弱群众的粪便不致引起疾病，而被用作植物的肥料"⑥，人们"才能从他们以往历史所铸造的枷锁中完全解放出来"⑦。在马克思、恩格斯看来，城乡融合是对城乡分离对立的否定与升级，是城乡关系发展的必然趋势和最高目标，在城乡对立消除后，"从事农业和工业的将是同一些人，而不再是两个不同的阶级"⑧，这意味着城乡界限已经消失，二者实现了全面融合。

2. 实现城乡融合必须具备一定的条件

尽管城乡关系最终将走向全面融合，但要实现这一目标，必须具备成熟的条件，正如《德意志意识形态》中所说："消灭城乡之间的对立，是

---

① 马克思、恩格斯：《马克思恩格斯文集》第1卷，人民出版社，2009，第556页。
② 马克思、恩格斯：《马克思恩格斯全集》第3卷，人民出版社，1960，第57页。
③ 马克思、恩格斯：《马克思恩格斯文集》第9卷，人民出版社，2009，第308页。
④ 马克思、恩格斯：《马克思恩格斯文集》第9卷，人民出版社，2009，第313页。
⑤ 马克思、恩格斯：《马克思恩格斯文集》第9卷，人民出版社，2009，第313页。
⑥ 马克思、恩格斯：《马克思恩格斯文集》第9卷，人民出版社，2009，第313页。
⑦ 马克思、恩格斯：《马克思恩格斯文集》第3卷，人民出版社，2009，第326页。
⑧ 马克思、恩格斯：《马克思恩格斯文集》第1卷，人民出版社，2009，第689页。

共同体的首要条件之一，这个条件又取决于许多物质前提，而且任何人一看就知道，这个条件单靠意志是不能实现的（这些条件还须详加探讨）。"①

依据生产力与生产关系矛盾运动规律，在城乡融合的所有前提条件中，首要的就是大力发展生产力，高度发达的生产力是实现城乡融合的物质基础。城乡对立的根本原因就在于生产力发展水平不足，"只有生产力的极大提高，才能使农业工业化，农民转变成农业工人，旧式的社会分工才能被消灭"②。社会生产力的发展蕴藏着推动城乡关系积极变化的因素，但当生产力发展水平尚未达到足以避免城乡发展不均衡所引起的利益分化、冲突和对抗时，便会拉大城乡差距，使二者的对立更加尖锐，"乡村农业人口的分散和大城市工业人口的集中，仅仅适应于工农业发展水平还不够高的阶段，这种状态是一切进一步发展的障碍。"③

废除资本主义私有制、建立社会主义制度是实现城乡融合的根本社会条件。实现城乡融合发展，"不仅仅取决于生产力的发展，而且还决定于生产力是否归人民所有"④。一方面，变革旧的生产关系，消灭资本主义私有制是生产力发展的客观要求。"城乡之间的对立只有在私有制的范围内才能存在"⑤，资本主义制度下，少数人占有绝大多数生产资料，生产要素不断向城市集中，既造成了城市病态，也剥夺了农村的发展条件。只有废除私有制，才能从制度根源上破除城乡对立，才有可能使全体社会成员共同占有农业生产资料与工业生产资料构成的全部生产力并合理调配生产资料。另一方面，推翻资产阶级的统治，建立社会主义制度是人类社会发展的必然趋势。社会主义社会"不仅使工业生产资料归社会公有，而且使农业生产资料归社会公有"⑥，人们可以在整个社会范围内有计划、有组织、有步骤地利用一切生产资料。到那时候，人们将不再屈从于地域分工，劳动也不再是人赖以生存的手段，而是实现自身全面解放与自由发展的途径。

重视工业和农业的有机结合是实现城乡融合的必要条件。在社会生产力发展水平较低的阶段，城市和乡村的对立在产业上就表现为工业和农业

①　马克思、恩格斯：《马克思恩格斯文集》第 1 卷，人民出版社，2009，第 557 页。
②　马克思、恩格斯：《马克思恩格斯选集》第 1 卷，人民出版社，2012，第 456 页。
③　马克思、恩格斯：《马克思恩格斯选集》第 1 卷，人民出版社，2012，第 308 页。
④　马克思、恩格斯：《马克思恩格斯选集》第 1 卷，人民出版社，2012，第 771 页。
⑤　马克思、恩格斯：《马克思恩格斯选集》第 1 卷，人民出版社，2012，第 184 页。
⑥　马克思、恩格斯：《马克思恩格斯选集》第 1 卷，人民出版社，2012，第 185 页。

的区分，早在《共产主义原理》中，恩格斯就强调要"把农业和工业结合起来，促使城乡对立逐步消灭"①。旧式分工导致的城乡对立不仅使城市居民和乡村居民各自困囿于异化劳动之中，还造成工农业资源的严重不对等，使生产力的进一步发展陷入桎梏。要打破这种状态，就必须使所有从事工农业生产的劳动者实现自由往来，最大限度地发挥他们的潜能和创造力，促进资源双向流动，推动工业与农业深度融合，实现城乡发展互补。

以城带乡、发挥城市辐射作用是实现城乡融合的重要条件。城乡融合发展在任何历史时期都绝不是无差别的绝对均衡发展，城市在现代化发展中的带动作用是毋庸置疑的。马克思、恩格斯曾高度评价城市在社会经济发展中的积极作用，认为城市的创立"使很大一部分农民脱离了农村生活的愚昧状态"②。城市作为现代社会活动的中心，是各种资源和生产要素的集散地，它可以依托自身的区位优势和发展优势，创造出巨大的物质财富和精神财富，满足城乡居民多样化、层次化、个性化的需求。同时，随着城市工业向乡村的进一步延伸，生产要素在城乡之间的分配也将更加合理化，推动人口、资源、产业等的均衡分布。因此，在促进城乡融合发展中，要着力发挥城市对乡村发展的辐射带动功能，切实提高乡村居民生活水平，有效弥合城乡差距。

3. 城乡融合的本质内涵在于实现人的全面自由发展

马克思、恩格斯城乡融合发展理论的最终归宿落在"现实的人"身上。在他们看来，城乡关系的背后实质上是人与人之间的关系，资本主义条件下的城乡对立造成了劳动和人的双重异化，进而导致人与人之间关系的异化。马克思、恩格斯正是在对"现实的人"予以深切关怀的基础上，详细考察了城乡关系的演变历程，犀利抨击了资本主义社会把人分割成某种局部劳动的"自动机器"的滔天罪恶，并提出未来社会实现城乡融合的要求。

从马克思、恩格斯对城乡关系的分析来看，城乡关系的演变过程经历了最初的"城乡同一"到"城乡对立"，继而在未来实现"城乡融合"的过程，符合事物发展的否定之否定规律。反观"自由人联合体"的建构，同样经历了从"自然共同体"到"虚幻共同体"，最终到达"真正共同体"的演变过程，与其有异曲同工之处。无论是城乡融合的发展还是"自

---

① 马克思、恩格斯：《马克思恩格斯选集》第 1 卷，人民出版社，2012，第 422 页。
② 马克思、恩格斯：《马克思恩格斯选集》第 1 卷，人民出版社，2012，第 405 页。

由人联合体"的建构，其最终目的都是实现人的自由全面发展。从这个意义上来说，城乡融合的本质就在于构建"真正共同体"，进而实现人的自由全面发展，二者是合乎规律性与目的性的统一。

"在阶级社会里，活的劳动只是增殖已经积累起来的劳动的一种手段。在共产主义社会里，已经积累起来的劳动只是扩大、丰富和提高工人的生活的一种手段"①，这就说明，在共产主义社会里，人才是最终的价值导向，作为推动城乡关系演变的社会历史主体，人的全面自由发展与城乡融合相互促进。一方面，人的全面自由发展影响城乡融合发展目标的实现，是城乡融合发展的主体前提，"因为要把工业和农业生产提高到上面说过的水平，单靠机械和化学的辅助手段是不够的，还必须相应地发展使用这些手段的人的能力。"② 另一方面，只有城乡融合才能消除城乡对立造成的人的畸形发展，进而实现人的全面自由发展，满足人民群众更高层次的生活需求，才能使"生产劳动给每一人提供全面发展和表现自己全部的即体力的和脑力的能力的机会"③。这样，"生产劳动就不再是奴役人的手段，而成了解放人的手段"④。

2.2.1.2 列宁的城乡融合思想

作为马克思主义理论的实践者与苏维埃政权的主要领导人，十月革命后，列宁根据当时苏联城乡发展的实际状况，运用历史唯物主义基本原理，制定了符合苏俄社会主义建设需要的城乡发展政策，并在此基础上形成了独特的城乡互动思想，坚持和推进了马克思、恩格斯的城乡融合思想，使得马克思主义城乡融合理论在实践上进一步得到了完善和发展。

1. 牢固的工农联盟是推动城乡融合发展的必要前提

一方面，工农联盟是十月革命后苏维埃政权在国内外反动势力挤压下巩固自身统治、为城乡融合发展创造社会稳定前提的唯一途径。"无产阶级和农民的军事联盟曾经是而且不能不是他们巩固的联盟的初步形式，但是，如果没有这两个阶级的一定的经济联盟，军事联盟连几个星期也不能维持。农民在工人国家那里得到了全部土地和免遭地主富农蹂躏的保障，

---

① 马克思、恩格斯：《马克思恩格斯选集》第 1 卷，人民出版社，2012，第 415 页。
② 马克思、恩格斯：《马克思恩格斯选集》第 1 卷，人民出版社，2012，第 307 页。
③ 马克思、恩格斯：《马克思恩格斯全集》第 20 卷，人民出版社，1971，第 318 页。
④ 马克思、恩格斯：《马克思恩格斯全集》第 20 卷，人民出版社，1971，第 318 页。

工人则是在大工业恢复以前从农民那里借到了粮食。"① 从当时俄国的发展处境看，工农军事联盟以及经济联盟的建立不仅帮助这个国家渡过了生存危机，同时，也在客观上促进了工农政治联盟的建立，为巩固无产阶级政权提供了保障。另一方面，工农联盟在社会主义建设时期是消灭阶级差别、破除城乡对立的重要组织形式之一，它的主要目的是协调工人和农民的利益，推动农业和工业的相互扶持，共同建设社会主义国家。正如列宁所说："从俄国革命和未来一切社会主义革命来看，最根本最本质的问题就是工人阶级同农民的关系，就是工人阶级同农民的联盟……工人阶级除了和农民结成巩固的联盟，没有其他出路。"② 此外，俄国在实践中所采取的新经济政策在本质上也是无产阶级和农民的经济联盟，即"通过商业使无产阶级国家同大量的小农结合起来，建立联系"③，只有坚持"同农民经济结合起来，满足其最迫切的经济需要，建立牢固的经济联盟"④，才能真正使工人和农民团结起来，互相支持和帮助，推动城乡经济的相互交流和融合。

2. 加快生产力和科学技术的发展是消除城乡差距的关键措施

列宁继承了马克思、恩格斯关于城乡对立根源于生产力不够发达的思想，认为实现城乡融合必须大力发展生产力和科学技术，"要消灭城乡之间、体力劳动者和脑力劳动者之间的差别……必须大力发展生产力，必须克服无数小生产残余的顽固消极的反抗，必须克服与这些残余相联系的巨大的习惯势力和保守势力"⑤。列宁十分注重以电力为代表的科学技术的作用，强调"我们必须让农民看到，在把城乡连接起来的电气化的基础上组织工业生产，就能消除城乡对立，提高农村的文化水平，甚至消除穷乡僻壤那种落后、愚昧、粗野、贫困、疾病丛生的状态"⑥，并指出，通过生产力和科学技术的发展，将改变"旧日那种工农业的相互隔绝状态"⑦，消除

---

① 中共中央马克思恩格斯列宁斯大林著作编译局：《列宁专题文集·论社会主义》，人民出版社，2009，第236页。

② 列宁：《列宁全集》第42卷，人民出版社，1987，第333页。

③ 列宁：《列宁全集》第42卷，人民出版社，1987，第513页。

④ 列宁：《列宁全集》第42卷，人民出版社，1987，第514页。

⑤ 中共中央马克思恩格斯列宁斯大林著作编译局：《列宁专题文集·论社会主义》，人民出版社，2009，第145—146页。

⑥ 列宁：《列宁全集》第38卷，人民出版社，1986，第117页。

⑦ 列宁：《列宁全集》第38卷，人民出版社，1986，第117页。

"培育了资本主义和引起了产业工人和农业工人之间的对立的最深刻的矛盾"①。

3. 政府调控机制是促进城乡融合发展的重要手段

列宁十分强调国家治理在调整城乡关系中的作用，认为政府调控在城乡融合发展的过程中能够帮助缩小城市与乡村在经济、社会、文化等领域的差异，在加速城市化进程的同时提高农村地区的生活水平，促进资源合理利用，进而形成全面协调的城乡一体化发展模式。在此基础上，列宁就城乡发展问题结合苏联实际提出了具有代表意义的"三步走"措施。首先，城市应该为农村提供科学、技术和文化等方面的支持。利用科学技术引导农业向专业化方向发展，不仅可以促进农业产量快速增长，还能为城市工业化发展提供重要的推动力。这样的良性循环发展思路既可以增加农民收入，又可以为城市的进一步发展提供后备支撑。其次，要促进农业产品和工业产品在城乡之间的流通。推动工农业产品的相互流通不仅可以改善城乡居民的生活质量，提高农民和农产品的收益，还能增强城乡经济的联系和互动，促进国民经济的整体发展。最后，要推进城市居民和乡村居民的不断融合。列宁认为，建立农村人口流入城市的发展机制是防止农民越来越贫穷的重要手段，"只有农村居民流入城市，只有农业人口和非农业人口混合和融合起来，才能使农村居民摆脱孤立无援的地位"②。为此，列宁提倡国家采取政策，在不断鼓励农村居民入城的同时也要吸引广大工人阶级深入农村，在满足城市对劳动力的渴望和需求的同时给农村带去相对先进的科学技术，进而缩小城乡差距。

2.2.2 中国共产党对城乡融合发展的理论探索

新中国成立后，中国共产党从中国实际出发，针对社会主义不同的历史发展阶段，对中国的城乡发展建设做出了符合实际国情和历史发展要求的理论创新，为建设城乡一体化道路，逐步消除城乡差别做出了巨大的努力。虽然在不同时期出现了对城市和乡村重视程度不同的情况，出现并形成了城乡二元结构，但中国共产党始终注重向着城乡融合的发展方向努力，且探索出了有效的城乡融合发展理论。

---

① 列宁：《列宁全集》第38卷，人民出版社，1986，第118页。
② 列宁：《列宁全集》第2卷，人民出版社，1984，第197页。

2.2.2.1 毛泽东城乡兼顾和工农并举思想

城乡关系是现代社会发展最基本的问题。作为阶级对立和阶级压迫集中表现的城乡对抗性矛盾在新中国成立后被消除了，城乡关系发生了根本性变化，但在帝国主义、封建主义和买办官僚资本长期掠夺下形成的城乡之间严重不平衡的状况却依然存在。正是这种特殊的社会历史背景促使毛泽东对处理城乡关系进行深入的探索和思考，形成了独特的城乡关系思想。

1. 城乡兼顾发展

新民主主义革命时期，中国共产党通过农村包围城市的革命道路取得了胜利，但新中国成立后，中国共产党的工作重心必须由农村转移到城市。对此，毛泽东在新中国成立前夕特意强调"城乡必须兼顾，必须使城市工作和乡村工作，使工人和农民，使工业和农业，紧密地联系起来。决不可以丢掉乡村，仅顾城市，如果这样想，那是完全错误的"[①]。1957年2月，社会主义改造完成后，毛泽东在《关于正确处理人民内部矛盾的问题》中再次提出"统筹兼顾，适当安排"的方针，指出要对全国六亿人统筹兼顾，在经济工作中要实行对全国城乡各阶层统筹安排。"城乡兼顾"是毛泽东在总结旧中国城乡关系对立、工农业畸形发展的基础上，对新中国城乡关系建设重新定位的重要思想，具体来说主要包括以下三个方面。

第一，兼顾城市工人与乡村农民两大群体。早在1945年，毛泽东就在《论联合政府》中强调了农民在城市和工业发展中的作用，指出农民"是中国工人的前身"，并且"将来还要有几千万农民进入城市，进入工厂。如果中国需要建设强大的民族工业，建设很多的近代大城市，就要有一个变农村人口为城市人口的过程。"[②] 1949年3月，中共七届二中全会召开，标志着"由城市到乡村并由城市领导乡村的时期"开始，但中国共产党自掌握城市政权起，就一直将城乡关系摆在同样重要的地位而不偏废，努力使中国社会城乡两大被压迫阶级融合团结起来。特别是苏共二十大后，在吸取苏联集体农庄只搞工业不搞农业、让农民永远是农民的经验教训的基础上，党提出了城乡人口互融的理念，主张"农业工业化、农民工人化、农村城镇化、农民市民化、消灭城乡空间分离"。

第二，兼顾城市和乡村生产与活动要素流动。新中国成立初期，由于

---

① 毛泽东：《毛泽东选集》第4卷，人民出版社，1991，第142页。
② 毛泽东：《毛泽东选集》第1卷，人民出版社，1991，第236页。

社会生产力整体水平较低，社会产品供应有限，国家采取了不少促进城乡生产与生活要素流动的措施，毛泽东也对城乡关系进行了全新的思考。毛泽东指出，在这一时期农产品交换主要"采取缩小剪刀差、等价交换或者近乎等价交换的政策"①，"我们统购农产品是按照正常的价格，农民并不吃亏，而且收购价格还逐步有所增长。我们在向农民提供工业品方面，采取薄利多销、稳定物价或适当降价的政策，在向缺粮区农民供应粮食方面，一般略有补贴。"② 这样，通过政府和市场的双重作用，既满足了城市居民的生活生产需要，又调动了农民生产积极性、维护了农民利益，推动了国民经济的迅速恢复。

第三，兼顾城市和乡村社会保障体系建设。为改变旧中国乡村长期处于教育落后、医疗条件差的状况以缩小城乡差距，作为具备调配社会保障资源能力的执政党，中国共产党在社会主义建设时期已经开始逐步将社会资源下移到乡村。1965 年，针对农村医疗卫生的落后面貌，毛泽东指示卫生部要"把医疗卫生工作的重点放到农村去"③。到 20 世纪 60 年代中期，我国已经建立起县、公社、生产队三级卫生医疗结构，解决了长期以来乡村缺医少药的问题。社会资源由城市逐渐整合下移到农村，有效避免了城乡关系在社会主义建设过程中出现对立的情况。

2. 工业农业同时并举

关于工业和农业的关系，毛泽东在《关于正确处理人民内部矛盾的问题》中提出工农业并举发展，"我国是一个大农业国，农村人口占全国人口的百分之八十以上，发展工业必须和发展农业同时并举"④。毛泽东认为，在社会主义建设过程中，大力发展工业可以为农业发展提供先进的科学技术和机械化服务，大力发展农业可以在满足人民基本生活需要的同时，为城市重工业的发展提供原材料和积累更多的资金，为工业产品提供广阔的市场。1957 年 10 月，毛泽东在《关于农业问题》中进一步谈到了"工农并举"的城乡关系理论，"讲到农业与工业的关系，当然，以重工业为中心，优先发展重工业，这一条毫无问题，毫不动摇。但是在这个条件

---

① 毛泽东：《毛泽东文集》第 7 卷，人民出版社，1999，第 29 页。
② 毛泽东：《毛泽东文集》第 7 卷，人民出版社，1999，第 30 页。
③ 姚力：《把医疗卫生工作的重点放到农村去"：毛泽东"六·二六"指示的历史考察》，《当代中国史研究》2007 年第 3 期。
④ 毛泽东：《毛泽东文集》第 7 卷，人民出版社，1999，第 241 页。

下，必须实行工业与农业同时并举，逐步建立现代化的工业和现代化的农业。"①

毛泽东在强调确立重工业中心地位的同时，明确必须重视农业的基础地位，工业和农业并举发展。因此，新中国成立后，毛泽东对农村建设做出了积极的实践探索，如推进农业合作化、大力发展农业机械化、提出公社工业化和农业工厂化的设想等。其中，毛泽东特别关注水利建设工作。1955 年 9 月，他在《中国农村的社会主义高潮》里谈道："兴修水利是保证农业增产的大事，小型水利是各县各区各乡和各个合作社都可以办的。"② 在他的号召下，全国掀起了农田水利建设的高潮。1958 年，毛泽东反复研究并概括出农业增产的 8 个基本因素，即土、肥、水、种、密、保、管、工，称为"八字宪法"，为实现农作物的高产稳产起到了重要的指导作用，使粮食的亩产量有了大幅度地提高，促进了中国农业的大发展，为解决中国人民吃饭穿衣的基本生活问题打下了坚实的物质基础，同时也为城市工业化的发展提供了有力的资金和原材料保障。

总体来看，毛泽东在社会主义建设初期对城乡关系的探索是马克思主义城乡关系理论在中国大地上落地生根的过程，其中许多正确的思想由于当时国情的限制，在实践中没有得到全面落实，但是这些理论为以后我国城乡关系建设打下了坚实的基础。

2.2.2.2 邓小平城乡互动思想

中共十一届三中全会以后，邓小平在吸收毛泽东"城乡兼顾"思想的基础上，结合对内改革和对外开放的实际，站在现代化建设全局的立场上进一步思考城乡关系问题，在承认城乡差别的同时形成了"城乡互动"的思想，并强调"真正的社会主义道路就是要逐步缩小城乡差别"③。邓小平的城乡互动思想主要体现在以下两个方面。

1. 重视农业发展，强调工农互助

邓小平强调农业是基础产业，在国民经济中处于最根本的地位，农业和农民的发展现状关系到经济的繁荣昌盛和社会的安定发展，"中国有百分之八十的人口在农村，中国社会是不是安定，中国经济能不能发展，首

① 毛泽东：《毛泽东文集》第 7 卷，人民出版社，1999，第 310 页。
② 毛泽东：《毛泽东文集》第 6 卷，人民出版社，1999，第 451 页。
③ 杨胜群、闫建琪：《邓小平年谱（1975—1997）》（上），中央文献出版社，2004，第 115 页。

先要看农村能不能发展，农民生活是不是好起来"①。同时，邓小平又从历史的角度认为城乡经济协调发展是经济发展的总趋势，中国的城市迅速发展是适应社会发展一般规律的，但是城市化发展到一定阶段，必须反过来为农村服务。1975 年 8 月，邓小平在《关于发展工业的几点意见》中提出："工业支援农业，促进农业现代化，是工业的重大任务。工业区、工业城市要带动附近农村，帮助农村发展小型工业，搞好农业生产，并且把这一点纳入自己的计划。"② 一方面，城市可以运用先进的机械化技术帮助农村发展农业和养殖业，从而提高农民收入、改善城市的副食品供应；另一方面，农业的专业化发展会为工业提供了更多生产资料，反过来促进工业的进一步发展。

2. 改革农村体制，重视城乡互动

在中共十一届三中全会上，党中央深刻认识到城乡分割二元体制对农业农村发展的严重影响，邓小平由此提出对农村体制进行改革，以消除城乡互动的体制障碍。改革主要包括三个层面：一是改革农村的经济体制，发展社会主义商品经济，建立统分结合的家庭联产承包责任制，鼓励集体所有制与多种经济成分共同发展。二是改革农产品流通体制，发挥市场的调节作用，改变统购统销制度，大部分农产品价格由市场调节，建立商品流通的市场机制。三是改革小城镇户籍管理制度，允许农民进城务工经商。另外，其对教育、医疗卫生、社会保障制度等也进行了一系列的改革。这次农村体制改革是社会主义建设时期农村体制的一次伟大变革，通过对农村体制进行的一系列改革，建立起了有利于城乡之间良性互动的社会发展机制，为消除我国城乡二元分割的局面提供了政策和制度上的保障，"农业和工业、乡村和城市就是这样相互影响、相互促进。这是一个非常生动、非常有说服力的发展过程"③。

2.2.2.3 江泽民发展小城镇和统筹城乡思想

中共十三届四中全会以后，以江泽民同志为核心的党中央在总结改革开放以来城乡建设的经验和教训基础上，着眼中国发展大局，对"三农"问题给予极大关注，强调发展小城镇是带动国民经济发展的大战略，提出"统筹城乡经济和社会发展"的城乡关系理论，标志着我国城乡关系从

---

① 邓小平：《邓小平文选》第 3 卷，人民出版社，1993，第 78 页。
② 邓小平：《邓小平文选》第 2 卷，人民出版社，1994，第 28 页。
③ 邓小平：《邓小平文选》第 3 卷，人民出版社，1994，第 238 页。

"兼顾"到"统筹"的转变。江泽民有关城乡融合的思想主要体现在以下三个方面。

1. 发展小城镇

自 20 世纪 80 年代初开始，乡镇企业经过十余年的发展，带动了农村工业的蓬勃发展和农村面貌的不断改观，进而促进了以乡镇企业为辐射的小城镇发展，形成了具有中国特色的城镇化道路。1998 年 10 月，江泽民在中共十五届三中全会上指出："发展小城镇是个大战略。城乡差距大，农业人口多，是长期制约我国经济良性循环和协调发展的重要因素。加快小城镇建设，不仅有利于转移农业富余劳动力，解决农村经济发展的一系列深层次矛盾，而且有利于启动民间资本、带动最终消费，为下世纪国民经济发展提供广阔的市场空间和持续的增长动力。"①

2. 统筹城乡发展

在总结新中国成立以来探索与处理城乡关系的经验基础上，针对我国社会主义城乡建设中的农业、农村、农民发展相对滞后的现状，江泽民在党的十六大报告中明确提出了"统筹城乡发展"的思想，指出："统筹城乡经济和社会发展，建设现代农业，发展农村经济，增加农民收入，是全面建设小康社会的重大任务。""统筹城乡经济和社会发展"是党的十六大推进农业、农村和农民工作的一个重要的战略思想，也是推进中国社会主义现代化城乡建设的一个新举措，是我们党由"兼顾"农村到"统筹"城乡的重大理论思想的转变。

3. 重视"三农"问题

江泽民十分重视"三农"问题，在担任总书记期间，他一直深入各地农村，研究和解决农业、农村、农民面临的各种问题和突出矛盾。江泽民指出："没有农业和牢固基础，就不可能有我国的自立；没有农业的积累和支持，就不可能有我国工业的发展；没有农村的全面进步，就不可能有我国整个社会的全面进步；没有农民的小康，就不可能有全国人民的小康；没有农业的现代化，就不可能有整个国民经济的现代化。"② 在这一时期，我国农业得到了稳步发展，农业、农村、农民问题得到进一步的重视。在城乡统筹思想的指导下，农业现代化逐步推进，农村经济持续增长，农民收入水平不断提高，有力地推进了我国国民经济的全面发展，城

---

① 江泽民：《论社会主义市场经济》，中央文献出版社，2006，第 503 页。
② 江泽民：《江泽民文选》第 1 卷，人民出版社，2006，第 259 页。

乡关系进一步改善。

2.2.2.4 胡锦涛"两个趋向"论断及建设社会主义新农村的探索

党的十六大以来，以胡锦涛同志为总书记的党中央深刻分析了城乡关系发展的两个必然趋向，并在"十五"规划和"十一五"规划期间从实际国情出发，进一步深化了城乡统筹发展的战略思想，并对社会主义新农村的建设做了初步探索，提出建设城乡经济社会发展一体化的新格局。胡锦涛有关城乡融合发展的思想主要体现在以下四个方面。

1. 深化"统筹城乡发展"

在总结新中国成立以来有中国特色的社会主义城乡关系建设的基础上，胡锦涛进一步明确和深化了"统筹城乡发展"这一理论。2003年10月，他在中共十六届三中全会上提出要"按照统筹城乡发展、统筹区域发展、统筹经济社会发展、统筹人与自然和谐发展、统筹国内发展和对外开放的要求"推进社会主义建设。其中，"统筹城乡发展"放在五个统筹的首位，突出强调了城乡之间平等地互通互动、协调发展的重要性。2005年9月，中央政治局学习会议上进一步明确了城镇化是统筹城乡发展的关键一环，要在坚持统筹发展的战略下不断推进城镇化，发挥新兴城镇在城乡之间的纽带作用，以缩小城乡差距、促进城乡互动。

2. 提出"两个趋向"的重要论断

2004年9月，胡锦涛在中共十六届四中全会上提出了"两个趋向"的重要论断，即"在工业化初始阶段，农业支持工业、为工业提供积累是带有普遍性的趋向；但在工业化达到相当程度以后，工业反哺农业、城市支持农村，实现工业与农业、城市与农村协调发展，也是带有普遍性的趋向"①，对我国新形势下城乡关系和工农关系发展阶段做了科学定位，确定了今后一段时间内中央处理城乡关系问题的理论方向。

3. 重视社会主义新农村的建设

2005年10月，胡锦涛在中共十六届五中全会上提出，要按照"生产发展、生活宽裕、乡风文明、村容整洁、管理民主"的要求，扎实稳步推进新农村建设，推动农村走生产发展、生态良好、生活富裕的新农村道路，从根本上改变农村落后面貌。同年年底，《关于推进社会主义新农村建设的若干意见》进一步提出了新农村建设的具体规划，在推进现代农

---

① 中共中央文献研究室：《十六大以来重要文献选编》（中），中央文献出版社，2006，第311页。

业、增加农民收入、发展农村社会事业、深化农村改革等方面做出了一系列的战略部署。社会主义新农村建设的这一重大历史任务是我们党始终要求重视"三农"问题，解决农业、农村、农民问题的重大战略创新，更是亿万农民群众强烈的愿望和心声。

4. 推动城乡经济社会发展一体化

2007年10月，胡锦涛在党的十七大报告中提出："要建立以工促农、以城带乡长效机制，形成城乡经济社会发展一体化新格局。"建立城乡经济社会发展一体化新格局主要包括城乡规划、产业发展、基础设施建设、公共服务、就业市场、社会管理六个方面的一体化。城乡一体化新格局可以说是中央对统筹城乡发展提出的新要求，也是打破城乡二元结构，促进城乡统筹发展的又一重大理论创新。2012年11月，党的十八大报告进一步指出，推进城乡发展一体化是解决"三农"问题的根本途径，也是中国社会主义城乡关系建设过程中必须始终遵循的指导方针和行动指南。

2.2.2.5 习近平总书记关于统筹城乡融合发展、全面推进乡村振兴的重要论述

党的十八大以来，以习近平同志为核心的党中央坚持运用系统思维和辩证思维，在对我国城乡建设实践经验进行系统认知和深刻反思，对新时代城乡关系发展进行审慎思考的基础上，形成了一套新的科学理论体系，即习近平总书记关于统筹城乡融合发展、全面推进乡村振兴的重要论述，主要内容包括以下五个方面。

1. 以要素融合为城乡融合发展的重点

"十四五"规划纲要中明确提出要"建立健全城乡要素平等交换、双向流动政策体系，促进要素更多向乡村流动，增强农村发展活力"[①]。城乡要素作为城乡经济活动进行交流的物质介质，在城乡之间流动不畅，是造成城乡发展不平衡的重要原因之一。在各种要素中，劳动力是最基础、最活跃的要素，起着核心作用。习近平总书记认为，城乡间的各种要素是一个相互联系的有机整体，其融合与否直接影响着城乡经济融合的整体效果。推动城乡融合发展，必须"下决心破除限制资本、技术、产权、人才、劳动力等生产要素自由流动和优化配置的各种体制机制障碍，推动各种要素按照市场规律自由流动和优化配置"。一方面，要以劳动力双向流

---

① 《中华人民共和国国民经济和社会发展第十四个五年规划和2035年远景目标纲要》，《人民日报》2021年3月13日第1版。

动为基础，促进形成城乡要素循环新格局；另一方面，要健全城乡要素平等自由交换的体制机制和政策体系，保障城乡要素合理化配置。

2. 以产业融合为城乡融合发展的支撑

城乡间的产业关系是城乡关系的重要体现，城乡的产业种类及产业布局的变化影响着城乡间产业的联系程度，也在一定程度上决定着城乡关系发展的进程。"乡村振兴，关键是产业要振兴。"[1] 产业兴旺作为乡村振兴的重点，为乡村振兴提供着经济基础，是乡村发展的重要支柱。实现城乡产业融合是城乡经济融合的内在要求，对于提升乡村经济实力和为城市产业发展带来新的机遇具有重要意义。

3. 以市场融合为城乡融合发展注入活力

"理论和实践都证明，市场配置资源是最有效率的形式"[2]，城乡市场作为消费者活跃的场所，在连接城乡经济社会、促进城乡社会交流上起着重要作用。城乡市场融合，一方面是城乡产业融合的必然要求，另一方面也是城乡产业融合的配套措施，是乡村经济发展和城乡依赖度提升的重要体现。在社会主义市场经济条件下，农村市场化建设在促进经济社会发展中起着重要的作用。加快构建新型农业经营体系、形成城乡统一的市场体系，有助于消除城乡二元市场现状，推动城乡经济共同发展。

4. 以文化融合为城乡融合发展的灵魂

由于生产方式、生活方式以及地理环境等的差别，城乡间文化具有明显的差别性。农村作为我国传统文化的发源地，其文化功能在社会的发展中起着重要的作用，习近平总书记曾多次强调"农耕文明是我国传统文明的发源地，乡土文化的根不能断，农村不能成为荒芜的农村、留守的农村、记忆中的故园"[3]。但伴随着城市现代化进程的加快，城市现代文明不断向乡村延伸，农村优秀乡土文化的个性日益被弱化。因此，必须正确处理城市现代文明和农村传统文化之间的关系，平衡城市化带来的现代性文化和长期的农耕文明中蕴含的传统文化，推动传统文化进一步实现创造性转化和创新性发展，使城乡文化的发展互相促进，形成城乡文化融合发展

---

① 中共中央党史和文献研究院：《习近平关于"三农工作"论述摘编》，中央文献出版社，2019，第64页。

② 习近平，《习近平谈治国理政》第1卷，外文出版社，2018，第77页。

③ 中共中央党史和文献研究院：《习近平关于"三农工作"论述摘编》，中央文献出版社，2019，第121页。

的局面。

5. 生态融合为城乡融合发展的底色

良好生态环境是最公平的公共产品，是最普惠的民生福祉[①]，生态环境的改善既是满足人民美好生活需要的必然要求，也是第三产业和绿色经济发展的前提条件。实现城乡融合，应将城市和乡村纳入同一个系统，在共建、共治、共享中重塑城乡生态环境共生关系。但在保护和修复生态环境方面，城市和乡村在功能上具有明显的不同。城市的生态涵养功能较弱，而农村在生态涵养上却具有优势，二者在生态治理上应循序自身的情况，注重从源头控制，同时寻找城乡生态功能的互补点，在城乡互利的基础上促进城乡生态融合。

总体来说，习近平总书记关于统筹城乡融合发展、全面推进乡村振兴的重要论述作为马克思主义中国化时代化的最新成果，为新时代我国处理城乡关系、推进社会主义现代化提供了重要理论指导，要全面把握其理论价值与现实价值，既要重视其对马克思主义经典作家城乡关系思想的创新发展和对中国特色社会主义理论体系发展的时代意义，也要充分发挥其在解决我国城乡问题、推动社会主义现代化建设过程中的实践价值。

2.2.3 发展经济学相关城乡关系理论

1. 城乡二元经济结构论

20 世纪 50 年代，西方一批经济学家研究了发展中国家的农业部门和工业部门发展历史，提出了从城乡分割逐步走向城乡一体或城乡融合的二元经济结构理论，对我国城乡关系的演进和逐步化解城乡分割趋势提供了镜鉴，其中最为有名的当属刘易斯提出的二元经济结构理论和拉尼斯费景汉模型。

1951 年，经济学家刘易斯认为：大多数发展中国家在现代化和从农业国向工业国演进过程中，都会经历一个农村剩余劳动力不断向城市工业部门转移的过程，这个过程持续的前提，就是发展中国家存在着大量人口冗余，劳动生产率低的农业部门和工资率高、劳动力需求较大的工业部门，形成了以工农关系为特色的城乡二元经济结构。该理论的提出，给发展中

---

① 中共中央文献研究室：《习近平关于全面深化改革论述摘编》，中央文献出版社，2017，第 61 页。

国家渐进实施工业化,并通过建立工农互动的要素流动关系来实现农业部门现代化提供了解释理论框架。因为随着农业部门剩余劳动力的不断非农化转移殆尽,工业部门和农业部门的工资率会逐步出现趋同,所引发的农村部门劳动力成本开始上涨的拐点被称之为"刘易斯转折点",即所谓的农业部门现代化进程的起点。

其追随者拉尼斯费景汉进一步发展了刘易斯的二元经济结构模型,探讨了在"刘易斯转折点"过后,农村劳动力进一步向城镇工业部门转移的后果,他们发现:这一阶段农业部门劳动力的工资水平将出现更快上涨,由于农业部门的劳动力不再冗余且劳动边际收益和农业产出紧密相关,持续向工业迁徙的农业部门劳动力将会导致农业部门生产短缺,引发粮食价格上涨,从而使得工农和城乡劳动力边际收益达到动态平衡,这给最终实现城乡融合提供了一个较好的动态机制解释。

2. 工业反哺农业论

在舒尔茨《改造传统农业》、速水佑次郎《农业经济论》和罗斯托的经济发展阶段论启发下,结合我国城乡工农关系的现实发展图景,在工业化进入中期以后,工业反哺农业的相关理论被提出。所谓工业反哺农业,强调的是在资本积累阶段和经济起飞阶段,通过压低农产品价格和农业剩余,通过工农产品"剪刀差"将资本向工业部门集中,而后又在工业化发展到一定阶段,通过以工辅农、以工带农来向农业投资和改造农业,从而实现工业化与农业现代化有机互动的发展模式,这是非平衡发展模式走到后期,恢复平衡发展的一次重要尝试。我国最早是在中共十六届四中全会上提出实施工业反哺农业计划的,认为在工业化达到相当程度以后,工业反哺农业、城市支持农村,实现工业与农业、城市与农村协调发展,也是带有普遍性的趋向,于是开启了大规模的投资下乡、技术下乡和财政支农行动。党的十九大提出的新时代乡村振兴战略,标志着我国大规模、系统集成型的工业反哺农业制度化和常态化。

3. 城镇化发展阶段论

由诺瑟姆提出的城镇化发展阶段论和发展经济学经典的推拉理论也给城乡融合发展提供了理论支持。在主流的城镇化发展阶段论中,城镇化进程在 30%以内时主要是以农转非和发展城市非农部门为主的极化阶段,而当城镇化进程进入成熟特别是到达中后期的 70%以上时,非农部门和城镇的吸引力将逐步变为扩散效应和辐射效应，卫星城、小城镇乃至农业部门开始快速发育，城市对农村劳动力的拉力将变为推力。2018 年我国城镇化率为 60%，正在向城镇化中后期阶段转变，城市对农村的吸力正逐步转变为辐射带动的推力，促使乡村不断发育，而传统城乡接合部严重塌陷的现象，也正因为城镇化阶段的跨越而不断复兴和更新，城乡割裂的空间格局因城市群、大都市区的逐步形成而逐步改变，融合态势加速形成。

3 新中国成立以来城乡融合发展历程与政策演进

城市和乡村从形态上来说是人类社会两种异质的聚落空间，但是从本质上来说城乡并不是相互隔离、对立的，而是始终在要素、功能、结构方面具有紧密联系的有机整体。消除城乡对立，是人类社会实现现代化的核心命题。马克思在《哲学的贫困》中指出："城乡关系一改变，整个社会也跟着改变。"[①] 城乡关系是生产力与生产关系矛盾运动的结果，折射出经济社会发展的内在规律和发展趋势。我国城乡关系的演进既具有世界其他国家的共有特征，又具有独特性。我国城乡关系演进是随着我国社会主义现代化进程，以及国家城乡发展政策的调整而变化的，呈现出从分离到融合的阶段性特征。总体上来说可以分为三个阶段：新中国成立之初至改革开放前的城乡分立分治阶段；改革开放至党的十八大的城乡关系改革调整与城乡一体化发展阶段；党的十八大以来的城乡融合发展阶段。

3.1 城乡分立分治阶段：1949—1977 年

在社会主义革命和建设时期，国家以集中力量恢复和发展社会生产力为主要任务，力求改变新中国刚成立时积贫积弱的落后面貌，由此开启了以重工业为核心的工业化发展道路。同时，随着以户籍制度为代表的城乡二元体制的形成，我国工农城乡关系从兼顾、互助逐步发展为二元分割，进入"农业支持工业、以农村支持城市"的发展阶段。

---

① 马克思、恩格斯：《马克思恩格斯选集》第 1 卷，人民出版社，2012，第 237 页。

3.1.1　城乡兼顾、互助（1949—1957年）

新中国成立后，中国共产党对我国城乡关系重新定位，形成了以城市为中心，城乡兼顾、互助的城乡工作战略思想，改变了城乡对立的格局，有效扭转了过去长期形成的"城市剥削乡村"的局面。1949年3月，中共七届二中全会做出将党的工作重心由乡村向城市转移，并由城市领导乡村的重大战略决策。毛泽东也在中共七届二中全会第二次全体会议上明确强调："城乡必须兼顾，必须使城市工作和乡村工作，使工人和农民，使工业和农业，紧密地联系起来。"[①]后来，他又提出"四面八方"政策，要求实行"公私兼顾，劳资两利，城乡互助，内外交流"的城市经济工作政策[②]。该政策被作为经济建设的根本方针写入了1949年9月颁布的具有临时宪法作用的《中国人民政治协商会议共同纲领》[③]。1949年12月4日，毛泽东在中共中央政治局会议的讲话中重申"城市就是中心"的战略思想。同年12月底，周恩来在《当前财经形势和新中国经济的几种关系》中指出要辩证看待城乡关系，"要在发展农业的基础上发展工业，在工业的领导下提高农业生产水平"，实行"城市领导乡村，工业领导农业的方针"。

1949—1952年的国民经济恢复时期，总体处于城乡自由交流阶段。随着农村土地改革、农民互助合作的推进，农民生产积极性大幅提高，在较短时间内恢复了农业经济，并为迅速恢复和发展国民经济和促进国家工业化奠定了基础。一方面，为解决当时城市工商业商品滞销和农村土特产品没有销路的问题，中央通过建立供销合作社、举办物资交流会、发展农村集市贸易等措施组织城乡物资交流，增强了城乡经济联系。同时通过缩小工农业产品价格"剪刀差"，增加农民收入。另一方面，实行宽松的人口流动政策和推动交通基础设施建设，促进了城乡人员交流。

在第一个五年计划时期（以下简称"一五"计划），我国坚持工农并举思想，工农关系大体协调[④]。1953年党中央提出党在过渡时期的总路线，指出党的中心工作是集中主要力量发展重工业，以此为实现国家工业化和

---

① 毛泽东：《毛泽东选集》第4卷，人民出版社，1991，第1427页。
② 中共中央文献研究室：《毛泽东年谱（1893—1949）》（下），中央文献出版社，2013，第495页。
③ 《建国以来重要文献选编》第一册，中央文献出版社，1992，第7页。
④ 丁云、刘梦凡：《新中国成立以来毛泽东对工农业关系问题的探索》，《思想理论教育导刊》2013年第12期。

国防现代化奠定根基。同时明确要逐步实现国家的社会主义工业化，以及对农业、手工业和资本主义工商业的社会主义改造。"一五"计划明确规定："在优先发展重工业的条件下，力求使各个经济部门特别是工业—农业、轻工业—重工业之间的发展保持适当比例，避免彼此脱节。"① 毛泽东在《正确处理人民内部矛盾》中，从我国是一个大农业国、农村人口占比80%以上的基本国情出发，提出"发展工业必须和发展农业同时并举，工业才有原料和市场，才有可能为建立强大的重工业积累较多的资金"②。在城乡联系方面，随着工业化的推进和城市的扩大，尤其是苏联援助的156个大型项目和一批兴建的中小工矿企业为农村人口就业带来了机会，促进了城乡人口的自由流动。但是，随着"一五"计划的深入推进，粮食生产供应难以满足大规模工业化建设的基本需要，粮价波动剧烈，从1953年开始逐步实行粮食等主要农副产品的统购统销政策，并实行工农产品"剪刀差"。这些措施虽然为工业发展提供了原始积累，但是城乡市场纽带被割断，农民利益受到损害。由于重工业吸纳就业能力弱，加之城市食品短缺，这个时期我国先后出台了关于限制农民流入城市的政策，逐步进入限制城乡流动阶段。

3.1.2 城乡二元结构的形成、固化（1958—1977年）

社会主义道路探索时期，随着"三大改造"的完成和"一五"计划超额完成任务，加之受国际形势的影响，党的八大以后，"左"倾思想占据上风，使社会主义建设偏离正确路线，城乡关系从"城乡兼顾""工农并举"向"农业支持工业、农村服务城市"转变，工业和城市成为国家经济建设的重心。

1958年年初，全国人大常委会正式通过并颁布实施《中华人民共和国户口登记条例》，将城乡居民区分为"农业户口"和"城市户口"，严格限制农村人口盲目流向城市，标志着城乡二元户籍管理制度的正式确立。在计划经济体制下，户籍管理制度与人民公社制度、统购统销制度和城镇居民社会福利保障制度的实行，推动了城乡二元体制的确立、运行和固化。这种城乡二元结构体制的形成和强化，在保障大规模经济建设和推进

---

① 蒋永穆、胡筠怡：《从分离到融合：中国共产党百年正确处理城乡关系的重大成就与历史经验》，《政治经济学评论》2022年第13期。
② 毛泽东：《毛泽东文集》第7卷，人民出版社，1999，第41页。

国家社会主义工业化对农产品原料由农业提供原始积累的需求的同时，严重抑制了农业发展、降低了农民生活水平。

1961—1965 年，中国共产党提出适当调整国民经济发展思路。1961年，毛泽东提出"农业是基础，工业是主导"。同年召开的中共八届九中全会提出"调整、巩固、充实、提高"的八字方针恢复发展国民经济，要求首先加快农村发展，适度控制重工业发展速度。这一时期，我国工业发展重点是建设"大三线"，优化我国工业布局。农业方面开展"农业学大寨"运动，在一定程度上促进了农业生产的恢复和发展。

这一时期，尽管在政策制定上，中国共产党注意到防止工农城乡关系失衡，但在特殊历史时期，特别是"文化大革命"期间，工农城乡关系发展一度偏向政治化，出现重重困难，许多推进工农城乡发展向好的积极政策没有得到正确、有效的贯彻和落实。加之户籍制度限制，城镇化严重滞后于工业化，工农比例严重失调，城乡差距逐步扩大，城乡二元结构凸显。

总体来看，在社会主义革命和建设时期，我国逐步形成城乡分割的二元结构。但在优先发展重工业战略导向下和计划经济体制推动下，我国在短时间内建立起独立且比较完整的工业体系和国民经济体系。同时，兴修水利、推进农业机械化、乡村兴办"五小"企业等措施，为以后的城乡协调发展奠定了基础。

3.2 城乡关系改革调整与城乡一体化发展阶段：1978—2012 年

3.2.1 城乡关系改革调整（1978—2001 年）

中共十一届三中全会做出"以经济建设为中心"的战略转向和实行改革开放的伟大决策，开启了一场从农村到城市的经济体制改革，城乡关系进入改革调整阶段，极大解放城乡生产力的同时，城乡二元结构逐步松动，城乡由隔离逐步向互动转变。由于我国经济体制改革采取的是先农村后城市的渐进式改革，农村改革红利率先释放，在一定时期内我国农村经济社会发展远远快于城市，城乡差距有所缩小，城乡发展呈现协调发展的态势。但从 1984 年起，随着改革的重点从农村转向城市，城市发展迅速，要素资源主要向城市单向流动，城乡差距再次拉大。这一时期大体上可分为1978—1983年的农村改革时期和1984—2001年的城市改革时期。

我国的改革首先发轫于农村。1978年中共十一届三中全会通过了《中共中央关于加快农业发展若干问题的决定（草案）》，就城乡农产品收购等内容进行了调整，标志着我国进入以农村改革激发经济活力的城乡发展阶段。中共十一届三中全会提出了注意解决国民经济重大比例失调问题、搞好综合平衡的要求。中共十一届四中全会通过的《中共中央关于加快农业发展若干问题的决定》，提出发展农业生产力的25项政策举措，有的涉及加强国家财政对农业的投资、增加农业贷款等农业支持措施，有的涉及提高粮食统购价格，有的涉及部分松动城乡二元结构体制，如稳定并适当减少粮食征购指标、支持社队企业发展等。在此背景下，以实行家庭联产承包责任制为发端的农村改革在全国迅速推进，确立了以农户家庭承包经营为基础、统分结合的"双层经营体制"。这极大地带动了农户生产经营自主权的扩大和粮食增产、农民增收，同时使农民能将更多资金和剩余劳动力用于发展多种经营。乡镇企业在农村"异军突起"。紧接着废除人民公社制度、取消农产品统派购制度和畅通农村商品流通渠道等工作陆续展开，为加快农村商品生产、城乡商品流通和城乡交流互动创造了条件。

1984年10月，中共十二届三中全会通过《中共中央关于经济体制改革的决定》，明确指出农村改革的成功经验及农村经济发展对城市提出的要求，为以城市为重点的整个经济体制改革提供了极其有利的条件，廓清了社会主义计划经济是公有制基础上有计划的商品经济，明确要加快以城市为重点的整个经济体制改革的步伐，推动城市在社会主义现代化建设中发挥主导作用。在城市改革的同时，国家也提出要注重城乡的协调发展。1987年党的十三大报告强调农业问题对建设和改革全局极端重要，明确必须继续合理调整城乡经济布局和农村产业结构，注意城乡改革的配套，处理好城乡矛盾，并巩固工农联盟。

1992年10月召开的党的十四大明确了我国经济体制改革的目标是建立社会主义市场经济体制。中共十四届三中全会审议通过了《中共中央关于建立社会主义市场经济体制若干问题的决定》（以下简称《决定》），带动我国经济体制改革开始向建立社会主义市场经济体制目标整体性推进，也为深化城乡经济联系互动、城乡市场紧密结合创造了条件。《决定》明确提出"改革从农村起步逐渐向城市拓展，实现城乡改革结合……是符合中国国情的正确决策"①。1998年10月，中共十五届三中全会通过《中共中央关于农业和农村工作若干重大问题的决定》，强调农业、农村和农民问题是关系改革开放和现代化建设全局的重大问题，必须从全局出发，高度重视农业问题，使城乡改革相互配合、协调发展。紧接着，在全面推进农村改革的基础上，中央相继提出了农业和农村经济发展进入新阶段的重大命题、对农业和农村经济结构进行战略性调整的重大决策，明确必须把千方百计增加农民收入作为做好新阶段农业和农村工作、推进农业农村经济结构调整的基本目标，并将其放到整个经济工作的突出位置。城乡经济的交流互动中统筹考虑农业农村发展的问题日益形成共识。

总体来看，以建立和完善社会主义市场经济体制为目标的改革，使得城乡之间的体制性机制性障碍被进一步打破，加快了劳动力、土地、资金等生产要素在城乡之间的流动，城镇化水平显著提升，城乡居民的收入和消费水平得到大幅提高。但是从总体上来看，农村发展速度远落后于城市，"农业支持工业，农村支持城市"的城乡关系并没有得到根本性的扭转，城乡差距进一步拉大。城乡收入比由1978年的2.57∶1，上升到2001年的2.9∶1。图3-1是1978—2001年我国城乡收入比情况及趋势图。

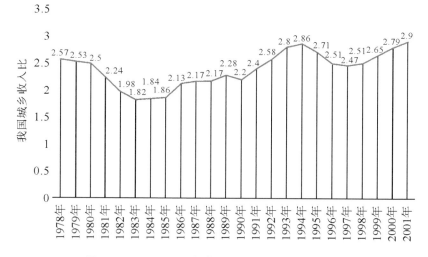

图3-1　1978—2001年我国城乡收入比情况及趋势

① 中共中央文献研究室：《十四大以来重要文献选编》（上），人民出版社，1996，第522页。

3.2.2　城乡一体化发展（2002—2012 年）

进入 21 世纪以来，随着生产力水平的大幅提升，人民物质生活得到极大丰富。但城乡之间发展差距的拉大和日益严重的"三农"问题，使得城乡二元结构矛盾更加凸显，城乡之间的发展鸿沟日益扩大。为着力解决农村发展滞后问题，中国共产党将解决"三农"问题作为全党工作的重中之重。党的十六大以后，以胡锦涛同志为主要代表的中国共产党人，把"统筹城乡发展"作为科学发展观的重要组成部分，提出要形成城乡经济社会发展一体化新格局，推动城乡关系进入了城乡一体化发展阶段。

首先，党中央做出了一系列推动城乡一体化发展的战略。2002 年 11 月，党的十六大首次提出统筹城乡经济社会发展，推进全面建设小康社会，逐步扭转工农差别、城乡差别和地区差别扩大的趋势，明确"以工补农、以城带乡、工业反哺农业、城市反哺农村"的发展思想。2003 年，中共十六届三中全会强调了统筹城乡发展在协调战略中的重要性，将"统筹城乡发展"放在"五个统筹"之首，提出要建立有利于逐步改变城乡二元结构的体制。2004 年 9 月，胡锦涛同志在中共十六届四中全会上提出了"两个趋向"的重要论断，进一步明确了城市反哺农村的战略导向。2004 年，中央经济工作会议指出，"我国现在总体上已到了以工促农、以城带乡的发展阶段"。2005 年，中共十六届五中全会通过《中共中央关于制定国民经济和社会发展第十一个五年规划的建议》，强调"建立以工促农、以城带乡的长效机制"，提出"扎实稳步推进新农村建设"的新历史任务。党的十七大报告进一步指出"三农"问题的解决事关全面建设小康社会大局，必须始终将其作为全党工作的重中之重，并将"形成城乡经济社会发展一体化"作为"建立以工促农、以城带乡长效机制"的目标要求。"推进城乡一体化发展"成为我国城乡发展的重大战略。2008 年，中共十七届三中全会将 2020 年作为基本建立城乡经济社会发展一体化体制机制的时间节点，提出加大农业投入力度、扶持农村规划建设、加快农民增产增收等要求。2009 年，中共十七届四中全会通过《中共中央关于加强和改进新形势下党的建设若干重大问题的决定》，提出要积极构建城乡统筹的基层党建新格局，通过统筹城乡基层党建工作，促进以城带乡、资源共享、优势互补、协调发展，强调基层党建在城乡工作中的引领作用。2010 年，中共十七届五中全会通过《中共中央关于制定国民经济和社会发展第十二个五年规划的建议》，再次重申"三农"工作的重要性，提出在工业化、城镇化的深入发展中同步推进农业现代化，"坚持工业反哺农业、城市支持农村和多予少取放活方针"。2011年，中共十七届六中全会提出加快城乡文化一体化发展，强调城乡文化一体化对推进社会主义新农村建设、形成城乡经济社会发展一体化新格局的重要性。由此，城乡一体化发展的思想基础、长效机制、组织保障、重点抓手等逐步明确。

其次，党的十六大以来，国家制定和实施了一系列强农惠农富农政策。从2004年到2012年，中共中央连续9年发布一号文件，分别以促进农民增加收入、提高农业综合生产能力、推进社会主义新农村建设、发展现代农业扎实推进社会主义新农村建设、加强农业基础建设进一步促进农业发展农民增收、促进农业稳定发展农民持续增收、加大统筹城乡发展力度进一步夯实农业农村发展基础、加快水利改革发展、推进农业科技创新持续增强农产品供给保障能力为主题，从基础设施、农业科技、新农村建设、惠农政策等方面解决农业增效、农村发展和农民增收问题。同时，深入实施了农业税费改革。2006年1月1日，在我国延续了2 000多年的农业税被正式取消，农村税费改革取得实质性进展；国家还出台"四项补贴"政策实行种粮直补、良种补贴、农机具购置补贴和农资综合直补，农业补贴体系基本成型。2002年到2012年，我国中央财政资金大量投入农村基础设施和基本公共服务领域，中央财政支农资金年均增速达20%；着力提升城乡基本公共服务水平，截至2012年年底，超1亿农村学生享受免费义务教育。

最后，党中央以破除城乡二元体制为重点，破除城乡发展深层次障碍。一是加大户籍制度改革力度，弱化户籍制度对人口合理流动的制约。2001年的《关于推进小城镇户籍管理制度改革的意见》和2011年的《关于积极稳妥推进户籍管理制度改革的通知》，放宽了县级以下城镇的落户限制。二是加快土地制度改革，完善征地补偿安置制度，改进失地农民的就业安置和社会保障措施。三是社会保障制度不断完善，农村社保体系基本成型。我国新型农村合作医疗制度从2003年开始试点起，到2010年已实现农村居民的全覆盖；我国新型农村养老保险制度从2009年开始在全国范围内普及和推广；2007年我国全面建立农村低保制度。

这一时期是我国城镇化快速发展时期，城镇化率由2002年的39.1%上升到2012年的52.6%，年均增长3个百分点。这一时期是我国城乡收入差距最大的阶段，城乡收入比几乎都保持在 3：1 以上。从发展趋势来看经历了先上升后下降的过程。从 2002 年的 3.11：1 增长到 2007 年的 3.33：1，2008 年受金融危机影响略微下降，2009 年城乡收入比回升至 3.33：1。从 2009 年城乡收入比开始下降，到 2012 年为 3.1：1，长期以来城乡收入差距不断拉大的局面得以扭转，但是城乡收入差距仍然较大。图 3-2 是 2002—2012 年我国城乡收入比情况及趋势图。

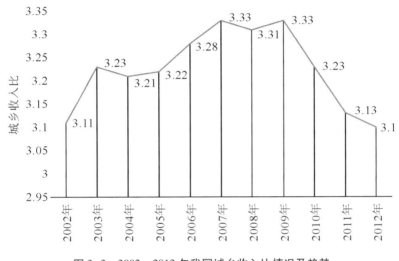

图 3-2　2002—2012 年我国城乡收入比情况及趋势

3.3　城乡融合发展阶段：2013 年至今

党的十八大以来，中国特色社会主义进入新时代。我国社会的主要矛盾已经转化为人民日益增长的美好生活需要和不平衡不充分的发展之间的矛盾，而最大的发展不平衡是城乡发展不平衡，最大的发展不充分是农业农村发展不充分。以习近平同志为核心的党中央更加重视农业农村现代化发展，城乡关系进入城乡融合发展阶段。

首先，党的十八大以来，党中央提出一系列促进城乡融合发展的战略举措，从加快推动城市偏向发展战略向农业农村偏向发展战略转变。党的十八大报告提出促进工业化、信息化、城镇化和农业现代化"四化"同步发展的方针，强调健全城乡发展一体化的体制机制，"形成以工促农、以城带乡、工农互惠、城乡一体的新型工农、城乡关系"。2013年11月，中共十八届三中全会通过了《中共中央关于全面深化改革若干重大问题的决定》，强调必须健全体制机制，并在推进城乡要素平等交换和公共资源均衡配置等方面进行了决策部署。2017年，党的十九大首次提出实施乡村振兴战略，推进城乡融合发展，标志着城乡关系进入城乡融合发展阶段。紧接着，2018年，中共中央在《关于实施乡村振兴战略的意见》中明确提出实施乡村振兴三个阶段的目标任务。2018年9月的《乡村振兴战略规划（2018—2022年）》和2020年10月的中共十九届五中全会，提出并进一步明确要加快形成工农互促、城乡互补、全面融合、共同繁荣的新型工农城乡关系，形成城乡融合发展的新格局。

其次，党的十八大以来，党中央提出一系列促进城乡融合发展的政策措施。2013—2021年，中央一号文件再次连续九年聚焦"三农"问题。2019年4月发布实施的《关于建立健全城乡融合发展体制机制和政策体系的意见》，围绕城乡要素合理配置、乡村经济多元化、农民收入持续增长等多个方面进行体制机制和政策创新。2018年以来各年的中央一号文件、《乡村振兴战略规划（2018—2022年）》、《中国共产党农村工作条例》、《中华人民共和国乡村振兴促进法》和《关于建立健全城乡融合发展体制机制和政策体系的意见》共同构成了实施乡村振兴战略和推进城乡融合的政策体系"四梁八柱"。其政策效应不断提升。一是不断加强对农业农村发展的投入和政策支持。到2020年，中国已建成8亿亩（1亩≈666.67平方米）高标准农田，12316信息进村入户服务已覆盖所有省份。二是不断健全城镇住房保障政策。2020年12月召开的中央经济工作会议强调，"要高度重视保障性租赁住房建设，加快完善长租房政策，逐步使租购住房在享受公共服务上具有同等权利，规范发展长租房市场。土地供应要向租赁住房建设倾斜"。这项政策对推动农民工进城落户具有重要意义。

最后，党的十八大以来，党中央持续推进城乡融合发展的体制机制创新。一是进一步推进户籍制度改革。2014年7月，《国务院关于进一步推进户籍制度改革的意见》提出创新人口管理，取消农业户口与非农业户口性质区分，建立城乡统一的户口登记制度、居住证制度等。2019年，常住人口300万人以下的城市全面取消落户限制，全面放宽城区常住人口300万~500万大城市落户条件，实施城镇基本公共服务覆盖未落户常住人口，推进农民工市民化进程。二是深化土地制度和集体产权制度改革，建立健全城乡一体化土地市场。2016年11月，中共中央办公厅、国务院办公厅印发的《关于完善农村土地所有权承包权经营权分置办法的意见》提出深化农村土地制度改革，建立农村土地所有权、承包权、经营权分置制度，即农村承包地"三权分置"改革。2021年1月，中共中央、国务院下发《关于全面推进乡村振兴加快农业农村现代化的意见》，提出探索实施农村集体经营性建设用地入市制度。同时，我国持续探索农村宅基地"三权分置"有效实现形式，在实现农民土地收益权的同时推动农业规模经营。三是社会保障制度改革取得阶段性成效。实施新型农村养老保险、新型农村医疗保险与城镇居民养老保险、医疗保险并轨，推进城乡基本公共服务均等化。

从改革成效来看，这一时期，以新型城镇化主导的城乡关系有所发展，城乡要素、商品流动性增强，要素配置效率提升，产业结构持续优化升级。常住人口城镇化率保持了高速增长，从2013年的53.70%提高到2020年的63.89%，年均增长超1.2%。同时，城乡收入差距扩大的趋势得到有效缓解。2013年，我国城乡居民收入比自2002年以来首次降到3以下，且呈现不断降低的趋势，从2013年的2.81∶1缩小到2020年的2.64∶1。图3-3是2013—2019年我国城乡收入比情况及趋势图。

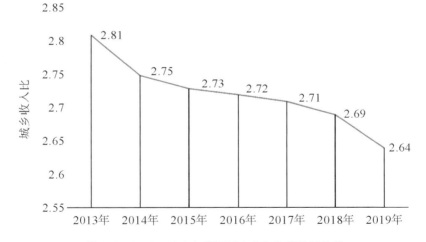

图3-3　2013—2019年我国城乡收入比情况及趋势

4 战略意义、现实基础及实现逻辑

4.1 成渝地区双城经济圈的空间范围及特征

4.1.1 城市群、经济区及经济圈的概念辨析

经济圈、经济区和城市群，三者均为区域经济发展的重要概念，在本质上既有联系也有区别。所谓城市群，是城市发展到成熟阶段的最高空间组织形式，强调的是多个城市组团形成的梯度发展，相互联系的一种空间地域。经济区则是指以城市为经济中心，将自然条件、经济发展方向大体一致的行政区组合在一起所形成的地域，其更强调城市间的互相联系和跨地域分工，概念要大于城市群。经济圈的概念则在两者之间。经济圈又被称为大城市群、城市群集合、大经济区、大都会区，是指以特大或辐射带动能力强的大城市为核心的多个城市集合或都会区集合。

从概念上我们可以知道，经济区的概念往往与行政区相对应，而经济圈的概念则是在城市群的概念基础之上形成的。首先是需要明确经济圈内的城市群数量及空间形态，其次再根据城市群的发育能级和辐射带动能力来测算经济圈的辐射半径和空间范围。对于成渝地区而言，国家分别于2011年和2016年相继发布《成渝经济区规划》和《成渝城市群规划》，对相应空间范围做了明确界定。但是对于最新提出的成渝地区双城经济圈，至今还未有统一说法，是故需要先从理论上科学界定出成渝地区双城经济圈的空间范围边界。

4.1.2 成渝地区双城经济圈政策空间范围

既然经济圈的概念与经济区和城市群有一定差异，因此对于成渝地区

双城经济圈空间范围的边界有必要做进一步明确。从区域经济学理论上来看，成渝地区双城经济圈的空间边界划定应与经济区的边界紧密相关，但作为政策区，又不能超越行政区的约束，因此，成渝地区双城经济圈的实际空间范围应该在成渝经济区与川渝行政区之间。

1. 成渝经济区的空间范围

国家发展改革委在 2011 年批复的《成渝经济区规划》中，曾将成渝经济区的范围明确为：四川省的成都、德阳、绵阳、眉山、资阳、乐山、雅安、内江、自贡、宜宾、泸州、遂宁、南充、广安、达州 15 个城市；重庆市的万州、涪陵、渝中、大渡口、江北、沙坪坝、九龙坡、南岸、北碚、万盛、渝北、巴南、长寿、江津、合川、永川、南川、双桥、綦江、潼南、铜梁、大足、荣昌、璧山、梁平、丰都、垫江、忠县、开县、云阳、石柱 31 个区（县）。区域面积合计 20.6 万平方公里，这一空间范围主要涉及四川省与重庆市位于成都平原区及四川盆地部分丘陵区的市（县、区）。

2. 成渝地区双城经济圈的空间范围

2020 年国家提出成渝地区双城经济圈建设，根本目的是从国家层面在西部建设一个具有总揽全局、引领高质量发展功能的增长极，并将其定位为通过强化重庆和成都的中心城市带动作用，使成渝地区成为具有全国影响力的重要经济中心、科技创新中心、改革开放新高地、高品质生活宜居地，助推高质量发展，是国家基于维护战略安全、经济安全、生态安全，推进"一带一路"建设、长江经济带发展和新时代西部大开发形成新格局的"生力军"。因此，成渝地区双城经济圈是经济区范围下自然而然覆盖城市群的一个全新概念，也应该有全新的空间边界。

2021 年 10 月，中共中央、国务院印发了《成渝地区双城经济圈建设规划纲要》，规划范围包括重庆市的中心城区及万州、涪陵、綦江、大足、黔江、长寿、江津、合川、永川、南川、璧山、铜梁、潼南、荣昌、梁平、丰都、垫江、忠县等 27 个区（县）以及开州、云阳的部分地区，四川省的成都、自贡、泸州、德阳、绵阳（除平武县、北川县）、遂宁、内江、乐山、南充、眉山、宜宾、广安、达州（除万源市）、雅安（除天全县、宝兴县）、资阳 15 个市。

4.1.3 成渝地区双城经济圈空间范围的理论探讨

1. 成渝地区双城经济圈城市经济竞争力评价指标体系构建

在理论界，涉及经济区或者经济圈空间范围测定的相关研究，多偏好于使用区域内经济联系度或者经济势能的强弱指标来判定，而对于经济联系度或者经济势能的测量方法，比较具有共识性的是使用经济空间引力模型。在传统的空间引力模型中，最为关键的两个变量是城市人口规模和城市间距离，空间引力与城市人口规模成正比，与城市间距离的平方成反比。而在现实发展中，城市的体量和辐射半径不仅依托于人口当量，还取决于城市生产力总体水平和城市现代化发展速度，特别是在当前高质量发展新阶段，城市的综合经济发展水平和竞争力早已超过人口规模因素，是一个多指标集成的变量，因此我们在测度成渝地区双城经济圈内部城市间空间引力之时，需要使用城市综合经济发展竞争力来替代传统人口规模指标，进一步改进优化传统空间引力模型，使得其更加符合新发展阶段区域经济高质量发展的诉求。

针对匀质性区域，传统空间引力模型的形式为

$$T_{ij} = kQ_i^\alpha Q_j^\beta / d_{ij}^\lambda \tag{1}$$

其中，T_{ij} 表示 i 城市与 j 城市之间的空间引力，k、α、β、λ 为系数，d_j 为两个城市之间的空间距离，Q 为城市人口。按照已有研究，$k = \alpha = \beta = 1$，$\lambda = 2$，d_{ij} 一般采用实际交通距离或经纬度距离来表示，如此一来，引力模型变化为

$$T_{ij} = Q_i Q_j / d_{ij}^2 \tag{2}$$

在（2）式中，作为衡量城市人口规模的指标 Q 已不能满足当前城市经济高质量发展的要求，因此我们使用多指标综合加成所形成的城市经济发展综合竞争力来替换传统人口指标，所使用的城市经济发展综合竞争力指标的形成使用主成分分析法（PCA）完成。表4-1中展示了合成成渝地区双城经济圈城市经济综合竞争力评价指标体系的各级指标构成。

表 4-1　成渝地区双城经济圈城市经济竞争力评价指标体系

准则层	目标层	指标属性
A1. 经济规模	A11. 金融机构年末存款余额/亿元	正向
	A12. 社会消费品零售总额/亿元	正向
	A13. 房地产投资完成额/亿元	正向
	A14. 开放程度/%	正向
	A15. 商品房销售面积/万平方米	正向
	A16. 国内旅游人数/万	正向
	A17. 农村用电量/亿千瓦时	正向
	A18. 规模以上工业利润总额/亿元	正向
B1. 城乡收入与结构	B11. 人均 GDP/元	正向
	B12. 城镇居民人均可支配收入/元	正向
	B13. 城镇化率/%	正向
	B14. 农民人均纯收入/元	正向
	B15. 产业软化系数/%	正向
	B16. 万人城镇低保人数/人	负向
	B17. 工业化率/%	正向
C1. 基础产业与设施供给	C11. 农作物播种面积/千公顷	正向
	C12. 第一产业增加值/亿元	正向
	C13. 万人公路里程/公里	正向
	C14. 财政能力/%	正向
	C15. 万人普通中学在校学生数/人	正向
D1. 环境保护与健康	D11. 生活垃圾无害化处理率/%	正向
	D12. 空气质量优良率/%	正向
	D13. 万元 GDP 能耗下降率/%	正向
E1. 科技与创新	E11. R&D 经费投入强度	正向
	E12. 科技财政支出占公共支出比例/%	正向

在表 4-1 中，我们事先收集了衡量城市经济发展综合竞争力的 25 个指标，这些指标基本覆盖了城市经济发展的各个方面。同时，考虑到成渝

地区双城经济圈的提法最早诞生于 2020 年 1 月召开的中央财经委员会第六次会议，因此我们将数据的基准年定在 2019 年。在这里，我们使用主成分分析的目的有两个：一是将 25 个二级指标归类，划分为科学信息无交叉的一级指标；二是通过综合评价，构造涵盖 25 个指标来反映城市发展综合质量的城市经济发展综合竞争力指数，使用该指数计算城市间引力矩阵。那么，使用主成分分析的前提是应该先进行 KMO 和 Bartlett 球形检验。

KMO 和 Bartlett 球形检验结果显示：系数为 0.725，可以进行主成分分析，我们根据相关系数矩阵、碎石图和旋转因子载荷矩阵，得到 5 个主成分 F1、F2、F3、F4、F5。根据每个主成分的类型特征，将 F1 命名为"经济规模"、F2 命名为"城乡收入与结构"、F3 命名为"基础产业与设施供给"、F4 命名为"环境保护与健康"、F5 命名为"科技与创新"。

2. 成渝地区双城经济圈城市间引力计算

我们根据如下公式合成覆盖川渝地区所有城市和区（县）的城市经济发展综合竞争力指数 Fa，计算公式如下：

$$F_{\alpha} = \frac{-\lambda_1}{\sum_{i=1}^{5} \lambda_i} F_1 + \frac{-\lambda_2}{\sum_{i=1}^{5} \lambda_i} F_2 + \frac{\lambda_3}{\sum_{i=1}^{5} \lambda_i} F_3 + \frac{\lambda_4}{\sum_{i=1}^{5} \lambda_i} F_4 + \frac{\lambda_5}{\sum_{i=1}^{5} \lambda_i} F_5 \quad (3)$$

然后根据（2）式计算成都和重庆主城区分别与其他城市之间的空间引力大小，城市间距离我们使用经纬度距离计算，计算结果如表 4-2 和表 4-3 所示。

表 4-2　成渝地区双城经济圈城市间引力计算结果（四川片区）

城市组合	空间引力值	城市组合	空间引力值
成都-自贡	42.7	成都-眉山	132.2
成都-攀枝花	2.5	成都-宜宾	126.4
成都-泸州	31.7	成都-广安	20.7
成都-德阳	339.6	成都-达州	14.4
成都-绵阳	126.9	成都-雅安	38.1
成都-广元	14.0	成都-巴中	12.7
成都-遂宁	54.7	成都-资阳	144.1
成都-内江	51.8	成都-阿坝藏族羌族自治州（马尔康）	10.2
成都-乐山	51.0	成都-甘孜藏族自治州（康定）	10.1

表 4-2（续）

城市组合	空间引力值	城市组合	空间引力值
成都-南充	36.3	成都-凉山州（西昌）	8.3

注：到阿坝藏族羌族自治州、甘孜藏族自治州、凉山彝族自治州的距离以首府所在地代替。

表 4-3　成渝地区双城经济圈城市间引力计算结果（重庆片区）

城市组合	空间引力值	城市组合	空间引力值
重庆主城区-万州	23.9	重庆主城区-石柱	24.3
重庆主城区-黔江	13.2	重庆主城区-秀山	23.8
重庆主城区-开州	14.7	重庆主城区-酉阳	11.7
重庆主城区-梁平	30.2	重庆主城区-彭水	23.9
重庆主城区-武隆	15.6	重庆主城区-达州	54.7
重庆主城区-城口	5.6	重庆主城区-广安	174.4
重庆主城区-丰都	54.8	重庆主城区-南充	156.6
重庆主城区-垫江	59.1	重庆主城区-遂宁	96.4
重庆主城区-忠县	29.8	重庆主城区-广元	13.1
重庆主城区-云阳	12.2	重庆主城区-巴中	24.0
重庆主城区-奉节	7.6	重庆主城区-内江	97.3
重庆主城区-巫山	5.6	重庆主城区-自贡	57.9
重庆主城区-巫溪	5.5	重庆主城区-泸州	151.8
		重庆主城区-宜宾	69.4

注：重庆主城区依据 2020 年重庆主城都市区工作座谈会提出的主城都市区 21 区的范围确定，包括渝中区、江北区、南岸区、大渡口区、沙坪坝区、九龙坡区、北碚区、渝北区、巴南区、长寿区、江津区、南川区、璧山区、涪陵区、綦江区、合川区、永川区、大足区、潼南区、铜梁区、荣昌区。

　　从表 4-2 和表 4-3 空间引力矩阵计算结果来看，成都和重庆双核中心城市对周围其他等级城市的空间引力存在一定交叉，但也存在明显的引力门槛现象。从空间引力值本身来看，成渝地区双城经济圈的空间范围应当存在核心区—拓展区两个圈层，拓展区内应当囊括川渝两地行政区全体，而核心区则需要将部分地市县排除在外，以体现经济圈向内集中的特点。

　　经过比较并结合《成渝经济区规划》和《成渝城市群规划》中提及的

空间范围半径，我们认为将成都和重庆两大核心城市对周围城市空间引力的阈值设定在10较为合适，即认为空间引力大于10时，表明双核城市带动能力较强，而空间引力小于10时，表明双核城市带动能力较弱。我们将空间引力小于10的地市县暂视为在经济圈范围之外，对于阿坝藏族羌族自治州及甘孜藏族自治州与成都之间的空间引力，虽然引力值在阈值之上，但考虑到两州面积广阔，州府所在地与成都距离相近，两州的绝大多数地区引力必然均在阈值以下，是故将整个阿坝藏族羌族自治州和甘孜藏族自治州确定为经济圈扩展区。

根据上述推断，我们确定出成渝地区双城经济圈包含的空间范围名单，包括四川17个地市：成都、自贡、泸州、德阳、绵阳、广元、遂宁、内江、乐山、南充、眉山、宜宾、广安、达州、雅安、巴中、资阳；重庆34个区（县）：重庆主城区21区（渝中区、江北区、南岸区、大渡口区、沙坪坝区、九龙坡区、北碚区、渝北区、巴南区、长寿区、江津区、南川区、璧山区、涪陵区、綦江区、合川区、永川区、大足区、潼南区、铜梁区、荣昌区）以及万州区、黔江区、开州区、梁平区、武隆区、丰都县、垫江县、忠县、云阳县、石柱土家族自治县、秀山土家族苗族自治县、酉阳土家族苗族自治县、彭水县。

总体看来，《成渝地区双城经济圈建设规划纲要》中的规范范围要小于通过空间引力模型测算出来的范围，且全部包含在理论分析范围之中。根据理论分析结果，重新整理成渝地区双城经济圈内各市区的空间引力值可看出，规范范围内的区域空间引力较强，是符合经济圈区域经济联系特征的（见表4-4）。

表4-4　成渝地区双城经济圈各市区空间引力值

城市组合	空间引力值	城市组合	空间引力值
成都-自贡	42.7	重庆主城区-黔江	13.2
成都-泸州	31.7	重庆主城区-开州	14.7
成都-德阳	339.6	重庆主城区-梁平	30.2
成都-绵阳	126.9	重庆主城区-丰都	54.8
成都-遂宁	54.7	重庆主城区-垫江	59.1
成都-内江	51.8	重庆主城区-忠县	29.8
成都-乐山	51.0	重庆主城区-云阳	12.2

表4-4(续)

城市组合	空间引力值	城市组合	空间引力值
成都-南充	36.3	重庆主城区-达州	54.7
成都-眉山	132.2	重庆主城区-广安	174.4
成都-宜宾	126.4	重庆主城区-南充	156.6
成都-广安	20.7	重庆主城区-遂宁	96.4
成都-达州	14.4	重庆主城区-内江	97.3
成都-雅安	38.1	重庆主城区-自贡	57.9
成都-资阳	144.1	重庆主城区-泸州	151.8
重庆主城区-万州	23.9	重庆主城区-宜宾	69.4

4.1.4 成渝地区双城经济圈的空间结构与特征

进一步观察成渝地区双城经济圈的空间形态和空间结构,可以得到以下发现。

1. 已形成"两中心-四片区"组团结构

当前,成渝地区双城经济圈内部空间结构已基本形成了以"成都"和"重庆"主城区为中心增长极或中心地,成都平原经济区、川东北经济区、川南经济区和渝东南武陵山区为广阔腹地,四片区中主要城市为次级中心城市的"两中心-四片区"组团结构。在成都向东,重庆向西,相拥发展的背景下,布局在成渝双核中间或近邻区位上的次中心城市发展速度明显提升,川东北经济区中的南充、广安,川南经济区中的宜宾、泸州,成都平原经济区中的德阳、绵阳、眉山、资阳,渝东南武陵山区中的黔江已经位列组团次中心城市中的第一梯队,经济势能进一步得到优化整合。

2. 双核轴链形态不断加密

从内部来看,成渝地区双城经济圈进一步形成了以成都和重庆为双核的"轴+链"发展空间形态,成渝中心主轴的辐射和带动效应进一步增强,同时形成了以成都为中心,向川南和川西北延伸的纵向发展轴及以重庆主城区为中心向川东北和渝东北、渝东南发展的纵向发展轴。发展轴附近小城镇进一步发育,由单一的点轴结构变为点轴链交融结构,空间结构更为多样,成渝双城的"哑铃状"空间格局正不断加密为以"骨状"为核心的链式格局。

3. 两中心带动大都市区圈群结构日益凸显

"十三五"以来，以成都和重庆为极核的大都市区范围进一步拓展，促使成渝地区进一步形成了以成渝双核大都市圈为首位的 AA 型大都市区圈群结构，其中，成都大都市区范围已经由成都的传统 12 区市扩展为北至德阳、南达眉山资阳、西抵雅安，共 36 个区市县，面积达 3.23 万平方公里；而重庆大都市区范围也由原来的主城 9 区扩展为 21 区，增长极效应进一步凸显。同时，区域内城镇化进一步提速，双核大都市区形成了向外进一步扩张的辐射效应，推动都市区临近地区形成了分布均匀的次城镇群或小城镇组团，从而形成了多层城市圈（见图 4-1），在这一城市圈内，既有包括以自贡、乐山、眉山、德阳、遂宁、潼南、合川、长寿、南川、万盛、綦江、江津、永川、荣昌为中心点的第一圈层，又有向外拓展包括以绵阳、南充、广安、涪陵、武隆、泸州、宜宾、雅安等城市为连线的第二圈层。进一步向外来，还有以甘孜、阿坝、凉山、广元、巴中、达州、万州、黔江、西阳为连接的外围第三圈层。圈层之间相互嵌套，层层相接，构成了独特的全群结构。

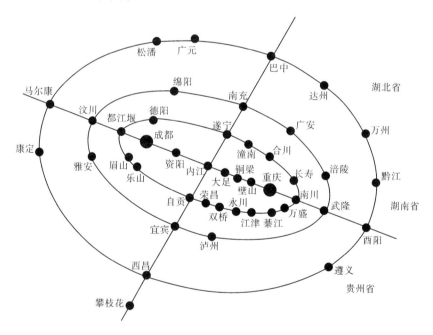

图 4-1　成渝地区双城经济圈大都市区圈群结构

4.2　成渝地区双城经济圈城乡融合发展的战略意义

推动成渝地区双城经济圈建设是以习近平同志为核心的党中央促进新时代区域协调发展的重大战略之举。深入推进成渝地区双城经济圈城乡融合发展，加快国家城乡融合发展试验区建设是国家赋予成渝地区双城经济圈的重大改革任务，有利于实现成渝地区协调发展，全面推进成渝地区实现乡村振兴，为实现共同富裕提供可行路径，为中国式现代化道路打造区域化样板，多元多维多层次提升成渝地区引领西部地区高质量发展的战略地位，为成渝地区开启新时代现代化建设新征程蓄势赋能。

4.2.1　实现成渝地区协调发展的内在要求

习近平总书记在党的二十大报告中提出，要"深入实施区域协调发展战略、区域重大战略、主体功能区战略、新型城镇化战略，优化重大生产力布局构建优势互补、高质量发展的区域经济布局和国土空间体系"。成渝地区双城经济圈城乡融合发展顺应了以习近平同志为核心的党中央统筹推进"五位一体"总布局、协调推进"四个全面"战略布局的理论必然，是实现成渝地区协调发展的内在要求。

城乡融合是缩小地区发展差异，实现成渝地区城乡之间经济发展水平和人民生活水平共同提高的应然之义。长期以来，成渝地区城乡之间区域发展差距明显，特别是革命老区、脱贫地区、民族地区、盆周山区等发展基础薄弱、历史欠账多。成渝地区双城经济圈以"一极两中心两地"为重要发展目标，即通过成都、重庆两大国家中心城市的发展带动四川省与重庆市两地的发展。而城乡融合则是使城乡地域的区位关系、规模关系、功能关系更加科学优化，城乡空间功能分化与融合互补并行深化，充分发挥成都和重庆两个城市的经济互补性，实现省内先发地区同欠发达地区协同共兴，促进资源共享和优势互补，从而加快经济发展，缩小成渝两地及其城乡区域之间的发展差距。

城乡融合是实现成渝地区之间合理分工，充分发挥该地区比较优势的先决条件。在中国央地分税、行政分割的治理结构下，川渝两地发展长期以竞争为主，尤其是成都和重庆两座中心城市更是形成了"你有的我也要有"的恶性竞争模式。区域规划不同步、协调机制力度不够、合作机制发挥作用有限，仍是阻碍各项要素在区域间自主流动和区域形成协同合力的关键原因。随着成渝地区双城经济圈建设上升为国家战略，城乡融合发展进入新的阶段，成渝两地政府不断破除"以邻为壑"的恶性竞争，形成两地合作体制机制不断完善的新局面，在区域分工协作的基础上，进一步深化成渝地区经济圈的顶层设计和基层管理制度，在体制机制层面更加和谐，在区域分工上更加合理，形成了高效分工、错位发展、有序竞争、梯次配套的区域网络布局，加快建设具有全国影响力的现代化都市圈。

城乡融合是消除地区壁垒，实现各项生产要素有效流动和平等交换的必由之路。以城乡融合发展转变以往城乡割裂的发展范式，破除致使要素和资源朝向城市流动的单向城市化思维，促成城乡市场的不断完善和互动贯通，有利于实现金融机构、服务平台、信息网络在成渝地区双城经济圈内的协同布局，使人口、技术、资金、信息等要素和资源率先实现在经济圈内的自由流动和优化配置，推动特色产业在特定区域的集聚，形成分工效应和集聚效应，从而形成区域大市场。此外，通过持续的物质交换和一二三产业融合来实现成渝地区城乡之间空间互补、功能融合、彼此渗透，让未来新兴增长极的消费市场、丰裕要素、渠道终端等成为欠发达地区产业转型升级的助力支撑，让欠发达地区乡村成为先发地区投资兴业的空间载体，从而推动欠发达地区跨越发展，增强区域发展协调性和合理性。

城乡融合是补齐公共服务短板、不断提升社会保障能力和福利水平的基础保证。基本公共服务领域合作和社会保障建设是成渝地区双城经济圈一体化发展过程中的重要环节和内容。受经济发展水平和地理环境等多重因素影响，成渝地区双城经济圈城乡居民在获取医疗卫生、基础教育、公共安全、就业服务、养老保障、公共福利等基本公共服务方面的压力较大，城乡社会融合度相对较低，特别是农村地区社会保障资源与地区人口容量形成强大反差。推进成渝地区双城经济圈城乡融合发展，有利于破除制约乡村高质量发展、高品质生活的体制机制障碍，进一步调整区域、城乡之间公共服务资源配置不平等的问题，补齐乡村公共服务短板，促进城乡居民生活品质提升，推动城乡基本公共服务均等化，建立城乡一体、同等水平的医疗和教育体系，推进乡村农田水利、公共交通、文化教育等领域快速发展，使社会保障政策在县域或市域范围内走向统一，从而实现城乡社会保障的协调发展。

城乡融合是实现可持续发展，减少经济发展带来的资源环境代价的必然要求。地处长江上游的成渝地区既是西部人口最为稠密、产业最为集中、城镇密度最高的区域，也是长江上游生态屏障的重要组成部分。长期的城市化发展使得城镇建设挤占生态空间，工业园区建设连片、污染物排放监管不到位等现象较为普遍，大气污染、水污染、生态失衡等区域性环境问题仍然突出，逼近资源环境承载底线。推进城乡融合发展，将"绿水青山就是金山银山"的理念融入成渝城市群建设和发展，有助于探索实施绿色发展方式和城市运营模式，完善生态补偿机制，保障长江上游生态环境安全，实现成渝地区经济圈的可持续发展，拓宽绿水青山向金山银山的转化通道，推动形成绿色发展方式和生活方式，促使经济社会发展全面绿色转型。

4.2.2 实现成渝地区乡村振兴的重要举措

成渝地区双城经济圈的承载空间是"成渝地区"，核心引擎是成渝"双城"，发展目标是建设"经济圈"。从概念上分析，成渝地区双城经济圈在建设半径范围上与成渝城市群规划范围大致吻合，且更契合重庆仍然是大城市带大农村格局，以及四川部分地区城市化率不高的阶段性特征。这显然不仅是着眼于城市与城市协同发展，还包括城市与乡村、乡村与乡村的协同发展。随着成渝地区城乡融合发展的持续深入，乡村振兴的价值与地位愈发凸显，乡村振兴的核心议题如现代农业发展、城乡均衡发展等也越发重要。从城乡融合视角把城市乡村视作一个有机整体，把乡村与城市都放在平等的发展地位上，着力于以城乡融合促进和带动乡村振兴，具有重大的战略意义。

城乡融合是解决农业农村发展不平衡、不充分问题的根本出路，有利于促进农业农村优先发展。受工业化、城镇化快速推进过程中工农及城乡关系演变的影响，加上我国长期以来的城乡二元化格局、工农业产品"剪刀差"，城乡要素的单向流动和不平等交换机制，使农业和农村长期以来不间断地为城镇化和工业化提供要素支撑，特别是在市场机制作用下，农村要素单向度地向城市流动的现象更为突出，导致农村常住人口逐年减少，农村空心化、老龄化问题日益严峻。成渝地区存在着很多规模小、一家一户的传统农业区，大量土地无人无力耕种，出现大面积抛荒现象，农业更多地变成"老人农业"和外出打工人员的"兼业农业"，城乡之间的差距越来越大。以城乡融合立足于成渝地区双城经济圈中乡村的生产、生活、生态等资源，有利于坚持农业农村优先发展。资源要素配置要继续向"三农"倾斜，通过建立乡村可持续的内生增长机制来激发乡村发展活力。

城乡融合是摆脱乡村衰退衰落困局的有力举措，有利于实现农业农村现代化。改革开放以来，随着城镇化步伐的加快，传统村庄渐趋衰败，乡村环境破败、人口流出不流入，乡村一定程度上已被边缘化。当前，不断扩大的城乡差距显示出"牺牲农村优先发展城市"的战略已不可取。以城乡融合发展来促进乡村振兴，是工业反哺农业、城市反哺乡村的现实路径。除了继续深化农村改革、增强农业农村发展新动能、凝聚乡村重建的社会力量、破解乡村"空心化"的体制性障碍等自身造血功能外，注重城乡要素在市场化条件下的自由流动和双向互动关系，建立健全城乡融合发展的体制机制和政策体系，有利于进一步推进城乡在基础设施、公共服务方面的融合，以及城乡在产业、要素和生态保护等方面的融合发展，补短板、强弱项，鼓励更多资金、技术和人才向农村地区流动，最终通过城乡融合推动农业农村现代化，从而实现乡村振兴战略的总目标。

城乡融合是乡村振兴的"加速器"，有利于重塑乡村系统，实现乡村振兴的总要求。振兴乡村，不能就乡村论乡村，必须走城乡融合发展之路。产业兴旺在全面实施乡村振兴战略中居于首要地位，是乡村振兴的工作重点。成渝地区双城经济圈城乡融合有利于进一步推动城乡产业深度融合，特别是近年来农业龙头企业进入农村，为乡村经济注入活力，推动农业技术创新，不断建立健全现代农业产业体系、加快农业现代化建设，进而加快实现农村一二三产业融合发展。促进城乡融合发展不能只局限于经济，生态环境也是重要的组成部分。"农村生态治理现代化是构建城乡融合发展的重要保障。"近年来，伴随成渝地区农村经济发展产生了如垃圾污染、环境破坏等严峻问题，深入推进城乡融合发展，加强农村生态治理，减少城市污染企业在农村地区的辐射，通过乡村与城市之间互联互通，有利于促进乡村全面振兴。城市和乡村是一个命运共同体，互相促进、相互支撑，方能实现城乡共荣共生、和谐持久的良性循环。成渝地区双城经济圈通过城乡融合可以进一步优化乡村地域系统，构建乡村经济、社会和空间，激发乡村发展活力，逐步缩小城乡差距，实现城乡社会、经济、生态等空间动态均衡，促进城乡总体生活质量和生活品质均等化提升。

4.2.3 探索实现共同富裕的可行路径

共同富裕是社会主义的本质要求。要推进社会主义现代化，其重难点是要实现城乡共同富裕，而推动城乡融合发展便是实现共同富裕的路径选择。习近平总书记指出，全体人民共同富裕是一个总体概念，是对全社会而言的，不要分成城市一块、农村一块，或者东部、中部、西部地区各一块。因此，共同富裕在空间上应是包含城市、乡村等各地区的共同富裕；在主体上应是包含城市居民、乡村居民等全体人民的共同富裕；在客体上应是包含物质生活、精神生活全面发展的共同富裕。面对成渝地区双城经济圈城乡发展不平衡的现状，必须要推动城乡融合发展，以城乡间的工农互促、优势互补实现城乡共同繁荣、共同富裕的最终目标。

探索实现城乡不同群体之间的共同富裕可行路径，从而实现全体人民的富裕。城乡融合发展的基础是推动农民共同富裕，尤其是脱贫攻坚收官后，农村仍然是实现共同富裕的难点所在，脱贫后的农户具有巨大的返贫风险。成渝地区双城经济圈以建立健全城乡对口帮扶机制、提升农业农村现代化水平、建立健全农民增收长效机制、拓宽农民经营性收入渠道来深入推进农民共同富裕。同时，城乡融合发展的重点是扩大城乡中等收入群体。成渝地区双城经济圈一方面通过加速农民市民化进程，稳定进城农民生活预期和生活质量，促进农业转移人口向城市中等收入群体转化；另一方面推进城乡之间要素配置更加合理，激发乡村多元经济活力，保证农村留居人口经营性收入和财产性收入持续增长，从而有效扩大农村中等收入群体规模。城乡融合发展的底线是促进特殊群体共同富裕。针对城乡居民中的特困人员、残障群体以及困境人口，成渝地区双城经济圈逐步建立健全城乡标准统一的社会保障体系以及普惠型的城乡生活照料体系，以保证特殊群体的生活质量能够随经济社会发展同步提升，为实现共同富裕的全民性提供方向指引。

探索城乡物质、精神、政治、社会和生态建设领域的平衡发展可行路径，从而促进全面富裕。成渝地区依托综合交通枢纽和立体开放通道，不断提高参与全球资源配置能力和整体经济效率，城乡要素合理配置机制和城乡产业协同机制的构建，有助于实现城乡生产力合理布局，促进物质财富总量提升。城乡融合发展过程中，成渝地区双城经济圈在大力传承和保护巴蜀文化的同时，持续推进长征精神、红岩精神、"三线建设"精神等系列红色精神，以城乡协调推进城市文明和乡村文明之间的贯通与衔接，促进乡村文明传承创新，从而为城乡居民创造更加多元的精神文化体验内容，促进城乡居民精神生活的共同富裕。在政治权利保障方面，成渝地区双城经济圈统筹城乡发展，最终目标要使农村居民、进城务工人员及其家属与城市居民一样，享有平等的权利，实现城乡居民的身份平等、机会平等和政治权利平等，推动社会正义在更大范围内实现。特别是在对社会建设的促进上，《成渝地区双城经济圈建设规划纲要》指出推动城乡公共资源均衡配置，推进城乡基础设施一体化、基本公共服务均等化，建立城乡教育联合体和县域医共体等多种保障，城乡融合发展将有效促进城乡普惠性、基础性和兜底性的民生建设，使城乡居民生活具有底线性保障。同时，城乡融合发展意味着城市社区和农村社区的界限被打破，这将催生城乡一体化的治理模式，促进城乡社会治理共同体建设。

探索推进全体人民共同奋斗，在共建中共享富裕的可行路径，形成从共建富裕理念到共建富裕格局的拓展进路。成渝双城的协同带动作用随着《成渝地区双城经济圈建设规划纲要》的正式出台更为突出，特别是城乡融合发展激活了共建富裕理念，逐步打破城乡居民隔绝意识，激活城乡居民的社会公共精神，推动城乡居民合作创富。城乡融合发展进一步拓展了成渝地区共建富裕机会，一定程度上破解了城乡二元结构，激活了更多新兴产业业态，主要表现在农民市民化不断升级的消费需求。市民下乡所带来的新的乡村发展机会，为乡村振兴注入了更多的社会资本，有助于反哺产业规模增长和供给侧结构性改革，为人人创富拓展了更加广阔的机会渠道。在城乡融合发展过程中，成渝地区双城经济圈通过政府承担城乡要素流动体制机制构建和营商环境优化等服务功能，激发市场活力和财富创造力；对社会组织的放权赋能，积极推动了社会组织如专业协会、社会志愿组织以及社工团体等介入城乡反贫困、公共服务和社会公益等构建新型政府、市场和社会关系，搭建政府、市场和社会组织的合作共建格局，让人民群众在发展中不断提高富裕水平，在参与中将发展成果惠及全体人民，让广大人民群众的获得感、幸福感、安全感更加充实、更有保障、更可持续。

探索城乡"先富带后富"的可行路径，渐进有序推进共同富裕。共同富裕并不是整齐划一的平均主义，不是同步富裕，而是全体社会成员都渐进达到富裕生活水平。一是不同收入群体在城乡融合发展中的渐进富裕。

成渝地区既有成都、重庆这样的特大型中心城市，也有广大的腹地和农村，城乡发展不平衡、农村发展不充分现象较为突出，大城市带动大农村现象十分明显，边远山区、民族地区和部分丘陵区经济发展仍较缓慢。因城乡不同群体的收入基础和财产积累本身有所不同，其富裕程度必然有所不同。而在成渝地区双城经济圈城乡融合发展中包含以城带乡、以工补农和城乡互促机制，例如引导秦巴山区、武陵山区、乌蒙山区、涉藏州县、大小凉山等周边欠发达地区人口向双城经济圈集中，依托城乡功能互补协调实现城乡先富群体衔接后富群体，保证后富群体拥有更高收入和更快的财产增长速度，同时通过三次分配形式的相互作用，将先富群体和后富群体的差距控制在合理范围内，渐进推动城乡不同收入群体共同富裕。二是不同地区在城乡融合发展中的渐进富裕。城乡融合发展面临城乡差距和区域发展差距的复合约束，由于不同地区发展禀赋和发展模式不同，城乡融合发展的路径也呈现出多重向度，城乡融合发展推动共同富裕的实现进度也具有一定差异性。成渝地区双城经济圈城乡融合发展围绕成渝两地城乡融合过程中的共性问题，在立足不同地区发展阶段和乡村差异性的基础上探索多元道路，强化城乡融合发展的外部区域协作支撑，从而实现不同地区在城乡融合发展中的渐进富裕。

4.2.4 打造中国式现代化道路的区域化样板

自 2011 年《成渝经济区区域规划》印发以来，成渝地区的发展受到越来越多的关注。2020 年，国家提出成渝地区双城经济圈，研究成渝地区双城经济圈的城乡融合发展，对推进成渝地区统筹发展，促进产业、人口及各类生产要素合理流动和高效集聚，对推进成渝地区现代化高质量发展具有重要的理论和实践意义，为中国式现代化提供可示范、可复制的区域协同创新样本。

以人口城镇化与乡村振兴协同发展为战略基点，推进人口高质量发展的成渝样本。流动的人口是城市和乡村发展的引擎。成渝地区是中国西部人口最为密集的地区之一，截至 2021 年年底，成渝地区划定区域常住人口超过 9 000 万。人口规模巨大的现代化要求成渝地区双城经济圈在发展过程中充分考虑成渝地区的人口情况。当前，成渝地区一些相对发达地区的人口流动，开始由农村到城市为主导向农村城市双向流动的状态转变，但由于人口老龄化、农村教育医疗条件限制、出生人口规模缩减等因素的影响，人口双向流动还存在很大的不稳定性。从农村转移人口的视角来看，当前户籍身份仍然承载着基本公共服务的部分职能，农村转移人口在城镇生活，却不能享受当地城镇居民的基本公共服务，难以从心理上真正融入城镇，不利于农村人口资源的合理配置。从农村对城市人才的拉力角度看，目前城乡在生活条件、就业、医疗等多个方面存在着明显差异，特别是农村产业基础设施建设相对薄弱，难以为城市人才提供全面服务，致使很多优秀人才并不愿意到农村就业创业。而推动城乡人口的合理双向流动，则离不开融合制度的构建与保障。城乡融合有利于合理安排进城人口和驻守在乡村人口的比例，为确保国家新型城镇化高质量发展与乡村高质量振兴储备必需的人口总量，应合理调控农业人口市民化或镇民化的节奏、速度和数量。

以缩小城乡发展差距为战略目标，推进全体人民共同富裕的成渝样本。共同富裕是中国式现代化的本质要求之一。成渝地区双城经济圈以缩小城乡区域发展差距为目标，推动要素市场化配置，破除体制机制弊端，加快建设国家城乡融合发展试验区，形成工农互促、城乡互补、协调发展、共同繁荣的新型工农城乡关系。一方面需要通过高质量经济发展持续积累物质财富，使共同富裕具备高度发达的生产力基础；另一方面则通过高质量经济发展不断满足全体人民美好生活需求结构的变化，增加全体人民财富占有的数量和质量，从而夯实共同富裕物质基础，切实推动发展成果由各区域人民共同享有，实现城市居民和农村居民共同富裕，实现不同阶层、不同社会地位的居民共同富裕，实现发达地区和落后地区有差别的共同富裕，确保人人都能享受到现代化带来的成果。

以城乡文化繁荣为战略核心，推进物质文明与精神文明协调发展的成渝样本。物质富足、精神富有是中国式现代化的根本要求，实现物质文明与精神文明协调发展有利于为促进共同富裕奠定基础。成渝地区双城经济圈以社会主义核心价值观为引领，深入开展公民道德建设工程，不断提升人民思想觉悟、道德水准、文明素养和全社会文明程度。同时，建立健全城乡精神文明建设融合发展的体制机制和政策体系，不断创新城乡精神文明建设内容与载体，改进方式和方法。此外，以城乡融合的物质文明推动精神文明建设，提出以巴蜀地区的特色文化为主线，加大成渝地区文化交流和互鉴互融，推动巴蜀文化创造性转化和创新性发展，使之为成渝地区双城经济圈的建设提供精神动力和智力支持，逐步形成物质文明与精神文明协调发展的现代化成渝地区双城经济圈。

以城乡生态环境共治共享为战略指向，推进人与自然和谐共生的成渝样本。人与自然和谐共生是中国式现代化的崭新形态。人与自然和谐共生的现代化使得城乡融合发展必须顺应自然，保护生态环境，在优先保护自然的前提下稳妥推进城镇化建设。城镇化不能超过自身的资源与生态环境承载阈值，因此，寻求城镇化与生态环境之间的最佳耦合点，走出一条既能推进新型城镇化高质量发展，又能实现生态环境高水平保护的"双赢"之路，是绿色城镇化发展之路。成渝地区共处长江上游，是长江上游生态屏障的最后一道关口，长江经济带共抓大保护、不搞大开发，筑牢长江上游生态屏障是重庆、四川两地共同的使命。创新城市群生态环境治理体系也是新型城镇化建设的重要探索实践，成渝地区双城经济圈通过加强生态环境政策协同对接，做到统一谋划、一体部署、相互协作、共同实施，有利于吸收生态功能区人口向城市群集中，使西部形成优势区域重点发展、生态功能区重点保护的新格局，辐射带动周边地区发展，显著提升区域整体竞争力，实现人与自然和谐共生的现代化区域协调发展。

4.3 成渝地区双城经济圈城乡融合发展的现实基础

4.3.1 我国整体进入城乡融合发展时期

城乡融合发展的提法，最早出现在党的十九大报告当中。这一新理念的提出，标志着我国城乡关系从早前的城乡分割、城乡统筹或一体化发展阶段进入融合发展的新阶段。在这个时间节点上顺势提出城乡融合发展的新要求，说明我国城乡关系进入新阶段的时机已然成熟。

按照马克思和恩格斯对城乡融合发展的总体论断，只有当生产力和城乡生产关系发展到一定阶段后，才有可能逐步消除城乡对立，实现城乡融合，在这些条件当中，城乡基础设施的完备性、工业化进程和城镇化发育水平起到了决定性作用。党的十九大报告中首先提出的城乡融合重要论述，在"十四五"时期被作为我国乡村振兴战略布局中的重要组成部分。之所以在新时代开始深度实施城乡融合发展，是基于如下现实考量。

一是我国已经进入城镇化进程中后期，人口、资金和其他生产要素流动已经从单一的"乡—城"转移进入城乡对流乃至由城入乡阶段，为推动和恢复乡村建设和乡村振兴提供了契机。截至2020年年末，我国整体城镇化率已达64%，接近诺瑟姆城镇化阶段理论的后期阶段。当前我国城镇化的典型特征是城镇化的吸力和拉力并存，即在继续提高城镇化水平的同时，相伴而生了次城镇化、逆城镇化等新现象，助推大城市周边的郊区、卫星城、乡镇等中小城市发育，大中小城镇错位梯度发展的空间格局正加速形成，进一步推动人口向乡镇和乡村回流，形成所谓的"归雁经济"或"城归态势"。人口的反向迁徙和复归从发展阶段上给实现城乡融合发展提供了明显的劳动力和人才红利，能够最大限度地发挥以城带乡的积极作用，因势利导地推进城乡要素融合和空间融合。

二是我国已经进入工业化后期阶段，农业部门和非农部门之间的利益关系已经从传统的"剪刀差"关系、工业吸纳和带动农业关系阶段正式进入工农互动、工农共融阶段。根据钱纳里所提出的工业化发展阶段论和库兹涅茨的工业化发展分期标准，2020年我国正处于工业化后期阶段，正逐步向后工业化阶段转型，制造业在城市与乡村的分布将更加均衡，工业大规模辅助农业，乡村全面开启工业化进程更为明显，基于附加值和产业链、供应链层面上的工农产业差别将逐步模糊，农产品深加工、农工互动融合将更为常见，城乡产业融合态势越发明显。

三是我国国民经济发展已进入中等收入阶段，正处于跨越中等收入陷阱、力争迈入中高收入乃至高收入国家序列的关键时期，城乡融合将成为重塑经济增长新动能的关键领域。自2010年我国正式进入上中等收入国家行列之后，经济发展的动能和支柱随之发生重大调整，特别是随着我国的国民收入逐渐逼近高收入国家标准，我国的经济增速、劳动生产率均出现了显著放缓的趋势，加之我国劳动力成本上涨、投资主导性发展方式转型和人口老龄化越发严重的多维度制约因素冲击，继续开发新的增长潜力以突破中等收入陷阱的桎梏、加快农业农村发展、消除城乡差距以畅通国内大循环成了改革的应有之意。

四是全面建成小康社会后，城乡融合发展开始成为党和国家致力于弥补农业和农村现代化发展短板，开启社会主义现代化强国建设新征程的着力点。脱贫攻坚战取得全面胜利之后，我国进入了解决相对贫困问题和扎实推进共同富裕的新阶段，而无论是建立解决相对贫困治理的长效机制，还是推动共同富裕取得实质性进展，难点均在如何消除城乡收入差距。由于长期奉行的非平衡增长路径，我国城乡差距持续扩大，虽然快速增长有效帮助国家解决了农村绝对贫困问题，但在实现共同富裕的道路上仍然任重道远。在我国经济社会发展主要矛盾发生变化的新时代，必须致力于走城乡融合发展之路，在满足人民对美好生活的愿望的同时，有效解决发展不充分、不平衡的问题，通过补短板、强弱项，实施乡村振兴，与城市同步实现现代化，从而实现共同富裕的理想愿景。而在城乡关系层面，只有走城乡融合之路，才能有效破除城乡二元经济结构，推进城乡公共服务与基础设施均等化，有效改善城乡收入不平等现象，促进农民增收，彻底破解持续扩大的城乡收入差距问题。

4.3.2 成渝地区城乡融合发展的先发优势

城乡融合的根本目标是消除生产力发展过程中的城乡对立问题，是我国同步实现城市与农村农业现代化、有效缩小城乡差距、扎实推动共同富裕的必然选择。而成渝地区是我国较早关注到城乡差距并积极探索实行城乡一体化发展路径的地区，因此在新时代推进城乡深度融合发展上更有时间和政策积累上的先天优势。

早在 2003 年前后，成都和重庆就开始着手根据自身情况积极探索城乡统筹的实现路径，并积极展开试点。由于成都的城乡空间格局属于典型的"城市乡村互动型"，而重庆属于"大城带大乡型"，因此两地的城乡统筹思路有一定差异。

成都的主要做法是把统筹城乡发展作为目标，在成都全域范围内推动经济市场化、管理民主化、社会公平化等重要改革。重点是以"农村产权制度、社会保障制度、户籍制度改革"为核心，通过实施"工业向集中发展区集中、农民向城镇和新型社区集中、土地向适度规模经营集中"的三个集中策略，促进新型工业化、新型城镇化、农业现代化"三化联动"。并积极探索落实农村新型基层治理机制建设、村级公共服务均等化改革、农村土地综合整治和新村居民点减少"四大基础工程"，实施城乡规划、产业发展、市场体制、基础设施、公共服务、管理体制"六个一体化"，形成城乡经济社会发展一体化新格局。改革过程中，涌现出了一大批典型经验和模式，如三圣花乡的"五朵金花"、大面镇的龙华模式、崇州的农业共营制、都江堰的联建模式等。

重庆的步伐则更大一些，自 2007 年国务院批复重庆和成都成为城乡统筹综合配套改革试验区以来，重庆紧紧围绕城乡经济社会协调发展、城乡劳务经济健康发展、土地流转和集约利用"三条主线"开展改革试验，在构建城乡全覆盖规划管理体制的前提条件下，系统设计了农民工市民化的政策制度框架，先后成立了联合产权交易所、农村土地交易所、重庆股份转让中心、农畜产品交易所、药品交易所、航运交易所、金融交易所七大区域市场，完善以城带乡的市场体系。重庆大胆推进城乡建设用地改革试点，创造了"地票"制度，通过创设农村土地交易所，利用城乡建设用地增减挂钩机制，将土地废弃建设用地复垦为"地票"上市交易，为全国首创，实现了农村集体建设用地的市场价值，促进了国土整治和耕地再造等工程的实施，有效地保护了耕地，维护了农民权益；并以户籍制度改革为突破口，鼓励农民工举家迁入城镇定居，逐步实现有条件的区域相对集中居住。同时，完善农民工住房保障制度，对农民工购房给予价格优惠和契税减免，建设农民工公寓，引导用工企业为农民工提供集体宿舍，鼓励企业向未享受保障性住房和集体宿舍的农民工发放住房补贴，实施农民工腾退宅基地迁入城镇或集中居住点的激励措施。

在国家 2010 年后整体进行城乡一体化建设之时，成渝两地因在城乡统筹方面积累了成功经验，已经远远走在了全国前列。在 2019 国家出台《关于建立健全城乡融合发展体制机制和政策体系的意见》之后，成都和重庆又双双入围国家城乡融合发展试验区名单。成渝两地在新时代和秉持新发展理念的背景下被赋予了更高的改革期望。

4.3.3 成渝地区城乡融合发展的示范经验

4.3.3.1 成都温江区"六位一体"模式

成都作为前期国家统筹城乡综合配套改革试验区，在探索城乡融合发展试点的过程中，充分运用前期经验更加全面深入地推进改革，已涌现出一大批典型改革案例。其中，温江区在全面推进乡村振兴和城乡融合发展中，探索形成了以乡村高质量发展促进共同富裕的城乡融合"六大创新路径"。

1. 促乡村产业转型升级，夯实农民增收基础

温江区把握乡村产业转型升级契机，高度重视以产业发展筑牢农民增收基础，使更多农民充分共享乡村产业现代化红利。一方面，持续强化花木等特色产业竞争优势，通过科技注入、主体培育、产业载体建设和产业链延伸等政策支持，打造全国知名的花木产业基地。另一方面，充分运用了前期农村产权制度改革成果，积极引导科技、资本、文化等要素与现代

农业有机结合，发展乡村旅游、生态康养等新业态，培育"农业+旅游"休闲度假产业模式，大力建设休闲农业与乡村旅游点位、精品民宿项目、川西林盘景区。在项目带动的同时，温江区通过搭建创业就业平台，赋予了农民更多增收机会。从场地提供、融资服务、政策咨询等多方面强化政策支持。

2. 以资源价值多元显化拓展农民增收空间

2020 年温江区全面深化农村产权制度改革。

一是积极探索了生态产品价值实现机制，以乡村资源价值显化有效拓展了农民增收空间。具体的做法是探索实施生态环境导向的开发模式（EOD）试点，以"美丽家园""绿色田园""幸福乐园"工程为抓手，改变乡村风貌、改善人居环境、加速产业发展、深化乡村治理，将"美丽风景"转化为"美丽经济"。挖掘特色生态资源。坚持生态优先、低碳发展理念，持续加强"北林"生态体系保护，统筹推进"水草林田湖"系统治理和农村人居环境"三大革命"，加快绿道串联城乡，整合城乡资源，规划 698 公里绿道网，建成鲁家滩生态湿地等一批网红打卡地，"田水绕林盘、花木遍乡野"的田园公园形态基本呈现，实现省级"幸福美丽新村"全覆盖。

二是打造修复了川西林盘。推广了"产居共生+院落优改"林盘打造模式，更新与重塑川西林盘大田农业景观，创新诠释公园城市乡村表达，依托北林绿道建设推进产业融合，有序推进寿安镇苦竹村月石院林盘整治、和盛镇"何家院子"川西林盘保护修复、金马街道尚合佳境林盘景区、毛家湾林盘修复保护等项目。

三是主动打造了城乡融合场景，融合进场景营城大战略。探索实施"农业+、川西林盘+"战略，以社会资本独资、国有公司+平台公司+品牌民宿、村集体经济组织+专业公司等运营模式，推动民宿旅游、林盘经济、直播电商网络流量基地"点亮"乡村发展。比如，建成岷江书院、依田桃源等精品民宿项目 14 个，五星数字农庄、花仙境等科技引领项目场景 3 个，九坊宿墅、茅歌水韵等利益联系机制项目场景 7 个，推动生态优势转化为产业优势。

3. 以集体经济发展壮大构筑农户增收载体

温江区重点探索建立了集体经济与小农户共建共享发展模式，实现了集体经济发展与农户稳定增收目标的协同。在具体做法上，一是通过财政投入方式创新夯实集体经济发展基础。以财政资金"投改租""投改股"等方式支持集体经济发展壮大，如万春镇高山村将财政投入资金形成固定资产，通过价值评估转化为高山村集体经济资产。二是鼓励集体经济以多种经营模式实现持续发展。引导各村组集体经济探索多种经营形式，全区形成合作经营模式、租赁经营模式、阶段性让渡经营模式等多种集体经济组织经营模式。

4. 以联农机制持续完善稳定农民增收来源

近几年，温江区创新构建了以政府支农、资本带农、农户互助为主要模式的联农带农机制，有效确保小农户增收来源稳定。

在具体做法上，创新集体经济运营机制，建立"土地释放、项目投建、管理营运"三环贯通的"社会资本+农村集体经济组织+农户"的全链条利益联结机制，全面开展集体资产核资和股份量化，引导集体经济组织通过入股、转让、租赁方式盘活农村资源。设立了农村集体经济发展基金、村级集体经济薄弱村发展基金和乡村振兴农业产业发展贷款风险补偿金三项基金。全区财政投向"三农"领域支出占一般公共预算支出的比例常年保持在50%以上，2022年实现农村居民人均转移性收入6 629元。

在实践中，如在温江区依田村的新桃源康养村落项目建设运营中，农户将农用地和多余安置住房经营权入股到村集体，集体经济组织将集体经营性资产、村民入股的资产以股权的方式与公司合作，并约定村集体的"保底分红+净收益分红"比例。农民获得了入股资产的保底收入、入股土地的保底收入、务工工资收入、集体收益分配收入、房屋物业等固定资产保值增值收入。

此外，温江区还鼓励各村庄探索农户合作互助以共同参与乡村现代化建设的有效方式。如和盛镇陈家渡村"月食河农业观光旅游专业合作社"，按照"群众自愿、股份量化、进退自由"的原则，面向所有村民公开募股，收益按照5∶3∶2进行分配，即50%用于合作社股东分红，30%用于紫薇公园的再投资，20%用于原土桥村全体村民分配。

5. 以公共服务均衡供给推进城乡共同富裕

通过构建城乡公共服务供给均衡机制补齐乡村公共品供给不足的短板，以公共服务均等化推进城乡共同富裕。

在供给手段上，温江区运用现代信息技术推进公共服务信息化，如建立教育信息化服务平台，通过网络技术手段扩大优质教育在乡村的覆盖范围，推动城乡教育均衡化发展；创建基层文化数字化服务体系，为乡村居民享受文化服务提供便利。

在供给主体上，发挥市场与社会力量优势，引导社会资本、社会组织进入公共服务领域，加快公共服务设施建设，提高供给能力，提升供给效率。如建立区—镇（街道）—村（社区）"三级联动"社会工作服务站（室），实现社会工作服务站点全覆盖、困难群众和特殊群体社会工作服务全覆盖。

在补齐农村公共产品短板的同时，温江区整合乡村产业振兴和人居环境提升项目，持续加大乡村基础设施建设投入，全方位提升农村公共服务质量，以"15分钟公服圈"建设工程为载体，提升乡村公共服务配套水平和质量。

6. 以乡村文化全面振兴补齐城乡融合短板

近年来，温江区大力推进"基层治理体系中的邻里关系重塑"行动，将乡村敦亲睦邻传统文化引入社区治理。例如，万春镇黄石社区为解决农民间矛盾较多导致社区治理中群众参与积极性较低、治理效率不高的问题，利用本地具有乡村体育文化传统的优势，由村党员干部成立耕者俱乐部，在参与文体生活中提升群众的集体荣誉感，邻里关系日益和谐。

温江区还构建了"亲民化、社会化、数字化、特色化"的乡村文化服务体系：对公共文化服务设施进行"亲民化"改造，建设70个市级基层公共文化服务示范点；探索"社会公益运营+多方融合运营+新型消费服务"的社会参与新模式，引入各类协会、企业等200余家，拓展基础文化服务供给主体；以现代信息技术创新农村文化服务供给方式，以网络平台为载体推动文化服务覆盖面向农村拓展，以信息技术实现了文化服务的城乡一体化；打造了一系列乡村文化品牌，深度挖掘温江本土乡村文化资源，如依托陈家渡村紫薇公园打造紫薇花节、依托黄石社区乡村体育文化打造"耕者俱乐部"系列文化品牌、依托万春镇农耕文化打造"开秧门"农耕文化节等。

4.3.3.2 成都郫都区城乡融合"3C+ABS"共享田园模式

借助前期城乡统筹综合配套改革试验区和"三块地"改革试验经验，郫都区在城乡融合试点中继续探索出了创新合作社+商管公司+集体经济组织"3C"运营模式，探索出以农业农村为本（agriculture）、酒店民宿旅游为配套（business）、特色产业为核心（special industry）的"ABS"发展路径，持续推动农村集体资产"产品化""资本化"，带动农民共享经营性、资产性、工资性收入，培育出众多城乡融合的主体。具体实践创新包括以下三方面。

1. 创新地以土地权利共享实现要素聚集

长期以来，我国农村市场化改革严重滞后于城市，城乡生产要素很难自由交换和有序流动。一方面城镇生产要素难以进入农村，另一方面农村生产要素被大量闲置、粗放利用，导致农村比较收益低下。"人、地、钱"问题是乡村振兴面临的普遍难题，依靠"三农"自身无法有效解决，而单纯依靠工商资本又存在风险，仅靠财政投入也不可持续。"共享田园"探索并实践了"产业共营、环境共建和利益共享"的内生动力培育模式，建立了城乡联结的平台和多方合作、共享共融的利益共同体，通过产权共享，将农民与市民两个群体、城与乡两种资源集聚融合在一起，集体、农民、市民在这片土地上各有其权、各得其所，催生了融合效应，推动了乡村产业发展，对乡村振兴进行了探索。

2. 以"新村民""新农人"吸引市民下乡

乡村振兴，关键在人。随着城镇化的推进，农村人才大量外流。在城乡融合的大背景下，吸引有资金、有情怀、懂管理、有技术的市民到农村，并形成市民与农民的稳定利益链接是破解农业农村发展问题的关键所在。"共享田园"创造性地提出"新村民"和"新农人"概念，凡是符合相关条件的市民，就可以成为田园"新村民""新农人"，进而获得有期限的宅基地使用权、建设用地使用权和承包地经营权，与原住村民共享产权、产品、生活和环境等权利。同时，通过完善考核和退出机制确保"引进人才"质量，提高了乡村振兴人才素质；通过产业共营，确保农民就地就业，留住了本土人才。在同一片土地上，市民与村民相邻而居、共同发展，有效推动了乡村建设。

3. 以生产生活生态"三生同步"实践"三农"发展新模式

"共享田园"是一种将各类资源集成的农村土地制度改革的综合模式。该模式一是改进了生产方式，通过规划引领、精细整治、适度集中、订单生产，促进农业规模化、标准化和集约化，实现农村一二三产业融合发展，加快农村产业化进程。特别是郫都区依托市区农村产权交易中心平台，采取招拍挂、折价入股等方式，大力推进农村集体经营性建设用地入市，引进农商文旅综合项目，为三产融合高标准奠定了基础。二是优化了生产关系，变农民与土地的单向关系为"农民—土地—市民"双向关系，农民变股民、农房变客房、农产品现货变期货，消费者成为投资者和共建者。三是改良了生活方式，市民到田园体验另一种生活，农民在田园里接触到现代生活方式，双方共建城乡融合的新型社区，有利于完善基层治理体系，提升基层治理水平。

表4-5体现了成都郫都区"共享田园"模式运行机制。

表4-5 成都郫都区"共享田园"模式运行机制

四大共享机制	两"新"目标
产权共享： 　　新村民可流转承包地经营权、宅基地与建设用地使用权，租赁农房和集体资产，经登记备案实行	新村民： 　　通过集体经济组织民主决策、适量引入有项目、有情怀、有能力的农村紧缺人才。新村民可租用闲置宅基地和农房，运营产业项目，目的是助力乡村产业发展、壮大集体经济实力，带动村民就业致富
产品共享： 　　由共享田园App按照绿色生态要求，统一提供种苗、标准和技术，完善认领种养、预订代种、会员直供、体验采摘等共享模式	
生活共享： 　　利用集体建设用地，打造共享民宿、共享茶坊、共享庭院、共享剧场等居住和社群空间，培育田园生活	新农人： 　　通过择优引导和培育，以适当形式到乡村从事体验农事、消费农产品的都市人群。新农人可在农村认种农地、以自耕自种或代耕代种等方式获得生态农产品，也可以单纯到共享田园体验和消费，其目的是带动农产品消费，促进农闲体验观光旅游等产业发展
生态共享： 　　基于传统村落建设的共享社群，实现生产、生活、生态三重空间合一，将生态价值转化为经济价值	

4.4 新型城镇化与乡村振兴战略"双轮驱动"城乡融合发展的实现逻辑

城乡融合的目标是使城镇系统和乡村系统成为相互促进、相互协调、共同繁荣的有机整体。城乡融合不是单向融合，而是需要双向发力。回顾我国城乡关系演进历程，改革开放以来中国的农业农村发展滞后，这是粗放型的传统城镇化背景下长期实行城市偏向政策的必然结果。党的十八大首次提出新型城镇化战略，推动以城市扩张为主的传统城镇化模式向"以人为本"为核心的城镇化高质量发展模式转变，实现人的现代化和城镇现代化。新型城镇化战略将有序推进农业转移人口市民化，并促进社会公平作为首要任务，使我国城镇化"见物又见人"。同时，在推动农村富余劳动力有序转移的同时，畅通城乡之间生产要素的自由流动和公共资源合理配置，进而促进农业农村加快发展。党的十八大以来的新型城镇化实践表明，新型城镇化有助于带动农业农村现代化。但单纯依靠新型城镇化的外力带动，无法完全补齐农业农村发展滞后的短板，也难以解决农业农村发展的全部问题，在推进新型城镇化的同时还必须从乡村内部发力。为此，党的十九大报告提出乡村振兴战略。乡村振兴战略以坚持农业农村优先发展为总方针，以"产业兴旺、生态宜居、乡风文明、治理有效、生活富裕"为总体要求，实现农民增收、农业增产、农村提质。其运行机理是从乡村内部发掘农业农村现代化的内生动力，激发乡村发展的自主性和积极性，通过产业、人才、文化、生态和组织的全面振兴，推动实现农业农村现代化。新型城镇化与乡村振兴是我国加快推进实现社会主义现代化的必由之路，两者具有价值相通性、目标趋同性、主体一致性、政策共融性，新型城镇化和乡村振兴战略"双轮驱动"是实现城乡协调发展的重要手段①。由此，2018 年 9 月出台的《乡村振兴战略规划（2018—2022 年）》提出，要坚持乡村振兴和新型城镇化双轮驱动；2019 年 4 月出台的《中共中央 国务院关于建立健全城乡融合发展体制机制和政策体系的意见》提出，重塑新型城乡关系，走城乡融合发展之路，要以协调推进乡村振兴战略和新型城镇化战略为抓手。

新型城镇化与乡村振兴战略既有差别，又有交叠，相辅相成、互联互助②。新型城镇化战略立足于城市，根植于农村；乡村振兴战略聚焦于农村，联动着城市。二者以城乡之间等值化、差异化、均衡化为价值取向，是实现城乡融合发展的"一体两翼"③。乡村振兴战略既有助于解决"三农"问题，又为新型城镇化提供基本动力；新型城镇化战略为乡村振兴创

---

① 吕萍、余思琪：《我国新型城镇化与乡村振兴协调发展趋势研究》，《经济纵横》2021 年第 11 期。

② 叶超、于洁：《迈向城乡融合：新型城镇化与乡村振兴结合研究的关键与趋势》，《地理科学》2020 年第 40 期。

③ 雷刚：《新型城镇化与乡村振兴："双轮驱动"实现城乡融合发展》，《中国建设报》2020 年 12 月 19 日第 1 版。

造条件。一方面，新型城镇化通过高效聚集生产要素，利用扩散效应与辐射效应为乡村振兴提供必要的物质与技术支持，带动农业农村现代化；另一方面，乡村振兴可以为新型城镇化提供基本生产、生活资料，农业农村现代化能够加速农业剩余劳动力向城市流动，为新型城镇化的可持续发展创造基本条件。只有新型城镇化和乡村振兴"双翼齐飞"，才能走出一条中国特色城乡融合发展道路。

新型城镇化与乡村振兴战略联动，就是把城镇和乡村视作共生共荣的整体，构建有利于城乡融合发展的体制机制，加快推进农业农村现代化。新型城镇化与乡村振兴战略联动，需要全方位统筹对接城镇和乡村发展，从经济、社会、文化、生态和空间五大领域同步推进，形成工农互促、城乡互补、全面融合、共同繁荣的新型工农城乡关系。在新型城镇化和乡村振兴战略联动的五大领域中，经济联动居于基础性地位，通过城乡生产要素自由流动和现代产业协同发展，可以为农业农村现代化和城乡融合发展提供强有力的生产力基础；社会、文化、生态和空间的联动同样不可偏废，它们共同为农业农村现代化和城乡融合发展提供支撑。从经济、社会、文化、生态、空间五大领域的联动出发，结合新型城镇化和乡村振兴战略的内涵，我们进一步提出新型城镇化与乡村振兴联动的具体实现路径（见图4-2）。

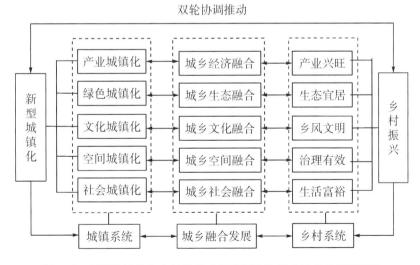

图4-2　新型城镇化和乡村振兴"双轮驱动"城乡融合的实现机理

4.4.1 城乡经济融合逻辑

城乡经济融合包括城乡要素融合和城乡产业融合两个层面，它基于城乡两个空间地域系统各自的比较优势，实现要素资源在城乡之间的自由流动，以及一二三产业在行业内部的融通、互动，从而提高城乡经济利益互惠水平，满足城乡生产、生活物质需求水平。

产业城镇化以要素的优化配置为基础，通过产业全要素生产率的全面提升，发挥城市对周边区域经济发展辐射带动作用，是乡村"产业兴旺"的发展动力。在市场机制引导下，一方面，产业城镇化通过充分发挥中心城市的产业集聚和规模经济效应，提高城乡要素配置效率。在产业支撑核心要素"人—地—钱"方面，有序推进农业转移人口市民化，推进土地的集约高效开发和引导资本下乡，提升城乡发展效能。另一方面，产业城镇化在产业集聚高效的发展过程中，为农业转移劳动力提供就业岗位。同时，随着产业升级和新利润空间的吸引，产业城镇化逐渐向乡村转移和渗透，推动数字基础设施与农业生产过程管理、农产品加工的深度融合，呈现出工业与农业、现代服务业相互融合的良好局面。城乡产业链不断朝纵向延伸和横向拓展，观光农业、旅游农业、健康养老、农村电商等新的产业形态不断涌现，并成为激活乡村产业振兴的新动能。

"产业兴旺"居乡村振兴战略五大要求之首，是实现乡村振兴的基石，其核心在于激发农村产业活力，在推动乡村发展、维护乡村社会稳定中起着关键作用。"产业兴旺"要求在进一步转移农业富裕劳动力的同时，促进农业资本深化和适度规模经营，从而在城乡要素互通和产业互动的过程中加快农业现代化进程。"产业兴旺"是"产业城镇化"的要素支撑。随着乡村振兴战略的推进实施，一方面，乡村现代农业和现代服务业的发展能够为城市发展提供更高质量的生产生活资源，能够保证城市产业的可持续发展和城市居民的高品质生活。同时，一二三产业的融合推进，必然带来农产品开发链条的延伸及农业生产与工业加工环节的紧密衔接，文旅与农业的深度融合，促使农村产业与产业城镇化交叉渗透，在增强农村产业附加值的同时，有利于形成产业集聚，在进一步增强乡村产业人才、资金、技术吸引力的同时，也能极大地推动农村就地就近城镇化。

4.4.2 城乡生态融合逻辑

城乡生态融合是指在坚持城乡生命共同体理念下，城市与乡村子系统通过构建共同生态价值链，共建共享优美生态环境，实现城乡生态功能互促互补和共生共荣，从而纾解城乡经济社会发展资源供需矛盾，满足城乡居民生态安全和环境宜居的需要。城乡生态融合通过生态共建、价值互惠逐步消解城乡对立，是马克思"两个和解"思想（人与自然的和解、人与人的和解）在城乡关系上的生动表达。

"绿色城镇化"要求在城镇化的过程中牢固树立生态文明理念，立足城乡生态资源和环境承载力，实行绿色生产、生活方式，严格控制城市环境污染，维护可持续的城乡生态空间。"绿色城镇化"一方面同步推进新型工业化，加快产业技术改造、升级，大力发展节能环保、清洁能源等生态产业，促进资源能源集约利用和工业环境污染的有效治理；另一方面，通过倡导绿色生活方式和消费模式，如通过引导低碳出行等低碳消费、厉行节约等，减少二氧化碳和城市生活垃圾的排放。"绿色城镇化"从生产和生活两端有效控制环境污染，从而能够降低对乡村生态系统的干扰和破坏程度，改善城乡生态环境。

"生态宜居"强调坚持"绿水青山就是金山银山"的理念，以农业面源污染治理和乡村生态环境价值提升为重点，改善农村生态环境，实现乡村生态保护和经济效益的双价值提升。乡村"生态宜居"为绿色城镇化提供生态基底。一方面，乡村"生态宜居"通过加强农业废弃物回收和农业面源污染治理，推动绿色农业发展，在增加农业附加值的同时，保障了城市居民的"餐桌安全"；另一方面，乡村"生态宜居"通过乡村人居环境整治和生态修复和保护，开发人文、生态资源，发展乡村旅游业，充分利用自然生产力和社会生产力实现生态价值的转化。同时，在改善乡村生活环境的同时，缓解由快速城镇化带来的人口拥挤、土地紧张、环境污染等"城市病"问题，提升城乡居民生活质量。

4.4.3 城乡文化融合逻辑

城乡文化融合是在尊重城乡文化多样性与统一性的基础上，推进城乡精神文明建设，实现乡村传统文明与多元开放的城市现代文明的有效对接和结合，传承中华优秀传统文化，弘扬社会主义核心价值观，增强城乡文化交流和认同，形成"城乡正义价值观共享"①，推动城乡之间文化互动

---

① 谭明方：《城乡融合发展促进实施乡村振兴战略的内在机理研究》，《学海》2020年第4期。

和交融。城乡文化融合是城乡融合发展的根基，是经济、社会、生态、空间融合到一定程度后的内在表现，又是促进经济、社会、生态、空间融合的精神动力。

"文化城镇化"强调弘扬先进现代物质、精神和科技文明，传承优秀传统文化，夯实城市文化底蕴，提升城市文明水平。"文化城镇化"是乡风文明的推进器。一方面，"文化城镇化"通过将现代文化与优秀传统文化创造性转化和创新性发展相结合，激发城市多元文化活力和魅力，成为文化发展高地。另一方面，随着"文化城镇化"的推进，城镇文化辐射能力进一步增强，将在为农村提供更多更好的公共文化产品和服务的同时，传播现代法治精神和市场经济规则，提升乡村公共文化发展水平，为推进乡风文明奠定思想基础。

"乡风文明"要求不断提高乡村居民科学文化素养，传承农村优秀传统文化，通过移风易俗，促进农民价值理念和生活方式现代化[①]。乡风文明建设通过加大农村基本公共服务建设，传承和弘扬以耕读文化、孝文化为代表的乡村优秀传统文化和非物质文化遗产保护，促进村民思想道德水平提升、丰富村民精神文化生活、影响村民价值理念，从而提升社会文明程度，为"文化城镇化"奠定人文基础。

4.4.4 城乡空间融合逻辑

城乡空间融合是指城乡空间功能和结构的融合。它是以城乡一体化土地利用制度为前提，推进城乡土地开发混合、多功能利用，实现城乡空间功能优势互补。城乡交通基础设施、产业布局、城镇体系空间联系程度的不断增强，将逐渐打破城镇和乡村的空间界限，城乡之间互动耦合形成一体化的城乡融合区域。

"空间城镇化"重点在于通过创新城市治理结合方式，推进土地集约高效利用，形成合理的城镇公共基础设施、产业、居民点、商业点空间布局。因此，"空间城镇化"，以城镇建设为中心工作，囊括与城镇建设相关的治理和规划等问题。其中城市治理现代化构成"空间城镇化"的微观基础，空间规划则是其宏观条件。在城市建设用地扩张或城乡交通基础设施

---

① 谢天成：《乡村振兴与新型城镇化融合发展机理及对策》，《当代经济管理》2021年第43期。

建设过程中，涉及城乡土地资源划拨、征地搬迁等工作，"空间城镇化"可以有效验证城市治理和乡村自治水平，推动城乡治理一体化改革进程。同时，城镇社区治理理念和方式也为新型农村社区治理提供了经验借鉴，推动了城乡社会治理联动。此外，"空间城镇化"通过"多规合一"的国土空间规划的实施，解决了乡村空间布局混乱、乡村功能发挥不足等问题，提升了乡村社会治理现代化水平。

乡村"治理有效"是指在遵照相关法律法规的前提下，尊重乡村治理的特性，将市场化条件下的现代正式制度与乡村本土非正式制度有机结合，即在村民自治的基础上，结合村规民约、道德教化等，实现法治、自治、德治的"三治融合"，提升乡村现代治理水平。乡村"治理有效"为"空间城镇化"奠定了社会基础。通过推进乡村治理体系和治理能力的现代化，乡村社会呈现出充满活力又和谐有序的局面，可以为"空间城镇化"提供稳定的社会环境。同时，以乡村空间规划编制为特征的乡村现代化治理，有利于促进城乡间的结构和功能互补，形成城乡空间融合发展。

4.4.5 城乡社会融合逻辑

城乡社会融合是指城乡社会事业相互渗透、融为一体，通过建立共享机制，推进城乡基本公共服务均等化、城乡基础设施一体化建设，逐步缩小城乡在收入、消费、生产生活基本条件方面的差距。

"社会城镇化"强调坚持"以人为本"的理念，提升城镇承载能力和包容性，有序推进农业转移人口市民化进程，促进城乡居民共同富裕。"社会城镇化"是实现乡村生活富裕的重要途径。一方面，"社会城镇化"在着力破解城乡发展体制机制障碍，解决农民工城市社会保障、子女教育等问题的同时，积极转变人力资源服务工作方式，为进城务工人员提供求职就业信息和渠道，使乡村居民在城镇能"有收入、留得住"。另一方面，"社会城镇化"使城镇教育、养老、医疗等公共服务和道路、供水、供电、信息等基础设施在新型城镇化推进过程中向农村不断延伸，实现城乡基本公共服务均等化，提升乡村生活便利化水平，使城乡居民共享现代化改革发展成果。

生活富裕的关键在于推进农村富余劳动力转移就业，以及在农业现代化的过程中促进农民增收，加强农村基础设施建设和基本公共服务供给，有效改善乡村民生，提升乡村生活水平。乡村生活富裕是"社会城镇化"的价值导向。改善民生和经济发展是相互促进、相辅相成的关系。其在城乡发展方面表现为：乡村民生改善，乡村生活成本降低，乡村居民实现生活富裕。乡村生活富裕将增加对教育、休闲、住房、养老等更高层次消费的需求，从而促进城镇产业发展和城乡居民收入提高。

5　成渝地区双城经济圈城乡融合发展水平测度与问题

5.1　成渝地区双城经济圈城乡融合发展水平测度指标体系构建

　　当前，理论界对城乡融合发展的测度主要有两种思路：一是立足融合的实质，从经济、社会、空间、文化、生态等多角度测度城乡融合的动态发展过程，从而建构指标体系测量城乡融合发展水平；二是立足城乡两个地域子系统融合发展的过程，从系统间耦合协同发展的程度来考察城乡融合的发展过程。前者对融合的实质逻辑要求较高，而后者更强调融合的动态演化。从本质上来看，城乡融合的过程就是将城市与乡村这两个地域功能有差别的空间组织，通过要素互换、规划相接、空间相融、产业交叉，逐步变成功能统一、市场统一、体制机制统一的地域共同体，故而城市与乡村这两个独立发展的子系统最终将逐步完成协同融合的历史任务。因此，本书使用第二种思路来测度成渝地区双城经济圈的城乡融合发展水平，从城镇化发展和乡村发展两个子系统出发，分别建构衡量城镇化发展水平和乡村发展水平的多指标评价体系。考虑到数据的可得性以及更好地展现动态变化过程，本书采用成渝地区双城经济圈"15+29"个市（县、区）2013年、2015年、2017年和2019年的相关数据。

5.1.1　成渝地区双城经济圈城镇化发展的综合指标体系构建

　　党的十八大以来，我国主要关注的是人的城镇化过程，这也是新型城镇化的实质。成渝地区双城经济圈城镇化发展进程，一方面包括人的"由乡入城"迁徙过程,另一方面也包括与人的迁徙直接相关的城镇土地利用、基本公共服务均等化、社会保障供给、就业与基础设施支撑、产业结构升级等一系列过程,因此其评价是多维度的。其中:人口城镇化使用常住人口城镇化率和城镇居民人均可支配收入来表示;土地城镇化使用商品房销售面积来表示;基础设施城镇化使用全社会固定资产投资和公路总里程来表示;社会保障与公共服务城镇化使用万人中学在校学生数、公共图书馆数、社会保障与就业支出占比来表示;就业与产业城镇化使用城镇就业人员数、城市第三产业比重、规模以上工业企业利润总额来表示。基于这种认知,我们针对成渝地区双城经济圈空间范畴内的"15+29"个地市县分别遴选相应二级指标,形成测度城乡融合发展水平的城镇化发展子系统指标体系(见表5-1)。

表5-1　成渝地区双城经济圈城镇化发展子系统指标测量体系

准则层	目标层	指标层	指标属性
城镇化发展水平(城镇化发展子系统)	人口城镇化	常住人口城镇化率/%	正向
		城镇居民人均可支配收入/元	正向
	就业与产业城镇化	城镇就业人员数/万人	正向
		城市第三产业比重/%	正向
		规模以上工业企业利润总额/亿元	正向
	基础设施城镇化	全社会固定资产投资/亿元	正向
		公路总里程/公里	正向
	土地城镇化	商品房销售面积/平方米	正向
	社会保障与公共服务城镇化	万人中学在校学生数/人	正向
		公共图书馆数/个	正向
		社会保障与就业支出占比/%	正向

5.1.2　成渝地区双城经济圈乡村发展的综合指标体系构建

在新发展阶段,乡村发展的战略举措是实施乡村振兴战略,而乡村振兴的根本目标是实现农业农村现代化。因此,本书从农民收入与生活富裕、农业现代化与产业兴旺、乡村建设与治理三个维度来理解乡村振兴内涵。其中：农民收入与生活富裕使用农民人均纯收入和农民人均生活消费支出来表示；农业现代化与产业兴旺使用农用化肥施用量、农作物总播种面积、农林牧渔业总产值、猪肉产量、粮食产量来表示；乡村建设与治理使用每万人中乡村从业人员数、农村用电量、财政支农占公共支出预算比重来表示。成渝地区双城经济圈乡村发展子系统指标体系如表 5-2 所示。

表 5-2　成渝地区双城经济圈乡村发展子系统指标体系

准则层	目标层	指标层	指标属性
乡村发展水平（乡村发展子系统）	农民收入与生活富裕	农民人均纯收入/元	正向
		农民人均生活消费支出/元	正向
	农业现代化与产业兴旺	农用化肥施用量/万吨	负向
		农作物总播种面积/万公顷	正向
		农林牧渔业总产值/亿元	正向
		猪肉产量/万吨	正向
		粮食产量/万吨	正向
	乡村建设与治理	每万人中乡村从业人员数/人	正向
		农村用电量/亿千瓦时	正向
		财政支农占公共支出预算比重/%	正向

两大子系统指标体系建立起来之后，我们分别收集成渝地区双城经济圈"15+29"个地市县 2013 年、2015 年、2017 年和 2019 年的经济社会发展数据，利用 SPSS 17.0 软件进行测算，各指标的描述性统计结果如表 5-3 所示。

表 5-3　成渝地区双城经济圈城乡融合子系统指标描述性统计

名称	样本量	最小值	最大值	平均值	标准差	中位数	峰度	偏度
城镇化率	200	28.36	97.7	55.4	17.8	48.6	0.1	1.1
城镇就业人员	200	10.65	912.3	118.1	141.5	70.2	13.6	3.1
城市第三产业比重	200	0.22	0.8	0.4	0.1	0.4	0.9	1.0
工业企业利润总额	200	−40.8	994.2	72.1	115.8	40.8	28.5	4.7
公路总里程	200	152.0	28 259.0	7 245.6	6 169.9	5 030.7	0.9	1.3
全社会固定资产投资	200	100.8	12 098.5	827.9	1267.1	583.2	45.3	6.2

表5-3(续)

名称	样本量	最小值	最大值	平均值	标准差	中位数	峰度	偏度
商品房销售面积	200	3.50	3 922.0	298.4	482.8	190.5	33.7	5.5
城镇居民人均可支配收入	200	16 836	45 878.0	29 726.4	6 219.9	29 035.5	-0.6	0.3
每万人普通中学在校学生数	200	317.7	1 081.0	543.4	148.5	513.1	0.1	0.8
公共图书馆数	200	1.00	23.0	3.7	4.2	1.0	5.4	2.0
社会保障与就业支出占比	200	0.06	0.2	0.1	0.0	0.1	-0.3	0.0
农用化肥施用量	200	0.03	22.4	6.2	6.0	3.8	0.7	1.3
每万人中乡村从业人员数	200	105.23	8 268.1	4 486.3	1 941.7	4 749.7	-0.2	-0.5
农作物总播种面积	200	0.85	897.7	234.8	227.4	123.9	0.5	1.2
农林牧渔业总产值	200	1.41	1003.3	152.8	171.5	75.0	4.3	1.9
农民人均纯收入	200	5 832	24 357.0	13 196.6	3 780.7	13 107.5	-0.3	0.4
农民人均生活消费支出	200	4 015.8	18 486.0	10 041.5	3 000.0	10 116.5	-0.4	0.2
农村用电量	200	0.05	38.0	4.9	6.0	2.5	12.4	3.1
粮食产量	200	0.00	317.8	83.6	84.1	41.1	0.3	1.2
猪肉产量	200	0.00	49.0	11.1	11.7	5.6	0.9	1.3
财政支农比重	200	0.01	0.3	0.1	0.1	0.1	-0.1	-0.3

5.2 成渝地区双城经济圈城乡融合发展水平的综合测度

5.2.1 城镇化发展子系统与乡村发展子系统的综合测度

本书使用熵值法来构建成渝地区双城经济圈的城镇化发展指数和乡村发展指数。熵值是不确定性的一种度量。信息量越大，不确定性就越小，熵也就越小；信息量越小，不确定性越大，熵也就越大。根据熵值法，可以实施多指标综合测量，而在使用熵值法之前，应先根据指标属性对各二级指标进行无纲量化变换，我们使用的标准化方法是正向化和逆向化。其转换公式如下：

正向化：
$$Y_i = x_i - x_{min}/x_{max} - x_{min} \tag{4}$$

逆向化： $$Y_i = x_{\max} - x_i / x_{\max} - x_{\min} \qquad (5)$$

而后计算第 j 项指标下第 i 个方案占该指标的比重：

$$P_{ij} = \frac{X_{ij}}{\sum\limits_{i=1}^{n} X_{ij}} \quad (j = 1, 2, \cdots, m) \qquad (6)$$

再计算第 j 项指标的熵值：

一般令 $k = 1/\ln m$ ，则 $0 \leqslant e \leqslant 1$ 。

再计算第 j 项指标的差异系数。

对于第 j 项指标，指标值 X_{ij} 的差异越大，对方案评价的作用越大，熵值就越小，其中 $g_j = 1 - e_j$ ，g_j 越大指标越重要。求权数：

$$W_j = \frac{g_j}{\sum\limits_{j=1}^{m} g_j}, \ j = 1, 2, \cdots, m \qquad (7)$$

最后计算各方案的综合得分：

$$S_i = \sum\limits_{j=1}^{m} W_j \times P_{ij} (i = 1, 2, \cdots, n) \qquad (8)$$

根据（7）式和（8）式分别计算成渝地区双城经济圈 2013—2019 年"15+29"个地市县的城镇化发展和乡村振兴综合发展指数与二级指标权重，使用 SPSS 17.0 计算的结果如表 5-4 和表 5-5 所示。

表 5-4　成渝地区双城经济圈城镇化发展子系统熵值法权重计算结果

指标序列	信息熵值 e	信息效用值 d	权重系数 w
城镇化率	0.964 4	0.035 6	0.051
城镇就业人员	0.900 9	0.099 1	0.142
城市第三产业比重	0.967 8	0.032 2	0.046
工业企业利润总额	0.951	0.049	0.07
公路总里程	0.941 5	0.058 5	0.084
全社会固定资产投资	0.906 9	0.093 1	0.133
商品房销售面积	0.907 8	0.092 2	0.132
城镇居民人均可支配收入	0.977 9	0.022 1	0.032
每万人普通中学在校学生数	0.962 9	0.037 1	0.053
公共图书馆个数	0.836 3	0.163 7	0.235
社会保障与就业支出占比	0.984 8	0.015 2	0.022

表 5-5　成渝地区双城经济圈乡村发展子系统熵值法权重计算结果

指标序列	信息熵值 e	信息效用值 d	权重系数 w
农用化肥施用量	0.983 1	0.016 9	0.033
每万人中乡村从业人员数	0.977 5	0.022 5	0.044
农作物总播种面积	0.925 8	0.074 2	0.143
农林牧渔业总产值	0.914 5	0.085 5	0.165
农民人均纯收入	0.975 3	0.024 7	0.048
农民人均生活消费支出	0.975 7	0.024 3	0.047
农村用电量	0.917 4	0.082 6	0.160
粮食产量	0.92	0.08	0.154
猪肉产量	0.915	0.085	0.164
财政支农比重	0.978 5	0.021 5	0.042

5.2.2　成渝地区双城经济圈城乡融合发展水平的计算

在得出城镇化发展子系统和乡村发展子系统的综合得分后，本书利用耦合协调度模型方法计算成渝地区双城经济圈城乡融合发展水平指数。耦合协调度模型用于分析事物的协调发展水平。耦合度指两个或两个以上系统之间的相互作用影响，实现协调发展的动态关联关系，可以反映系统之间的相互依赖、相互制约程度。协调度指耦合相互作用关系中良性耦合程度的大小，可体现出协调状况的好坏。在具体计算中，耦合协调度模型共涉及 3 个指标值的计算，分别是耦合度 C 值、协调指数 T 值、耦合协调度 D 值。本书使用耦合协调度来测度成渝地区双城经济圈各市（县、区）城镇化发展和乡村发展的协调融合程度。本书根据融合协调度的分类基准，划分城乡融合度的等级和类型（见表 5-6）。

表 5-6　城乡融合度的等级划分标准

城乡融合度 D 值区间	融合度等级	城乡融合水平判定	城乡融合度 D 值区间	融合度等级	城乡融合水平判定
(0-0.1)	1	无融合	[0.5-0.6)	6	勉强融合
[0.1-0.2)	2	融合度极差	[0.6-0.7)	7	初步融合
[0.2-0.3)	3	融合度差	[0.7-0.8)	8	较好融合

表5-6(续)

城乡融合度 D值区间	融合度 等级	城乡融合 水平判定	城乡融合度 D值区间	融合度 等级	城乡融合 水平判定
[0.3-0.4)	4	融合度较差	[0.8-0.9)	9	良好融合
[0.4-0.5)	5	融合度一般	[0.9-1.0)	10	优质融合

本书计算了2013年、2015年、2017年和2019年四个年份成渝地区双城经济圈各市（县、区）城乡融合发展指数，由于数据量过大，仅附上2019年的计算结果（见表5-7）。

表5-7　2019年成渝地区双城经济圈城乡融合发展指数评估结果

地区	融合 程度	融合 等级	融合 类型	地区	融合 程度	融合 等级	融合 类型
成都市	0.995	10	优质融合	北碚区	0.331	4	融合度较差
自贡市	0.524	6	勉强融合	渝北区	0.364	4	融合度较差
泸州市	0.662	7	初步融合	巴南区	0.366	4	融合度较差
德阳市	0.599	6	勉强融合	长寿区	0.316	4	融合度较差
绵阳市	0.677	7	初步融合	江津区	0.4	5	融合度一般
遂宁市	0.541	6	勉强融合	合川区	0.39	4	融合度较差
内江市	0.562	6	勉强融合	永川区	0.377	4	融合度较差
乐山市	0.604	7	初步融合	南川区	0.332	4	融合度较差
南充市	0.727	8	较好融合	綦江区	0.362	4	融合度较差
眉山市	0.534	6	勉强融合	大足区	0.349	4	融合度较差
宜宾市	0.709	8	较好融合	璧山区	0.328	4	融合度较差
广安市	0.592	6	勉强融合	铜梁区	0.345	4	融合度较差
达州市	0.686	7	初步融合	潼南区	0.333	4	融合度较差
雅安市	0.456	5	融合度一般	荣昌区	0.331	4	融合度较差
资阳市	0.537	6	勉强融合	开州区	0.375	4	融合度较差
万州区	0.403	5	融合度一般	梁平区	0.33	4	融合度较差
黔江区	0.337	4	融合度较差	丰都县	0.302	4	融合度较差
涪陵区	0.395	4	融合度较差	垫江县	0.342	4	融合度较差

表5-7(续)

地区	融合程度	融合等级	融合类型	地区	融合程度	融合等级	融合类型
大渡口区	0.29	3	融合度差	忠县	0.352	4	融合度较差
江北区	0.272	3	融合度差	云阳县	0.349	4	融合度较差
沙坪坝区	0.349	4	融合度较差	南岸区	0.299	3	融合度差
九龙坡区	0.329	4	融合度较差				

注：重庆市渝中区由于已经完成了城镇化，属于最核心城区，所以不存在城乡融合问题。

5.3 成渝地区双城经济圈城乡融合发展的动态侦测

本书分别从整体、片区以及空间角度，进一步分析成渝地区双城经济圈城乡融合发展的时空演变动态。

5.3.1 整体演变态势

本书分别计算了 2013 年、2015 年、2017 年和 2019 年成渝地区双城经济圈整体城乡融合发展指数，并测算整体融合等级，结果如图 5-1 所示。

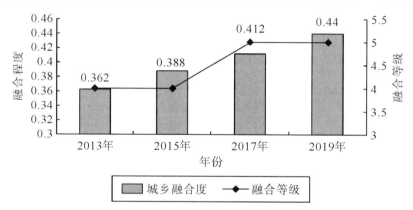

图 5-1 2013—2019 年成渝地区双城经济圈城乡融合水平整体演变走势

从图 5-1 来看，2013—2019 年，成渝地区双城经济圈城乡融合水平整体基本呈现稳步上升态势。2013 年，城乡融合指数为 0.362，隶属融合等级 4，属于融合度较差阶段；2017 年，城乡融合指数跃升至 0.412，融合等级进入等级 5，融合度明显提升；2019 年，城乡融合指数进一步增长，提升到 0.44，已进入融合度一般的新发展阶段。尽管成渝地区双城经济圈经历了"十二五"和"十三五"时期统筹城乡和城乡发展一体化改革的积极探索，城乡融合水平已有较大提高，但融合等级依旧较低，根本原因在于大多数市（县、区）仍处于城镇化初期向中期转变阶段，城镇化的极化效应远远大于对乡村发展的辐射带动效应，因此城乡融合探索多为政策性引导，市场的二元分化效应依旧较强，因而未真正实现从失衡到融合的实质性改变。

5.3.2 片区演变态势

从区域演变态势来看，本书按照四川片区和重庆片区进行分类，并按照分属行政区进行分类，计算结果如表 5-8 所示。

表 5-8 2013—2019 年成渝地区双城经济圈城乡融合发展水平的片区格局

年份	四川片区城乡融合度	融合等级	融合程度	融合度增速（同比）	重庆片区城乡融合度	融合等级	融合程度	融合度增速（同比）
2013	0.556	6	勉强融合		0.261	3	融合度差	
2015	0.581	6	勉强融合	4.5%	0.289	3	融合度差	10.7%
2017	0.603	7	初步融合	3.8%	0.314	4	融合度较差	8.7%
2019	0.627	7	初步融合	4.0%	0.344	4	融合度较差	9.6%

观察表 5-8 中的结果，静态条件下，四川片区城乡融合发展水平要远远高于重庆片区的城乡融合发展水平，表明重庆片区城乡不平衡性特征更为明显。之所以呈现出上述结果，根本原因是四川片区城镇空间等级体系较为完善，省域内县域及小城镇的经济联系更为密切，而重庆"大城大乡"的城乡藩篱和空间碎片化特征积重难返。在城乡融合等级、融合程度判定上，四川片区从 2013 年起均已进入勉强融合阶段，城乡融合特征已逐步显现，但重庆片区却仍在融合度差的梯度水平上低水平徘徊。动态条件下，四川片区的城乡融合发展水平稳步提升态势明显，到 2017 年四川片区已进入初步融合阶段；重庆片区城乡融合加速发展特征明显，尤其是进入2015 年以后，年均城乡融合指数增速大幅提高，追赶特征已经形成，虽然重庆片区与四川片区仍有较大差距，但趋同效应已开始发挥主导作用。

5.3.3 空间演变态势

从空间演变态势来看，成渝地区双城经济圈城乡融合发展呈现出内部分化的次区域异质性状态（详见表5-9）。川东北地区城乡融合水平最高，成都平原七市次高，然后是川南四地市、渝东北三峡库区、重庆主城区。川东北之所以城乡融合水平最高，很大原因是由川渝合作发展先行区的区域便利及靠近重庆主城区增长极红利所致。而渝东北三峡库区的城乡融合度强于重庆主城区，则是因为重庆主城区的扩围所致。进一步观察融合发展速度，川东北城乡融合发展速度最快，川南四地市追赶成都平原七市趋势明显，整个四川片区城乡融合发展俱乐部趋同效应十分明显。而在重庆片区，也出现了类似的群体趋同现象，除了渝中区以外，由于重庆主城区扩围效应的持续存在，极大程度地拉低了重庆主城区城乡融合的实质水平，而渝东北三峡库区的城乡融合度不断改善，其已经成为引领成渝地区双城经济圈重庆片区发展的新高地。

表5-9 成渝地区双城经济圈分区城乡融合空间格局演变

年份	成都平原经济区城乡融合度	川南经济区城乡融合度	川东北经济区城乡融合度	重庆主城区城乡融合度	渝东北三峡库区城乡融合度
2013	0.55	0.534	0.602	0.26	0.276
2015	0.578	0.552	0.627	0.285	0.298
2017	0.61	0.581	0.647	0.314	0.319
2019	0.618	0.614	0.668	0.343	0.35

注：渝东南武陵山区仅有黔江区进入规划范围，故不单独计算。

5.4 成渝地区双城经济圈城乡融合发展的主要问题

5.4.1 城乡融合度较低，城乡收入差距仍然存在

1. 城乡融合度较低，协同度不一

党的十八大以来，成渝地区双城经济圈不断探索和改革创新，形成了如郫都区城乡融合"3C+ABS"共享田园模式、温江区城乡融合"六位一

体"模式等有效做法和经验，在全国具有很强的推广意义。2013—2019年，成渝地区双城经济圈城乡融合度不断提升，实现了从融合度较差到融合度一般转变。但是从总体来看，成渝地区双城经济圈城乡融合水平还较低，城乡差距仍然较大（见表5-10）。

表5-10　2013—2019年成渝地区双城经济圈城乡融合度

年份	城乡融合度	融合等级	融合程度
2013	0.362	4	融合度较差
2015	0.388	4	融合度较差
2017	0.412	5	融合度一般
2019	0.44	5	融合度一般

同时，通过对城乡融合水平的综合测度及分析，本书得到以下主要结论：成渝地区双城经济圈城乡融合水平整体基本呈现稳步上升态势，同时四川片区的城乡融合发展水平要远远高于重庆片区的城乡融合发展水平；从空间演变来看，成渝地区双城经济圈的城乡融合发展呈现出内部分化的次区域异质性状态，川东北地区城乡融合水平最高，成都平原七市次高，然后是川南四地市、渝东北三峡库区、重庆主城区。因此，成渝地区双城经济圈内城乡融合水平分化非常显著，具有明确的西优东劣、川渝分割特征。因此在空间战术上，必须逐步实施以因地适宜为原则的梯度发展战略。

此外，城乡发展协同度不一。从成渝地区双城经济圈各区域的城乡融合发展水平内部结构来看，不难发现城乡融合水平的高低取决于城镇化发育和乡村现代化发育的总体协同能力。换言之，城乡融合与单纯的城镇化和农业农村现代化发展并无单一关系，而是取决于两个子系统的相对平衡状态，高高组合和低低组合均能获得较高的城乡融合评价。因此，我们可以发现，城乡互动型更为明显的四川片区，其城乡融合的整体水平会明显高于"大城大乡"型的重庆片区。

从目前的研究结果来看，成渝地区双城经济圈内部不同地区的城镇化进程和乡村现代化进程的关系类型主要有以下三类：一是城市偏重型，是指城镇化进程明显快于乡村建设或农业农村现代化的一类地区，这类地区主要分布在四川成都平原经济区内的成都市以及重庆主城区9区中的绝大多数区县；二是城市乡村并重型，是指城镇化进程和农业农村现代化水平不相上下或接近的一类地区，这类地区非常稀少，目前来看只有四川的雅安市和重庆的巴南区属于此类；三是乡村倚重型，是指农村功能发挥或乡村建设明显强于城镇化发育的一类地区，这类地区数量非常多，主要包括除上面所提及的地区之外的所有地市县。表5-11为成渝地区双城经济圈城镇化和乡村振兴综合评价指数情况。

表5-11　成渝地区双城经济圈城镇化和乡村振兴综合评价指数情况

类型	地区	城镇化综合评价指数	乡村振兴综合评价指数	差值
城市偏重型	成都市	0.89	0.844	0.046
	大渡口区	0.147	0.133	0.014
	江北区	0.177	0.11	0.067
	沙坪坝区	0.188	0.155	0.033
	九龙坡区	0.185	0.141	0.044
	南岸区	0.16	0.132	0.028
	渝北区	0.216	0.153	0.063
城市乡村并重型	雅安市	0.225	0.25	−0.025
	黔江区	0.138	0.188	−0.05
	北碚区	0.148	0.169	−0.021
	巴南区	0.173	0.183	−0.01
乡村倚重型	自贡市	0.231	0.366	−0.135
	泸州市	0.356	0.5	−0.144
	德阳市	0.252	0.517	−0.265
	绵阳市	0.358	0.537	−0.179
	遂宁市	0.235	0.399	−0.164
	内江市	0.246	0.428	−0.182
	乐山市	0.318	0.415	−0.097
	南充市	0.382	0.642	−0.26
	眉山市	0.237	0.378	−0.141
	宜宾市	0.378	0.596	−0.218
	广安市	0.286	0.433	−0.147

表5-11(续)

类型	地区	城镇化综合评价指数	乡村振兴综合评价指数	差值
乡村倚重型	达州市	0.333	0.606	−0.273
	资阳市	0.213	0.434	−0.221
	万州区	0.172	0.234	−0.062
	涪陵区	0.17	0.224	−0.054
	长寿区	0.121	0.188	−0.067
	江津区	0.154	0.259	−0.105
	合川区	0.142	0.266	−0.124
	永川区	0.156	0.217	−0.061
	南川区	0.124	0.205	−0.081
	綦江区	0.143	0.216	−0.073
	大足区	0.144	0.196	−0.052
	璧山区	0.12	0.208	−0.088
	铜梁区	0.136	0.203	−0.067
	潼南区	0.118	0.221	−0.103
	荣昌区	0.124	0.203	−0.079
	开州区	0.136	0.252	−0.116
	梁平区	0.119	0.213	−0.094
	丰都县	0.11	0.191	−0.081
	垫江县	0.129	0.211	−0.082
	忠县	0.138	0.209	−0.071
	云阳县	0.133	0.213	−0.08

　　由于乡村倚重型地区数量非常多，那么当前提升成渝地区双城经济圈城乡融合水平的重点就应当聚焦此类区域。该类地区的一个显著特点是：城镇化率普遍刚刚超过30%（城镇化前期到中期分界线），快速城镇化和以郊区化、卫星城逐步发育为特征的城市空间形态格局刚刚起步，以农转非和产业非农化为特点的空间极化效应正在成为区域经济发展主导规律，这一时期乡村功能乃至农业产业现代化将面临多种制约。是故，这些地区

在城乡融合方面一定要高度重视持续推进城镇化与协同促进乡村振兴，防范城镇化对乡村功能及农业产业化发展的多维冲击。

2. 城乡收入差距仍然较大，农村收入提升受多重因素阻碍

城乡收入差距问题是世界各国在推进现代化的进程中普遍遇到的问题。按照 Williamson 的理论，区域收入差距与经济发展之间存在倒"U"形关系，在经济发展的早期阶段，财富和资源在空间上集中，劳动力和资本的选择性流入加剧了区域间的收入差距；而在经济发展的后期，政府政策将更加关注落后地区的发展，导致区域间收入差距逐渐缩小，地区间收入差距呈现倒"U"形趋势。目前，许多发达国家随着经济快速增长，处于城乡收入差距的缩小期。如大部分发达国家的城乡居民收入比在 1.25 以下，部分发达国家如比利时、英国、德国和荷兰城乡收入比小于 1[①]。

随着新型工业化和新型城镇化的推进，我国城乡收入差距拉大的趋势得到有效遏制。党的十八大以来，我国城乡收入比不断减小，2014 年我国城乡收入比为 2.92∶1，近 10 年来首次低于 3。成渝地区双城经济圈自实施城乡统筹以来，城乡生活水平差异也逐渐缩小。党的十八大以来，成渝地区双城经济圈城乡收入比降低的趋势明显，由 2013 年的 2.54∶1，降低到 2019 年的 2.17∶1。从两大片区来看，四川片区的城乡收入比低于重庆片区，相较而言，重庆的城乡融合任务更加艰巨。虽然成渝地区城乡收入差距低于全国水平，但是与国际相比，缩小城乡收入差距的任务仍然繁重。表 5-12 为成渝地区双城经济圈城乡居民收入比情况。

表 5-12　成渝地区双城经济圈城乡居民收入比情况

地区	2013 年	2015 年	2017 年	2019 年
四川片区	2.54∶1	2.25∶1	2.21∶1	2.17∶1
重庆片区	2.39∶1	2.26∶1	2.23∶1	2.20∶1
成渝地区双城经济区	2.44∶1	2.26∶1	2.22∶1	2.19∶1
全国	3.03∶1	2.73∶1	2.71∶1	2.64∶1

数据来源：根据 2020 年《四川统计年鉴》《重庆统计年鉴》《中国统计年鉴》整理计算所得。

一是农业劳动生产率较低，农业收入有限。纵观世界农业发展史，农

---

① 郭燕、李家家、杜志雄：《城乡居民收入差距的演变趋势：国际经验及其对中国的启示》，《世界农业》2022 年第 6 期。

业劳动生产率的提高是农业现代化的本质①。农业劳动生产率的提升是缩小城乡收入差距的核心要素。首先，农业劳动生产率是决定农业工资水平的直接依据。同时，按照刘易斯二元结构理论，农业劳动生产率的提高能够促使农业剩余劳动力的转移，推动城镇化发展，从而为农业规模经营和农业、农村现代化奠定基础。经统计，2019年成渝地区双城经济圈农业劳动生产率②为3.13万元/人，比2013年增长72%。虽然成渝地区双城经济圈农业劳动生产率增幅较大，但是仍然低于全国平均水平，仅为全国农业劳动生产率平均水平的83%。同时，在我国城镇化的进程中，农业劳动生产率与非农产业劳动生产率显著趋同的特征并未出现③，这成为制约农业经济增长和农民收入提升的重要原因。2019年成渝地区双城经济圈城乡二元对比系数为0.2，即农业劳动生产率仅为非农产业劳动生产率的20%，低于全国平均水平3个百分点。同时，2019年成渝地区双城经济圈城乡二元对比系数比2013年降低1个百分点。这说明，在城镇化进程中，成渝地区双城经济圈未出现农业劳动生产率与非农产业劳动生产率显著趋同特征，反而差距拉大。成渝地区双城经济圈农业劳动生产率低，一方面受自然地理的约束，川渝地区丘陵和山地较多，不利于规模化、机械化经营；另一方面受农村人力资源、资金、技术等要素和政策支持的影响。

二是人力资本相对匮乏，收入渠道单一。乡村人力资源不足是制约农业劳动生产率提升和农民收入增长的基本因素。按照经济学原理，在城镇化加速发展阶段，随着农业劳动生产率的提高，大量农民工将持续涌入城市。但是我国的城镇化并不是完全建立在农业劳动生产率提升的基础上的，农民工涌入城市主要是基于非农产业部门更高的工资和更好的公共服务水平，所以出现农业劳动生产率低与乡村空心化并存的现象，农业发展困难。乡村人力资本不足第一个表现就是乡村劳动力流失严重。2019年成渝地区双城经济圈农业从业人员为1 839万人，比2013年减少16%。第二个表现就是乡村劳动力整体文化素质不高，老龄化严重。这导致在城市务工的乡村劳动力就业渠道狭窄，主要从事服务业和建筑业，收入较低，且不稳定。

---

① 高帆：《农业劳动生产率提高的国际经验与中国的选择》，《复旦学报》（社会科学版）2015年第57期。

② 农业劳动生产率使用第一产业增加值与第一产业从业人员的比值来衡量。数据来源于《四川统计年鉴》《重庆统计年鉴》和《中国统计年鉴》。

③ 蔡昉：《农业劳动力转移潜力耗尽了吗？》，《中国农村经济》2018年第9期。

5.4.2 城乡产业融合发展滞后，乡村数字化水平仍需提升

现代农村产业多样化，构建城乡产业融合体系是提高农村居民经营收入、抵御收入波动风险的重要手段。成渝地区双城经济圈产业融合发展呈现"有特色""效益低"的特征。实施城乡统筹以来，成渝地区双城经济圈在促进一二三产业融合方面进行了积极探索，但仍然存在一些问题。

1. 产业融合深度不足

农村一二三产业融合形成了农业内部融合、农业产业链延伸、农业功能拓展等主要模式。首先，农业内部融合模式是指农业内部产业（种植业、养殖业、渔业、林业、生产性服务业等）在生态优先和经济效益最大化的原则基础上，进行产业内部的系统性融合。其主要包括种养融合、林养融合等。成渝地区双城经济圈农业内部融合主要采用种养结合模式，综合性农林牧渔业循环模式较少。同时农业生产性服务业发展滞后，农林牧渔业资源整合作用发挥不足，制约了农业产业结构升级和农业增值。其次，农业产业链延伸融合模式主要是指农业与非农产业（第二、三产业）在产业链上的相互延伸，实现有机融合。目标在于形成以农产品生产、加工、储运、销售为一体的产业链体系。成渝地区双城经济圈产业链延伸融合模式存在的问题是产业链较短，精深加工、物流、销售等环节的衔接能力有待提升，品牌化发展缓慢。如橄榄、香樟、柠檬、食用菌、柑橘是川渝地区的农特产品，本地加工能力有限，加之区位因素等影响，外资引进困难，使农特产品的附加值偏低。最后，农业功能拓展模式的重点在于依托已有自然人文资源，充分拓展农业经济、社会、文化和生态等多功能，并在此基础上衍生出新的产业形态和消费形态。成渝地区双城经济圈农业功能拓展模式存在拓展层次不高、形式雷同等问题。如在农旅结合方面，各地都打造了乡村旅游景点，但由于缺乏科学规划和有效资金投入，发展模式单一、旅游内容类似，缺乏特色休闲农业，高品质农业融合业态及产品，无法形成持续吸引力，造成一些乡村旅游景点仅在春节期间才有客流量。

2. 新型经营主体带动能力不足

农业生产分工内部化是实现农村产业融合的前提[1]。农业龙头企业、

---

[1] 米吉提·哈得尔、杨梅：《农村产业融合发展的现实困境与改进策略》，《农业经济》2022年第1期。

农民合作社、家庭农场等新型产业经营主体逐渐成为推动产业融合的"领头羊"和主导力量①。发展新型经营主体是带动小农户共同富裕的重要抓手。近年来，随着推动新型农业经营主体发展的政策支持力度逐步加强，成渝地区双城经济圈家庭农场、农民合作社和龙头企业等新型农业经营主体的数量不断增加，示范效应不断增强。截至2021年年底，四川省纳入家庭农场名录系统管理的家庭农场达18万余户；已拥有农业产业化国家级重点龙头企业96家，位列西部第一；农民合作社达到10.56万个，总量居全国第五；以国家级省级农业产业化龙头企业为牵引，已培育和挂牌农业产业化联合体249家。成渝地区双城经济圈作为四川和重庆两省市的核心发展区，其农业产业化和新型农业经营主体发展速度应略高于两省市平均水平。但是成渝地区双城经济圈新型农业经营主体培育还存在一些不足：其一，新型经营主体模式单一，实力薄弱。经济圈内新型经营主体主要采用家庭农场模式，显示出农业产业化经营模式仍以家庭经营为主，不利于农业生产规模化。据重庆市农业农村委统计数据显示，重庆市50.5%的家庭农场年经营收入在10万元以下。同时，农业产业化联合体作为农业新型经营主体培育的发展方向，数量较少，实力较弱。其二，各类新型经营主体带动小农户增收作用不足。部分新型农业经营主体自身实力薄弱，运行制度和职能界定不清晰，加之缺乏带动小农户发展方面的政策性硬性要求，导致新型农业经营主体带动小农户发展作用发挥不足。在对经济圈四川片区的调研中发现，农业产业化联合体多数对专业合作社和家庭农场的带动系数是4和10，略低于全国平均水平4.2和15。其三，利益联结机制不健全。目前在新型农业经营主体和小农户之间，"利益共享，风险共担"的利益联结机制还相对松散，这是导致新型经营主体带动小农户发展的功能不足的主要原因。其四，新型农业经营主体财政和金融政策支持不足，保险支持政策不完善。尤其是农业产业化联合体的创建和培育工作起步较晚，因此尚未在省级层面制定专门性的财政和金融扶持政策。各产业化联合体只能依靠牵头"龙头企业"单打独斗或靠着打政策"擦边球"来获得一定资金支持。调研中课题组发现，四川对于入围的省市和国家级重点产业化龙头企业有非常完善的扶持奖励政策，包括财政贴息、设立股权基金、税收优惠、龙头企业贷、抵押担保增信等多种工具，但在产业化联合体这种新型组织经营

---

① 国晖：《农村产业融合发展问题研究》，《农业经济》2021年第11期。

主体内部，这些财政金融扶持政策往往不适用，容易产生金融风险。

3. 乡村数字化发展水平有待提升

跨产业技术融合是农村产业融合的重点[①]。农村数字化具有延伸农业产业链链条、拓展农业多功能、渗透先进要素的功能，是推进城乡产业融合的重要手段。近年来，随着抖音等短视频平台的兴起，直播卖货成为农产品销售的重要渠道。然而，成渝地区双城经济圈部分农村地区农业产业数字化滞后，数字技术驱动业态融合的实际场景不多。数字基础设施严重不足，数字平台、电商平台规模效益低，仓储物流成本高，制约了农业产业结构升级和新业态发展，农民经营性收入的增长受限。数字技术的掌握应用存在一定的知识门槛，农户等农业经营主体在采用数字农业技术过程中面临知识约束，对技术驱动效果造成了一定影响。

5.4.3　城乡要素双向流通机制不完善，城乡公共产品供给体制不健全

1. 城乡要素流动机制特征及成因

人口、土地和资本等要素的自由流动是城乡融合发展的本质要求和重要体现。我国在城镇化发展进程中，不断完善城乡政策及发展体制，但是成效缓慢，发展要素向城市倾斜的特征没得到根本改变。在市场机制条件下，要素收益率的高低是要素流动方向的主要决定因素。因此，长期以来，我国要素流动表现为由乡村向城市的单向流动，而城市要素向乡村流动缓慢。农业农村发展现代生产要素供给不足，制约了乡村产业融合和农业农村高质量发展，进一步拉大了城乡差距。以下制度壁垒制约了成渝双城经济圈城乡要素的自由流动。

首先，二元户籍制度、城市公共服务供给制度仍然是劳动力要素流动隐形壁垒。户籍制度不单只是一种人口登记制度，而是与农村产权、社会保障、子女入学等一系列权利紧密相关的制度。由于户籍制度的种种限制，我国农民工市民化和"逆城镇化"进程缓慢，城镇化呈现"不完全"特征。2019 年成渝地区双城经济圈的城镇化率达到 60%，比 2013 年增长 8 个百分点。按照诺瑟姆曲线，已经处于城镇化的加速阶段。这个阶段以农业人口持续转移，第二、三产业产值大大高于第一产业为主要特征，城市的吸引力仍然较强。然而，成渝地区双城经济圈空间是典型的圈群结构，

---

① 曹哲、邵旭：《我国农村一二三产业融合发展的动力机制研究》，《西南金融》，2023 年第 4 期。

城市群发育不足，成都、重庆"双核"虹吸效应明显，未能有效带动周边中小城市发展，导致区域内农业转移人口主要瞄准成都和重庆两个超大城市寻找工作机会，但是受住房、子女教育、社会保障等制度的限制，能够真正在城市落脚安家的较少，即使持居住证的农民工享受的基本公共服务依旧有限。另外，城市高素质劳动力向乡村流动困难。在吸引城市人才向乡村流动方面，很多地区虽然实行了"荣誉村民"等制度，但是乡村人才"引不来""留不住""培养难"问题仍然普遍存在，农业发展缺乏新鲜血液。

其次，城乡有别的土地要素交易制度是影响土地要素自由流动的制度性壁垒。城乡土地要素交易还存在制度性壁垒。农村土地单向支持城市建设特征明显。得益于以增减挂钩为代表的土地制度，成渝地区双城经济圈城市建设用地扩张迅速，2013—2019 年，成渝地区双城经济圈城市建成区面积增长幅度达 39%，年均增速为 5.6%。成都在全国较早开始探索城乡建设用地增减挂钩与农村土地整理、基本农田建设相结合，推动土地流转和农村集中居住，实现满足城市建设用地扩张需求与改善农村生活条件并举。同时，在脱贫攻坚中，四川省实施了城乡建设用地增减挂钩节余指标在省域内流转使用的政策。重庆主城区也进行了两次扩围。城市的快速扩张，极大地促进了城市经济的快速增长。与之形成对比的是，农村集体土地进行非农建设受到制度层面的制约，乡村非农发展权利受限。同时，我国进行了农村"三块地"改革，但是城乡土地权能不对等，不能有效保障农民土地权益。与城市国有土地相比，农村集体用地产权模糊、权能不完整。"三权"分置改革后，农民承包地产权和权能问题得到界定，但是经营权流转价格确定的科学性、合理性有待进一步增强。宅基地在转让、抵押方面仍然不具备完整的收益权①。不能有效盘活闲置宅基地资产，导致农民无法实现财产性收入的增长。

最后，资本向乡村流动也存在制度性壁垒。目前，农业农村资金支持主要来源于国家的财政资金。但是近年来成渝地区双城经济圈整体财政支农力度在缓慢减小。2019 年成渝地区双城经济圈财政支农资金比重为 12%，比 2013 年降低 1 个百分点。同时，单纯依靠国家财政资金的"输血式"扶持，不利于农业的可持续发展。农业还需提升自我"造血"能力，

---

① 姚毓春、李冰：《城乡融合助力农业农村高质量发展的机理、挑战与路径》，《天津社会科学》2023 年第 3 期。

吸引市场化投资。但是，受城乡二元金融管理体制、农村产权流转的不确定性的影响，加之农业"靠天吃饭"、自然风险大、回报周期长，大多数新型农业经营主体和小农户经济实力较弱，在融资和贷款环节缺乏有效的抵押资产，导致城市工商资本以及金融机构向乡村投资意愿不强烈，农业融资贷款难题仍然存在。另外，在乡村振兴战略的实施过程中，部分政府忽视了对更需要资金投入的村庄的建设。

2. 城乡公共产品供给体制特征与成因

近年来，国家对于乡村的基础设施专项资金投入力度不断加大。成渝地区双城经济圈乡村公路由"村村通"到"户户通"，农村宽带接入、农村自来水、农村天然气、"厕所革命"等工作持续推进，农村基础设施得到大幅度改善。但是与城市相比，尤其是在一些偏远山区，农村路网、电网和通信网络、垃圾处理等的质量仍然有一定差距，乡村基础设施数字化水平也较低。城乡基础设施建设差距，主要源于基础设施建设、运营体制的城乡二元化，城市主要依据城市规划进行基础设施建设，且投入与运营机制完善。但是乡村基础设施建设缺乏科学规划，基本是查漏补缺式的"运动化"模式，缺乏固定化、法制化的投入和运营机制①。

随着我国城乡发展体制的完善，基本公共服务均等化取得了显著成效，医疗保障、义务教育以及基本养老保险等方面的公共服务制度已基本覆盖城乡居民，并基本实现城乡统一。但是，公共财政投入机制不健全，城乡义务教育质量、医疗卫生条件、公共文化设施与服务水平不均衡是主要短板。在教育方面，城乡教育基础设施都得到了极大的改善，但城乡之间师资力量等方面的差距仍然突出。随着"撤点并校"的推进，乡村小学几乎消失，初中和高中主要在乡镇和县城。由于农村小学难以满足学生父母对优质教育的诉求，不少有条件的农村家庭将孩子送到乡镇或县城读书，还为此买房或租房陪读。在医疗方面，国家积极推进医疗卫生资源下沉，四川、重庆医疗领域通过成立医联体，开展医护培训、定点帮扶、网络远程指导等，提升县级医院的医疗水平。但是总体来看，县级医院医疗水平有限，乡村居民更愿意到周边大城市的三甲医院就医，在我国分级诊疗制度下，这无形中增加了就医人员的成本。在文化设施和服务水平上，乡村文化活动较少，业余精神生活单一，村文化室和县城文化展览场馆的

---

① 刘爱梅、陈宝生：《协调推进新型城镇化与乡村振兴战略的体制对策：基于城乡共享体制建设的视角》，《学习与探索》2019 年第 11 期。

利用率不高。

成渝地区双城经济圈城乡基本公共服务均等化问题不是个例，是我国城乡发展不均衡的缩影。这个问题的产生可以从以下两个维度进行分析。

第一，乡村公共服务水平滞后具有历史原因。新中国成立以来逐步形成城市偏向的城乡建设投入机制、户籍制度、城乡分立型社会公共事业发展机制等，持续影响着城乡基础公共资源的合理配置。

第二，乡村公共服务失衡有其现实因素。我国还处于城镇化加速发展的阶段，农村"偏""散""弱"问题突出。在乡村布局大型公共服务设施，经济效益差也会造成资源的浪费。同时，县域城关镇充当了提供乡村教育和医疗等基本公共服务的角色，但是成渝地区大多区县由于没有产业支撑，政府财政能力弱，城市基础设施和基本公共服务发展滞后，水平提升有限。因此，如何促进县域有效发挥城乡融合载体作用是关键。

5.4.4 绿色发展动能较弱，城乡精神文明建设需要持续加强

1. 绿色发展推动城乡融合的问题与成因

长期以来，农村在生态环境建设和自然资源存量方面具有天然优势。然而随着城镇化的推进和经济的加速发展，农村的生产、生活和生态环境正遭受前所未有的冲击。当前农村生产、生活和生态之间的关系趋紧，城镇化发展造成农村资源消耗加剧，同时农村内部生产、生活和点面源污染问题交织。在以新型城镇化和乡村振兴战略双轮驱动城乡融合高质量发展的大背景下，成渝地区双城经济圈作为破解区域发展不平衡的关键抓手和西部大开发的重要平台，迫切需要推进城乡融合发展的绿色转型，以筑牢长江上游生态屏障，实现高效绿色发展。具体而言，成渝地区双城经济圈绿色发展主要面临以下困境。

第一，城乡生态治理水平有一定的短板。生态环境是绿色发展推动城乡融合的根基。一是城乡生态治理资金投入方面。成渝地区双城经济圈地处长江上游生态屏障区，国家和政府在生态环境保护和建设方面的关注度高，资金投入力度较大。四川近 5 年的林业投资额保持在 200 亿元以上，在全国排名前列。但是城市环境污染处理资金远多于乡村生态建设资金，能够充分满足城市在清洁能源与污染处理等方面的生态治理基础设施建设需求，而乡村生态治理资金短缺与生态治理基础设施供给不足现象仍然存在。二是城乡生态治理水平方面。与长江三角洲相比，成渝地区乡村生态

建设成效突出，如 2021 年成渝地区双城经济圈平均每公顷（1 公顷 =
10 000平方米，全书同）化肥施用量为 230 千克，而长江三角洲地区平均
每公顷化肥施用量为 300 余千克。由于资金和技术方面的原因，成渝地区
城市和工业环境治理水平有待提升。2021 年成渝地区双城经济圈平均生活
垃圾无害化处理率为 98%，而长江三角洲的生活垃圾无害化处理率已经达
到 100%。同时，成渝地区双城经济圈近 5 年二氧化硫排放总量年均下降
率为 15.7%，低于长江三角洲 7 个百分点。

第二，生态产品价值转化程度仍需加深。生态产品价值转化是绿色发
展推动城乡融合的核心，生态产品价值通过产业开发、市场交换、生态补
偿等方式和机制来实现，生态产品价值包含经济价值、生态价值、社会文
化价值，是畅通城乡要素流动、促进城乡产业融合、提升城乡生活品质的
重要手段，是践行"绿水青山就是金山银山"的重要途径。成渝地区双城
经济圈生态产品价值实现的主要模式是发展乡村旅游和农产品加工，但总
体发展程度较低，乡村生态资源价值增值不足，尚未形成具有高附加值的
生态产业体系，乡村经济发展和收入水平难以提升，城乡融合发展动力
不足。

第三，绿色发展的技术支撑不足。在生态环境治理方面，需要进一步
缩小与长三角、京津冀等发达地区的科研技术水平。农业技术研发主要集
中在农业类高校和农科所，但是主要聚焦于解决基本口粮问题方面。在如
何提高生态产品价值转化效率方面的相关技术支持和智力支持还比较
薄弱。

2. 城乡精神文明建设推动城乡融合的问题与成因

精神文明既决定于物质文明，又具有相对的独立性。中国特色社会主
义精神文明建设是一项复杂的系统工程，有其内在的逻辑构成和层次结
构，系统内某一部分、某个层次的发展水平不能代表整个系统的发展水
平。从实践探索来看，城乡融合发展中遇到的难点、堵点，究其原因，都
与城乡精神文明建设融合发展相对滞后密切相关，即城乡融合发展缺乏足
够的、应有的价值引领、文化条件、精神动力和智力支持。这既与农村精
神文明建设滞后有关，也说明城市精神文明建设还存在短板，精神文明建
设在城乡之间的融合发展不平衡不充分。

第一，城乡文化基础设施供给失衡。作为满足农民文化需求的主要载
体，农村公共文化服务体系主要包括公共文化基础设施建设以及文化活动

开展等。虽然经过几十年的发展，农村公共文化服务体系建设取得一定成效，为广大人民群众提供了丰富多样的精神文化生活，但广大基层和农村处于供给的"末梢"，一直是公共文化服务体系建设的重点和难点。较为突出的情况是部分农村受资金短缺、土地紧缺等因素的影响，相关文化活动场所无法建设、文化基础设施不完善，难以对精神文明建设形成有效的驱动作用，无法激活乡村文化这一"富矿"，在农村难以种下属于他们自己的文化种子。精神文明建设与经济基础紧密相连。城市中往往集中了更多的文化机构、文艺活动和人才资源，城市精神文化活动丰富多样，设施齐全，市民素质高，参与度大，城市居民更容易享受到多元化的文化体验，而农村居民则面临文化资源匮乏的困境，这种失衡不仅影响了社会文化的均衡性，也制约了城乡融合发展的深入推进。此外，在城市工业文明规模扩张的同时，城乡经济差距进一步扩大，农村资源要素快速向城市单向流动，客观上加剧了农村社会结构由整体性向离散性的转变，并导致了乡村文化的"空心化"。特别是随着农村土地资源向城市单向流动和传统村落的急剧消失，承载乡土记忆、传承乡土文化的物理载体日趋衰退，农村传统文化面临较大冲击，传统技艺、习俗等在现代社会逐渐丧失，而城市中现代文化的涌入也使传统文化的传承面临严峻挑战。由于过度追逐短期商业利益，部分"送书下乡、送电影下乡、送文娱活动下乡"等城市"文化下乡"活动脱离乡土本色，与乡村社会产生文化背离，乡村文化出现不同程度的断裂和边缘化，使城乡精神文明鸿沟加深。

第二，城乡价值观多元取向。在城乡融合发展过程中，社会的进步和城乡居民主体意识的增强使得社会文化变得更加多元化。但这种多元文化也极易导致城乡居民在精神信仰上的困惑，主流意识形态逐渐淡化，价值观变得多元化，难以形成统一的社会规范和道德伦理。此外，不同文化之间可能相互制约，难以形成合力，从而对社会主义核心价值观的培育和践行构成挑战，影响社会的和谐稳定。在乡村地区，随着互联网、短视频时代的迅速到来，农民的生产生活逐步进入网络时代，网络信息量的巨大和农民接受辨别信息能力的不对称，极易形成"精神生活鸿沟"，给各种非马克思主义甚至反马克思主义观点、错误社会思潮以及各种陈规陋习、封建迷信文化等提供可乘之机[①]。受之前经济和环境的影响，农村地区仍保

---

① 刘娜、孔琳、曹海静：《乡村振兴视域下加强农村精神文明建设的意义、现实困境及路径选择》，《智慧农业导刊》2023 年第 3 期。

留着一些农耕时代的文化陋习、封建迷信思想,如巫医、鬼神等,部分农村还存在着天价彩礼、盲目攀比等情况。这些思想往往会误导人们,不断冲击他们的精神世界。此外,一些地方村落共同体解体,德孝文化削弱,守望相助传统消失。邻里冲突不断,干群关系紧张,部分农民思想涣散、价值取向偏颇、道德观念也发生了错位,农民的奋斗精神、勤劳致富观念比起上一辈有所削弱,乡村的和谐氛围遭到破坏。而在当今城市市场经济蓬勃发展的大环境下,城市精神文明的建设面临着前所未有的挑战,尤其是思想道德建设,俨然成为城市发展中的薄弱环节。随着商业活动的繁荣和社会竞争的激烈化,一些根深蒂固的思想道德观念逐渐模糊,让人们陷入了思想认同与实际生活之间的困惑。社会上出现了一系列复杂难解的问题,比如个人利益追求与无私奉献之间的冲突,团结协作与竞争激烈之间的微妙平衡,以及勤俭节约与消费刺激之间的难以把握的边界。与此同时,西方思想文化的影响也不容忽视。极端个人主义、享乐主义以及拜金主义等价值观逐渐侵蚀了一部分人的精神世界,使得他们在物质欲望的驱使下逐渐迷失了自我。市场经济作为城市文化发展的经济基础,一方面倡导个体的自主权利,追求多样的发展机会,另一方面却因提供了多样的价值选择使得社会个体面临价值共识的消解。特别是当前市场经济的价值导向所引致的原子化的个人情怀、功利主义的人际交往规则和物质主义的价值观,削弱甚至扼杀了乡土文化的价值,城市价值观念和村庄利益很难达成共识,地方性共识在私利主导下的社会出现了弱化的趋势,阻碍了城乡深层次融合。

第三,城乡思想道德水平参差不齐。城乡发展的不均衡和不充分导致城市和农村地区在思想观念和道德价值观方面产生明显差异,而这种差异在城乡融合过程中进一步凸显。城市地区通常拥有更为丰富多彩的教育资源和广泛的宣传渠道,使得城市居民更容易接触到新兴的思想观念和进步的道德价值观。他们在社会变革和文化多元化方面享有较大的机会,有助于接纳新思想和价值观。然而,目前城市文明建设的体制尚未完备,缺乏充分的规范化机制。其中,最为突出的问题在于缺乏常态化治理机制。部分城市文明建设制度是在限定时间内采取突击方式进行阶段性建设,导致城市精神文明建设机制表象化,相关机制未能落到实处,无法有效引领社区居民投入精神文明践行活动。而在乡村地区,长期注重经济建设而忽视了乡风文明建设,尤其是在偏远地区的农村,经济的发展尚且处于落后阶段，更无暇兼顾乡风文明建设，不平衡的经济发展引发了道德观念的混乱，呈现出经济发展与道德倒退并行的复杂局面。随着各种社会思潮涌现，部分村民的道德意识和价值取向变得复杂，他们受生活压力所迫，将重心全部集中在追求经济效益上，认为精神文明建设与自身无关，对农村精神文明建设意义理解不到位，在精神文明建设方面知之甚少，无法充分调动建设精神文明的积极性。农村地区的教育和宣传资源可能相对匮乏，也导致村民相对较难树立最新的思想观念和道德观念，城乡思想道德水平悬殊。

5.4.5 县域城乡融合载体功能发挥不足，经济圈区际空间联系相对较弱

1. 县域城乡融合载体功能未有效发挥

由于受长期以来我国形成的城乡二元结构体制和各地城乡之间差异显著等因素的影响，要改变城乡发展差距的现状，实现城乡融合发展，推进全面乡村振兴面临着一系列难题，如何在城乡融合发展的体制机制上实现突破还需要进行深入探索和实践。因此，实现城乡融合发展的突破口和切入点成为当前人们关注的一个重要问题。2021 年，中央一号文件提出实施乡村建设行动的一些重要举措，其中专门指出要加快县域内城乡融合发展，把县城作为城乡融合发展的重要切入点，县城作为城乡连接的区域中心，应充分发挥衔接城乡的功能。2022 年中共中央办公厅、国务院办公厅印发的《关于推进以县城为重要载体的城镇化建设的意见》强调，县城是城乡融合发展的关键支撑，要以县域为基本单元推进城乡融合发展，增强县城对乡村的辐射带动能力，促进县城基础设施和基本公共服务向乡村延伸覆盖，加强县城与邻近城市发展的衔接。

县域作为连接城乡的天然地域实体，在促进城乡融合中起到了不可或缺的作用。而以县域和重点镇为主体形成的小城镇则成了以工辅农、以城带乡的窗口，在成渝地区双城经济圈城乡融合进程中起到了重要作用。

成渝地区双城经济圈县域数量众多，四川片区共有 130 个区县（不包括甘孜、阿坝、凉山和攀枝花），重庆片区共有 34 个区县，还有更多的小城镇，这些区县和乡镇所形成的中小城镇体系为进一步提升经济圈全域城乡融合水平提供了坚实支撑。

总体来看，成渝地区双城经济圈中除少数财力较强的县区外，大多区县公共服务供给、基础设施建设和财政直接用于支持"三农"的比重偏

低。究其原因，主要是在现行行政管理体制下，县级财政薄弱，尤其是县域产业发育不足，带动经济发展作用弱。考察四川片区 50 个区县经济发展情况发现，除成都的区县外，其他区县近三年平均工业投资总额超过 100 亿元的少之又少，整体工业投资水平不高。民营经济是我国就业的容纳器，但是各区县民营经济增速整体不快，都低于 10%。同时，新增市场主体数量代表了区域经济活跃度，整体市场新增市场主体数量不多，仅成都青白江区、遂宁安居区、眉山仁寿县新增市场主体数量超过 1 万家（见表5-13）。同时，县域人才、资金、技术资源匮乏，导致乡村经济多元化以及城乡产业结构趋同化程度较低，县域单元在联结城乡融合上无法形成稳定增长和可持续发展的长效体制机制。

表 5-13   2019 年成渝地区双城经济圈四川片区 47 个区县经济发展简况

序号	区县名称	属于地区	一般公共预算收入及占 GDP 比重/%	人均 GDP/元	近三年平均工业投资总额/亿元	民营经济增速/%	新增市场主体数量/万家
1	青白江区	成都	6.14	121 034	142.79	9.6	1.7
2	崇州市	成都	6.85	57 232	115.87	8.7	0.8
3	都江堰市	成都	7.18	60 653	59.67	8.4	0.813
4	彭州市	成都	6.80	67 404	127.5	10.1	0.822
5	邛崃市	成都	7.60	53 413	147.7	9.1	0.714
6	金堂县	成都	23.10	61 419	130	8.8	1.19
7	大邑县	成都	13.20	55 679	124.6	8.8	0.55
8	新津县	成都	24.30	60 402	159.2	8.7	0.66
9	蒲江县	成都	59.90	64 226	86.4	8.6	0.27
10	简阳市	成都	5.30	61 134	124.4	8.6	0.85
11	富顺县	自贡	5.60	43 249	20.7	8.3	0.4
12	纳溪区	泸州	5.80	40 736	69.7	7.2	0.28
13	合江县	泸州	3.80	34 492	45.4	7.9	0.5
14	泸县	泸州	4.20	43 954	57.7	6.5	0.53
15	罗江区	德阳	8.40	61 787	52.7	16.8	0.4
16	广汉市	德阳	10.10	72 028	83.9	8	0.57
17	什邡市	德阳	10.20	85 380	85.2	9.2	0.45
18	绵竹市	德阳	8.60	74 091	97.1	10	0.42

表5-13(续)

序号	区县名称	属于地区	一般公共预算收入及占GDP比重/%	人均GDP/元	近三年平均工业投资总额/亿元	民营经济增速/%	新增市场主体数量/万家
19	安州区	绵阳	4.00	47 162	78.5	10.5	0.25
20	江油市	绵阳	16.30	57 979	55.1	10.7	0.6
21	安居区	遂宁	4.20	29 355	74.2	8.3	1.5
22	射洪市	遂宁	4.00	46 139	53.7	5.9	0.4
23	大英县	遂宁	4.00	36 356	59.5	8.2	0.3
24	东兴区	内江	4.30	31 043	10.7	8.2	0.25
25	隆昌市	内江	10.30	46 506	41.7	8.1	0.42
26	威远县	内江	8.00	59 554	81.2	8.1	0.38
27	沙湾区	乐山	4.67	102 925	54.2	8.9	0.37
28	五通桥区	乐山	2.38	70 890	56.8	9.1	0.15
29	夹江县	乐山	3.63	61 542	60	8	0.24
30	峨眉山市	乐山	6.15	72 027	17.6	8.4	0.52
31	犍为县	乐山	3.24	50 442	19.9	8.2	0.44
32	南部县	南充	3.00	42 642	98.7	8.4	0.47
33	阆中市	南充	5.00	34 512	76.5	7.8	0.35
34	彭山区	眉山	9.00	54 654	55.7	7.9	0.36
35	丹棱县	眉山	6.00	47 919	23.5	7.3	0.17
36	青神县	眉山	11.00	51 538	24	7.5	0.09
37	仁寿县	眉山	7.10	36 823	65.7	1.2	1.3
38	南溪区	宜宾	6.00	51 437	30.3	9	0.2
39	江安县	宜宾	11.00	39 905	30.1	8.5	0.6
40	叙州区	宜宾	3.50	58 741	31.3	8.5	0.55
41	武胜县	广安	6.00	40 374	52.2	7.9	0.42
42	华蓥市	广安	5.00	59 568	45.2	7.9	0.25
43	前锋区	广安	4.00	54 038	31.2	8.1	0.17
44	达川区	达州	8.00	27 678	22.9	7.7	0.36
45	大竹县	达州	7.00	35 459	34.5	7.9	0.32
46	名山区	雅安	2.30	36 500	8.7	8.2	0.24
47	荥经县	雅安	16.00	49 709	15.2	8.4	0.35

数据来源：根据《四川统计年鉴》统计计算。

因此，在"十四五"期间，必须通过持续强化县域功能，有效发挥乡镇特别是重点镇集聚生产要素的作用，畅通城乡要素双向流动循环，向乡村延伸公共投资和服务来实质性促进城乡空间、产业、功能、文化及生态融合。

2. 经济圈区际空间联系亟待加强

经过成渝地区前期的协同发展和空间结构调整，当前成渝地区已经基本形成了以"双城经济圈为主体，嵌套成渝经济区和城市群发育为核心的多层次空间形态"。成渝地区双城经济圈四川片区的经济区范围主要包括成都平原经济区、川南经济区和川东北经济区三片，而重庆则主要包括调整后的"一区两群"。由于成渝地区双城经济圈是典型的"双核心带动，中小城市城市群和城市带分散式填充"的空间格局，不同于长三角和珠三角大都市圈+城市群的发展模式，因此成渝地区双城经济圈内部各经济区的空间功能发挥相对不足，区际之间空间联系也相对较弱，无法形成组团式、族群样发展，进一步抑制了成渝地区双城经济圈整体城乡融合度提升，需要在后期持续强化各片区空间功能并加强空间联系。

考察城乡融合度的定量分析结果并结合四川省委和重庆市委出台的"十四五"规划发展重点来看，成渝地区双城经济圈内四川片区的成都平原经济区空间功能相对比较完善，与川南经济区、川东北经济区的互动频率及空间联系相对较强。但从地理位置来看，川南经济区和川东北经济区应该与重庆片区的主城区特别是主城区西部地区和北部地区有更为紧密的联系；但受制于行政管理体制，这一毗邻地区经济区空间联系未能很好地显示出来，区际之间城乡分割尤其是跨行政区城乡二元结构依然非常严重，应引起重视。特别是重庆方面，主城区空间范围扩容后，必须优先解决新城的空间功能衰退问题，重点提升迅速增加的乡村腹地的实质性功能，强化新城 12 区与原 9 区的空间联系，避免城乡关系塌方式下滑。

6 国外、国内城乡融合的经验借鉴

如何促进城乡融合是世界各国在现代化进程中所要着力解决的问题。虽然我国城乡问题的形成具有一些特性，现代化进程也具有中国式特征，但是也需要在同步推进新型城镇化、新型工业化、信息化和农业现代化的进程中消除城乡对立，使城乡关系从分离走向融合。推动成渝地区双城经济圈城乡融合，一方面要基于宏观视野，将自身置于整个国家的现代化进程和城乡融合发展趋势中；另一方面要基于中观区域视野，因地制宜地促进区域城乡关系的发展。因此，国外城乡融合发展的典型案例和我国城乡融合试验区城乡融合典型样本可以为成渝地区双城经济圈的城乡融合发展提供有益镜鉴。

6.1 国外城乡融合发展的典型案例

城乡关系发展不协调是世界各个国家必然经历的过程。在西方发达国家，工业化进程相对迅速，城市化较早，城乡关系的发展曾遭遇许多矛盾和难题。这些国家在长期的探索与实践中，最终实现了城市与乡村的有机融合和协调发展。因此，西方发达国家在如何缩小城乡之间的差距方面积累了丰富的经验。本章主要通过对美国、德国、日本等典型国家城乡关系的发展进行分析，学习和借鉴其实现城乡协调发展的成功经验，为我国城乡进一步融合提供了有益的启示。

6.1.1 美国"城乡共生型"模式

伴随工业革命的发展，美国的工商业开始快速发展，城乡之间的差距逐渐拉大，带来了一系列不稳定的社会问题。为了破解难题，美国采取了一系列的措施缓解城乡之间的差距。

1. 初期的农业发展（19 世纪 50 年代至 20 世纪初）

自 19 世纪 50 年代开始，伴随工业革命的发展，美国的工业化与城市化加速，美国的农村人口开始流入城市，城市的人口不断增加。经济社会发展的相对不平衡日益凸显，城乡发展差距逐步扩大，城乡之间的对立与矛盾不断加剧，城乡关系出现了对抗性的矛盾状态。尽管社会生产力的提高促进了社会财富的增加，但同时也带来了巨大的贫富差距，从而引发了一系列城乡对立的矛盾问题。这些问题主要集中在资源分配、经济社会差距、土地利用和规划、环境和资源的冲突以及文化传统和生活方式的冲突等方面。1851—1860 年，美国的人均实际收入增长了约 50%，但由于南部地区贫苦农民、黑人奴隶和大多数低工资工人未能从社会发展中分享相应的收益，他们的生活状况并未得到改善。在 19 世纪 70 年代，美国发生了前所未有的农业危机，农民的生活变得十分困难。

为了缓解城乡对立问题，这一时期，美国政府全力推动农村及农业的发展，并通过完善法律制度以保障农村的基本合法权益。当时，政府采取了西部拓荒政策鼓励人们向西方迁居，并对农业进行补贴和保护。比如，1862 年 5 月，林肯签署了《宅地法》，规定每个美国公民只需要缴纳 10 美元登记费，便能在西部地区得到 160 英亩（1 英亩 ≈ 4 046.86 平方米）的土地，连续耕种 5 年之后该公民就可以成为这块土地的合法主人。这一措施，从根本上消除了南方奴隶主夺取西部土地的可能性，同时也满足了广大农民的迫切要求，确立了小农土地所有制。美国政府还颁布了专门的法案，如《草原土地管理法案》以及《低廉运输法案》等支持农业的发展。此外，交通和通信的改善、农业机械化的推进等都为美国农业的发展创造了有利条件，大大激发了农民的积极性。尽管此时美国的农业得到了一定的发展，农村经济逐渐以精益求精的现代农业为主导，农民的收入也有所提高，但各种成本的不断增加和较高的负债成本导致大多数小农场主最终破产，变为农业雇用工人。到 1900 年，美国的农业工人总数已经达到 200 万人。随着农村无产阶级的增加，农村经济状况不断恶化，农民开始进行抗议活动。为解决城乡对立问题，政府应全面推动农村和农业的发展，以促进城乡的协调发展。

2. 工业化和城市扩张（20 世纪初至 20 世纪 60 年代）

20 世纪初，城市化进程加速，城市规模不断扩大，随着城市和农村之间的交流逐渐增多，城市和农村不再像过去一样割裂开来，而是建立起了一种相互依存、互利共赢的关系，美国政府开始推行城乡共生型城乡融合模式。城乡共生型城乡融合模式以遵循城乡互惠共生为原则，通过城市带动农村、城乡一体化发展等策略来推动乡村社会的发展，最终实现工业与农业、城市与农村的双赢局面，以美国乡村小城镇建设为典型。此外，针对农民和农村地区的经济发展，政府也推出了一系列扶持政策，包括对农业科技、农村基础设施以及农产品销售等领域的补贴和支持。这些政策和措施极大地促进了城乡共生型城乡融合模式的发展。比如，1916 年通过的《灌溉改善法案》，提供了财政援助来建设农业用水系统，以提高农业生产效率。

但是，20 世纪 20 年代美国爆发了第二次农业危机。与第一次相比较，这场危机更为严重，因为它与当时的工业危机一同发生。工业为了发展，对农业的剥削越来越严重，垄断组织开始对农业的生产者进行占有和掠夺。美国农业受到严重冲击，导致农产品价格急剧下跌，农民净收入大幅降低，并面临大规模破产，同时农业的雇工受到机器化的排挤，不得不进入大城市务工。这个时期的美国由于受到工业危机与农业危机的影响，地租与地价给农民带来了巨大的压力。各方面的困境使得农民很难积极投入农业生产，致使美国的农业发展面临严重困境。20 世纪 30 年代，受资本主义世界经济危机的影响，美国经济进入萧条期，城乡经济与社会出现更深层次的矛盾，生态环境污染加剧，城市居民的生活条件越来越差，公共卫生环境也很恶劣，工业几乎停滞不前，城市的失业率不断上升，使得社会环境十分不稳定，出现犯罪、诈骗等问题。因此，为了改善居住环境，部分城市公民转移到郊区，城市人才出现短缺，社会发展陷入苦难期，城市化和农业问题不断恶化。在城乡收入方面，美国进入城镇化中期后，城乡居民的收入差距逐渐扩大。在这一过程中，美国的城市与乡村的收入差距先是逐步扩大，然后又渐渐缩小。

为了缓解这种矛盾，美国政府开始促进城乡交流与合作。首先，美国政府开创性地制定了关于城乡规划的法律法规。为了更全面地涵盖城乡规划，美国政府在 1924 年通过《标准分区规划授权法案》，并于 1928 年颁布了《标准城市规划授权法案》。这两个法案的制定为美国城乡规划奠定了重要基础。随后，各地也陆续制定了城乡规划和土地利用方面的相关政策和计划，保障了城市和农村之间的平衡发展。在罗斯福"新政"时期，美国政府通过设立专项基金，为各州和地方政府建立规划部门，这是美国政府首次介入州和地方规划任务。美国根据各州的特点进行城乡规划，覆盖范围和领域广泛，注重公民参与，并建立了较为完善的监控与监督体系。经过长期实践，美国居民的生活环境得到了显著改善。但是城乡规划较多偏向于城市更新和规划，导致了巨大的贫富差距和社会的两极分化，受到社会各界批评。经过一段时间后，这些问题得到了改善。

在工业化迅速发展的同时，美国政府采取支农护农政策以促进农村经济的发展。这一政策主要重视提高农业的生产效率、增加和稳定农场收入、增进社会福利和农村发展三个方面[①]。为了提高农业生产效率，美国积极推广家庭农场和农业合作社，并对农业生产进行规模经营。此外，政府还支持农村地区发展轻工业、服务业等新兴产业，促进了城乡经济的融合。同时，政府还在法律、财政等方面加大对农村地区的扶持力度，进一步推动了城乡共生型城乡融合模式的发展。例如，罗斯福政府通过了一系列新政策，其中包括农业部的 AAA（《农业调整法案》），向农民提供资金来减少耕种，从而促进了农产品价格的稳定；还通过了建立 CWA（公共工程管理局）和 WPA（工程进展管理局）等的方案，为农村地区提供了经济援助和就业机会，促进了农村经济的发展。

3. 后工业化的城乡互动与协同发展（20 世纪 60 年代至今）

在 20 世纪 60 年代和 70 年代，虽然美国人均收入不断提高，但农业人口和非农业人口的收入差距快速拉大，城乡之间的收入差距越来越大，城乡矛盾也日益凸显，引发了众多城市危机。农村人口不断流入城市，使城市规模和城市人口规模扩大，农村生态环境受到了严重的损害。在 20 世纪 60 年代中期，美国的郊区爆发了许多反抗活动，呼吁停止无序的土地破坏和占用。同时农村经济社会也进入前所未有的萧条阶段，而联邦政府和国会并未对农村状况进行调整。农村社会发展主要依靠州和地方政府的资金，但由于各州和地方政府财政困难，农村公共服务投入严重不足，农民生活条件恶劣，与城市形成巨大反差。这是美国农业政策发生根本性变化的时期。为维护资产阶级的统治，20 世纪 60 年代至今，随着技术的进步和全球市场的开放，美国政府采取了一系列措施来帮助农民适应变化。

在城乡规划方面，美国城乡规划已经进入成熟阶段，提倡城市和乡村之间的联合发展，希望通过城乡间资源的共享和协调，促进经济发展和社

---

① 徐更生：《美国农业政策》，中国人民大学出版社，1991，第 8 页。

会进步。其具体措施包括区域规划、基础设施建设和投资等。更加注重对公民的关怀，强调公民参与和社区建设，将城市经济发展与基础建设相结合，促进共同进步，并切实提高公民的生活质量。

在农业现代化和可持续发展方面，美国政府采取了一系列手段来调整农业生产者的职责，包括技术支持、农业补贴、种植结构调整、乡村可再生能源措施实落实等。这些措施有效地减少了农产品过剩，并提高了农民的收入，保护了农民的根本利益，同时也保护了农业资源和环境，从而缩小了城乡差距。例如，成立了 USDA（美国农业部），以管理农业政策和计划；推出"粮仓计划"，建立国内市场支持机制，以及执行出口补贴计划等。

在基础设施建设方面，为了改善农村生活条件和促进农业现代化，美国大力发展农村的交通、水电等基础设施和公共服务，并完善农村的教育、医疗和卫生体制，全面改善农民的生活环境，建立健全社会保障制度，进一步缩小城乡差距，实现城乡关系的协调发展。2012—2016 年，美国开始致力于乡村的信息通信和公共交通建设。2017 年，美国政府成立了农业和农村繁荣跨部门工作组（Interagency Task Force on Agriculture and Rural Prosperity），主要在电子网络、生活品质、劳动力水平、技术创新和乡村经济五个领域促进乡村发展。

在基本公共服务与社会保障方面，美国已相对较好地实现了公共服务的均等化，政府在教育、医疗卫生以及社会保障方面的财政支出逐渐增加，从 1971 年的 40%上升到 2002 年的 65%以上。美国始终坚持公共服务均等化的供给原则，确保每位公民都能享受基本的公共医疗、养老保险和住房等社会保障服务，所有与公共服务相关的项目都有相应的法律保障。经过长期的发展，美国已经具备了相对比较完善的城乡统一的社会保障体系，并有效地促进了城乡之间要素的双向流动。

在城乡生态环境方面，美国陆续出台了一系列污染防制的法律法规，以保护生态环境，包括《土地保护法》《清洁空气法》《清洁水法》《珍稀动物保护法》等。美国环保局还通过运用农村点源污染与面源污染相结合的综合治理方法，保护农村环境、减少农村的污染；同时利用科技与教育相结合的方法，引导农民从自身做起保护生态环境，改变原有的不良生活习惯与生产方式，最终保护环境资源。

总体来说，随着经济的快速发展以及相关制度的不断完善，美国的城乡差距逐步缩小，城乡融合取得了一定成果。然而，虽然美国的城乡融合发展政策缩小了城乡之间的差距，但并没有解决该国社会中存在的两极分化问题。相反地，外来人口的大量涌入，一些大城市的人口逐渐增加，导致城市中心环境污染越来越严重，这促使相对较富裕的工商业巨头转移到郊区居住，而相对较贫困的普通市民和非熟练工人等低收入阶层则不得不留在市中心居住。城市人口向郊区转移的现象在美国逐渐形成。

6.1.2 德国"城乡等值化"模式

德国在普鲁士战争结束并实现统一后，其资本主义经济的迅猛发展令人瞩目——耗时五十多年完成了工业化，并成功地将传统农业转变为现代农业。在城市化方面，德国起步较晚，启动也相对缓慢，但城市化速度却非常快，水平也相对较高。至1910年，德国已完成了城市化建设。和其他发达国家一样，德国也经历了从城乡对立、城乡协调，最终到达城乡均衡发展的阶段。

1. 以"农村是城市的延伸"为理念的城乡融合发展（20世纪初至第二次世界大战前）

19世纪40年代末期，德国的工业革命蓬勃发展，从1847年开始蒸汽机成为主要动力。城市工业飞速发展，大量农村人口涌向城市，为城市工业和服务业提供劳动力，导致城市人口急剧增加。在过去的几个世纪里，德国始终以农村生活为基础，以农业发展为主要经济来源，但这一情形发生了变化。德国的城市人口不断增加，1910年高达60%，城市规模持续扩大[①]。这一时期，城乡差距逐步扩大，城乡经济发展极不平衡，农民的生活条件十分艰苦贫困，贫富分化现象日益凸显；同时，城市由于生产过度膨胀，人口与资源高度集中，从而引起了工业污染、环境破坏以及交通拥堵等社会问题。

在此期间，基于"农村是城市的延伸"的观念，德国政府采取了一系列措施来缓解城乡对立的现状，促进城市和乡村之间的联系，为保障农业稳步发展和农民的生产经营获得相应的保障，提出了建立农业社会保险制度和发展农业合作社。19世纪中期开始，德国已建立了423个莱弗艾森式

---

① 刘玉安：《告别福利国家？西欧社会政策改革的大趋势》，《当代世界社会主义问题》2014年第3期。

的合作社①，政府也对其给予财政方面的支持，并通过引入农业机械化和现代化技术，提高了农业生产效率和农民的收入水平。除此之外，德国借鉴了英国城市规划经验，并通过立法干预城市规划，调整了资产阶级利益集团之间的矛盾，解决了城市发展过程中的社会矛盾问题。德国政府提出全体市民共同参与城市住宅的建设工作，出台的城市规划与方案需要国民共同参与修改，一切房产开发项目必须符合城市规划的方案。这些措施有效促进了德国工农业的发展。虽然德国的农业产量有所增长，但是社会的大部分财富仍存在于一部分人手中，德国的城市与乡村之间仍存在较大差距。

2. 以政府干预为主的城乡融合发展（第二次世界大战后至20世纪末）

第二次世界大战后，医院、学校、道路等基础设施严重匮乏，而薄弱的产业结构使大批的农民卖掉土地，离开农村，涌入城市，造成乡村地区人口的大量流失，而农业凋敝使得城乡社会经济差距迅速拉大，城乡矛盾加剧。在这种背景下，许多发达国家实行彻底的结构转型政策，发展重点城市，但德国却提出了"城乡等值化"的战略目标，旨在通过城乡空间规划体系设计、基础设施建设、财政转移支付、产业结构调整、土地综合整治、机械化的耕作方式、农产品开发以及农村公共事业发展等措施促进乡村地区社会经济的发展②。

1950年，赛德尔基金会首次提出了"城乡等值化"发展理念，认为在社会融合发展过程中，城市与乡村承载着同等重要的价值，因此不应受空间结构差异的影响，城市与乡村应实现空间均衡发展。尽管德国在1960年制定了《联邦建设法》，但其未能解决国家与州之间的地缘政治矛盾，因此对空间规划提出了更为紧迫的要求。为此，1963年《联邦空间规划法（草案）》提交政府参议院审议，并于1965年正式通过。基于该法，巴伐利亚州结合联邦规划和州区域规划目标，制定了《城乡空间发展规划》。这一规划把城乡等值化作为区域规划的核心理念和战略目标。至今，德国的城市和乡村构成利益共同体，实现了区域内的等值发展。城乡等值化的实现成为德国政治宗旨之一，被写入《德意志联邦共和国基本法》以及联邦和各联邦州的《空间秩序法》之中。

---

① 张仲福：《联邦德国企业制度》，中国法制出版社，1990，第67页。
② 李建军、周津春：《科学技术与农村发展政策》，中国农业大学出版社，2012，第258页。

在乡村建设规划方面，科学规划和有序实施促进了乡村发展。德国针对乡村发展制定了相应的政策法规，并以法律形式予以规范，为乡村规划提供了科学的法律保障。在行政体系上，乡村社区与地方政府被阐明为平行的行政关系，以强调城乡平等的政治性质。此外，城市和乡村也分别被称为"密集型空间"和"乡村型空间"。

在土地综合整治方面，德国开始制定相关制度、运用现代技术等对土地权属问题以及任务目标进行重新调整。德国通过多维度整治对土地进行科学有效的管理。首先，德国通过制定联邦、州、社区法律法规，对土地进行不同行政层级的管理，要求州在对土地管理具有自主权的同时符合联邦土地开发与管理的要求。其次，德国对土地功能进行分类管理并采取不同的整治措施来实现不同类型的土地要求，从而实现土地整治功能的综合提高。再次，德国引入现代科学技术，如交通技术、土地信息技术和景观保护技术等，促进不同土地区域规划的协调和融合，以满足可持续发展的需求。最后，加强土地权属的管理，通过遵循土地估价和产权登记等土地管理程序，有效避免了土地权属不清和管理程序不规范等问题，保障了德国土地整治的顺利进行。

在产业结构调整方面，德国的产业结构发生了巨大变化，第二产业和第三产业的比重不断上升，第一产业所占比重不断下降。但是，由于注重农业技术的创新、普及和专业化发展，虽然第一产业的从业人口急剧减少，但农业生产率却成倍提高，从而使农业生产模式发生了本质性的变化。首先，德国颁布了相关的农业法律法规，成功地实施了农业大规模化经营，这为提高劳动生产率、降低生产成本奠定了良好基础。其次，政府通过财政及信贷等手段调整农业生产方式，例如，通过鼓励农民转向非农业领域、提前退休，提供价格补贴等措施推进农业改革。最后，政府还积极建立农村合作组织，以提高农业生产效率和产业水平。这些措施有效加深了农业生产和销售的组织化程度，使农民的收入大大增加，缩小了城乡差距，促进了农村经济的发展。

在乡村基础设施建设方面，德国政府十分重视提高农村居民的生活水平。在20世纪70年代，德国开始提出并实施了重塑乡村形象的计划，旨在修复与完善乡村建筑。该计划自20世纪90年代起进一步将乡村社区与整个乡村整治发展相连接，并强化公共基础设施建设力度，例如，加大交通道路、供水系统、垃圾处理和雨水排水等方面的建设，以满足农村居民的日常生活需求。随着居民需求的增加，德国政府也在更多领域开展了完善工作，例如，对娱乐设施、文化设施等进行投资，不仅为居民提供了更为丰富多彩的生活方式，同时也为乡村经济发展提供了新动力。1976 年德国对《土地整治法》进行修订，突出保护和塑造乡村特色。1977 年由国家土地整治管理局正式启动实施以"农业—结构更新"为重点的村庄更新计划，主要内容是在保留原有特色的基础上整修房屋和强化基础设施，使乡村更加美丽宜居。

在区域财政平衡方面，德国政府在农村发展中采取了多种财政支持政策，旨在促进农村经济和社会的稳定发展。首先，德国政府针对不同目标制定了多样化的财政支持政策。例如，在土地流转方面，政策鼓励农户进行土地转移，并给予奖励和补偿；在保障从事农业企业工作的雇员的安全方面，政府会使用社会保险资金中的 30%用于农业事故保险。其次，联邦政府的财政支付政策几乎覆盖了所有农村居民，并根据农户的身份或需求进行多层次划分，以确保每个人都能受益于政策的支持。最后，法律法规保障了财政支付手段的有效性。德国政府颁布了一系列专门法律，如《联邦财政均衡法》和《联邦与各州之间的财政转移支付法》等，明确了财政转移的适用对象、服务主体、权责关系、补贴标准以及监督措施等方面的规定。这些法律法规为财政支持政策的实施提供了有力保障。

3. 以创新发展为主的乡村再振兴（21 世纪以来）

通过实施乡村更新项目，德国大部分乡村形成了独特的风貌和生态适宜的生活环境，成为美丽宜居的代表。然而，由于乡村人口老龄化和数量减少的影响，基本生活服务因缺乏市场规模而难以得到满足，供应不足，导致生活便利性下降，进一步加速了人口的流出。特别是医疗服务的不充分，使越来越多的老年人卖掉乡村住房到城市居住；现代生活服务设施和就业机会的不足，使年轻人难以在乡村获得发展。面对保持乡村活力的新问题，德国出现了乡村"再振兴"的需求。现在，德国更加注重以空间规划和区域政策对冲城乡工业的效率差异，以生态环境和乡土文化对冲城乡生活繁华程度差异的扩大，通过采取一系列措施来促进乡村发展，提高其吸引力和竞争力。

德国政府强调城乡平衡发展的重要性，将应对人口结构变化、提升乡村生活质量以及塑造年轻人的乡村作为其重点，并制定了相关的政策和措施。对于缺乏乡村就业机会的劣势地区，德国将欧盟农村发展项目更大幅度地向农村社会发展领域倾斜。其中，2014 年 10 月 29 日，德国联邦农业与食品部提出了新的农村发展计划，其目标是支持农村创新发展，让农村成为有吸引力、生活宜居、充满活力的地区。该计划有效推动了城市与乡村的互动，打破了传统的城乡二元结构，并创造了一个具有可持续发展的现代化社会。德国政府还鼓励乡村地区吸引年轻人到农村工作和生活，通过为大学毕业生提供住房和交通补贴等形式来激发他们前往乡村的兴趣。

在农业发展方面，多功能农业是进入 21 世纪后德国乡村的重点发展方向。早在 1984 年，巴伐利亚州就制定了《村庄改造条例》，以实现居住、就业、休闲、教育和生活五项功能为最终目标，将多功能农业确立为乡村发展的重点方向。如今，多功能农业主要涵盖三个方面的内容：一是在农业生产中注重环境保护；二是强调乡村景观文化保护；三是促进"半农业"、旅游业和手工业的发展，助力乡村人口就业增收。德国政府通过大规模直接补贴的方式，支持农户从事多功能农业，为其提供经济保障。据统计，德国当前约 60%的农民收入来自欧盟和国家各级财政补贴[①]。

德国还十分重视农业职业教育和培训，设立了农业准入门槛，即最低学历和从业资格证书，并逐步完善了农业社会化服务体系。此外，德国还推进信息化农业发展，注重植物种植与保护（EDV）、电视文本显示服务系统（BTX）和综合信息数据管理（GETS）等局部产业链的发展，逐步实现从生产端向流通和消费端的拓展，形成综合化发展[②]。

在社会保障制度方面，德国已经初步建立了相对完整的社会保障体系及相应的监督机制，有效地保障了农民的权益，提高了他们的积极性。比如，德国建立了相对完善的老年救济法和农村医疗保险政策，保障了城乡居民在社会保障方面享有同等的权利，能够根本性地解决城乡之间的差距问题。

6.1.3 日本"地域循环共生圈"模式

在第二次世界大战后，日本的工业化和城市化进程加快，大量农民纷纷涌向城市，导致农村人口急剧减少，城市人口不断增加。这使得日本在短短三十年内完成了欧美国家所需百年才能完成的城市化。虽然农业人口转移为城市提供了宝贵的劳动力资源，但乡村经济却遭受了日益严重的损

---

① 李学勤：《德国农业和农村发展的特点及启示》，《吉林农业农村经济信息》2005 年第 7 期。
② 何迪：《美国、日本、德国农业信息化发展比较与经验借鉴》，《世界农业》2017 年第 3 期。

失。为解决城乡发展不平衡问题，日本政府开始加强对乡村地区的关注。

1. 国家主导的外生式城乡融合发展（20 世纪 50 年代至 20 世纪 70 年代）

20 世纪 50 年代，随着工业化的快速推进，日本步入了经济高速增长时期。此时，大量农村居民涌向大城市，导致城乡收入差距逐渐扩大。20 世纪 60 年代初，日本陆续建立了基础医疗保险、基础养老保险和社会救助制度。1961 年，日本制定了《农业基本法》，明确提出通过提高农业生产率和农民收入来缩小城乡差距，并开始关注乡村振兴问题。随后，日本于 1962 年实施了《全国综合开发计划》，该《计划》提出了缩小城乡差距、实现城乡协调发展的战略目标，并要求加大公共资源向乡村倾斜的力度。1965 年，日本施行了《山村振兴法》等乡村振兴相关法规，这些法规与 20 世纪 50 年代出台的两部法律合称为"振兴八法"，为推动日本的乡村振兴和促进城乡融合发展奠定了法律基础。1969 年出台的第二部《全国综合开发计划》进一步提出了"大规模开发项目构想"，旨在通过加强全国交通和通信网络建设，构建以地方都市为核心、辐射农村地区的广域生活圈，从而进一步推进城乡融合发展。这一时期主要以工业开发和基础设施建设作为乡村振兴的主要方式，推动农村土地和产业的非农化进程。

同时，为了提高农业生产力并缩小城乡差距，在 1961 年颁布的《农业基本法》的指导下，日本政府大量投入资金用于农业基础设施建设以及农产品的价格补贴。然而，随着农业生产力不断提高和饮食结构的变化，20 世纪 60 年代末期，日本面临着大米生产严重过剩的困境，加之农地转用需求增大和农业贸易自由化等冲击，导致"日本农业撤退论"一度成为社会热点话题。为了稳定粮价并减轻财政负担，农林省（1978 年改称"农林水产省"）于 1970 年开始实施"综合农政"，包括缩减稻米生产的"减反政策"以及扩大农业经营规模、促进农产品加工流通现代化等措施。虽然这些政策在一定程度上增加了农民收入，但也造成了农户兼业化程度过高、农村人口大量外流和粮食自给率下降等问题。此外，公共投资对乡村发展的拉动作用日益减弱，其局限性也逐渐显现。

2. 以市场经济为主导的外生式乡村发展（20 世纪 70 年代至 20 世纪 90 年代）

20 世纪 70 年代，日本城市化水平显著提升，城乡发展差距日益扩大。20 世纪 70 年代末，日本政府提出了"地方开发"理论，旨在鼓励乡村根据本地资源禀赋实施自主、积极的经济发展。城乡融合发展进入内生式发展时期，以农村居民为主体。1979 年，大分县知事平松守彦首次提出"一村一品"发展理念，随后，"一村一品"运动迅速扩展。"一村一品"运动是以村、町和较小规模的市为单位，发展一种符合当地条件的特色农产品。同时，在内生式城乡融合发展时期，日本秋田县的集体农场模式、岛根县的新岛根模式以及冈山县的町村土地管理中心模式都是以农民为主体创业增收的典型案例，都对日本乡村产业发展带来了深远影响。1986 年，"前川报告"提出了要推动与国际化时代相适应的农业政策，包括重点培养中坚农户、实施充分利用市场机制的价格政策等举措①。在此影响下，日本农业政策向以设施园艺为代表的集约型农业倾斜，而以水稻种植为代表的土地利用型农业却因地理限制和农户老龄化等原因持续衰退，山村地区的弃耕抛荒现象日益加剧。

为了推进城乡融合发展、促进乡村振兴，日本政府采取了政策和财政支持的措施。1989 年，竹下登首相提出"故乡创生与 1 亿日元事业"项目，中央财政向欠发达地区的市町村提供 1 亿日元的转移支付补贴，用于解决这些地区人口减少、产业萎靡等问题。该项目鼓励获得补贴的市町村在当地居民的主导下，制订符合当地情况的经济发展规划，并合理使用中央财政资金，撬动了地方配套资金和工商资本参与乡村建设，对推进城乡融合发展产生了积极影响。

进入 20 世纪 90 年代，为加强城市居民与农村居民的交流，日本在各地修建了大量农业主题公园。截至 1997 年年底，日本已建立了 122 个农业主题公园。公园成为城乡交流的重要载体。

3. 以地域资源可持续利用为主导的内源式乡村发展（20 世纪 90 年代至今）

进入 20 世纪 90 年代，随着国际经济一体化进程的加速，日本乡村企业纷纷破产或迁往中国和东南亚地区，导致农村就业机会减少，产业空心化问题更加突出，日本经济进入了低迷状态。此外，国内外经济形势的变化，如财政紧缩、地方分权、人口结构老龄化以及全球化等，都使得以国家为主导的国土开发方式需要进行调整，以应对现实情况。因此，日本政府将城乡关系重新定位，赋予乡村和城市平等地位，并致力于推动乡村振兴，加强了防灾减灾对策，鼓励使用可再生能源，促进地域内资源循环利

---

① 菁男：《围绕着"前川报告"展开的一场经济论战》，《现代日本经济》1987 年第 1 期。

用、地区间互补合作，推进"地域循环共生圈"理念。"地域循环共生圈"是可持续发展理念在日本的本土化表达方式之一，也是历次国土规划中的"圈域"理念的延续。其旨在发掘利用乡村特色资源，在地方构建自立分散型社会，通过自然与经济要素的连接，与其他地区形成广域合作网络，创造新的价值产业链，最大限度激发地方活力，实现城乡共生对流。该理念通过整合乡村资源，促进生态与经济的良性循环发展，从而达到综合提升环境、经济和社会效益的目标，为乡村振兴提供了新思路。

1999 年，日本政府实施《食物、农业、农村基本法》，强调确保粮食安全、推动农村多样性功能发挥、实现农业可持续发展和加速乡村振兴。该法将乡村振兴提升为国家战略，要求全体公民参与乡村建设、维护和治理。该法详细阐述了乡村振兴内容，包括改善农业生产条件，改善交通、信息环境等基础设施，保护人文自然景观以及加强通信、卫生、教育和文化等基础设施建设，特别强调促进城乡融合发展。2010 年开始的"跨太平洋伙伴关系协定"（TPP）谈判以及 2011 年发生的东日本大地震促使日本政府更加重视乡村资源的可持续利用①。为获得反对派支持，安倍内阁在上台后不久即推出"农林水产业·地域活力创造计划"（2013 年），包括以强化农林水产业为目标的产业政策和以维持农村多功能性为目标的地域政策。两者均将乡村资源整合增值作为促进乡村内生发展的重要抓手。

"地域循环共生圈"力求改变过去以外来开发和政府补助为主的"输血式"乡村振兴模式，强调充分利用地域资源，建立能够促进乡村自立和可持续发展的新经济模式。为解决地方政府面临的财政难题，2014 年日本政府出台"地方创生战略"，纠正人口向大城市过度集中问题，解决"大城市病"，遏制乡村凋敝趋势。同时，日本还实施《村镇、人才、工作创生规划》和"地方创生转移支付制度"，划拨专项财政资金帮助乡村地区推进"地方创生"项目。2015 年，日本政府制定了"国土形成计划"，旨在通过集约化布局行政、医疗和商业等功能据点，网络化连接不同规模的据点，促进城乡和区域之间的双向对流。这意味着在人口负增长时代，同质化的均衡发展已不再是日本国土规划的主要目标。因此，如何充分利用地域特色资源，通过城乡对流协作创造新价值，培育乡村发展内生动力成为乡村振兴的重要课题。

---

① 吴昊、姜保中. 日本围绕参加 TPP 谈判的争论 [J]. 现代日本经济，2014（3）：28-40.

6.2 国内城乡融合试验区典型案例

6.2.1 广东清远"一主线两标准"模式

1. 创新城乡要素自由流动和公共资源合理配置机制

一是全面放开农村居民落户城镇，逐步实现农村集体收益与户籍脱钩，探索农业转移人口市民化成本分摊机制，鼓励城市人才返乡入乡。清远出台了《清远市人民政府关于进一步调整户口迁移条件的实施意见》，放宽了直系亲属投靠入户限制，由乡村迁往城镇或城镇之间迁移的，直系亲属可以互相投靠。同时允许兄弟姐妹投靠入户，由乡村迁往城镇或城镇之间迁移的，兄弟姐妹可以互相投靠。在城镇有合法稳定住所（含租赁）或合法稳定就业的，由乡村迁往城镇或城镇之间迁移的，经房屋产权所有人同意，可以将户口迁移至该地址，如房屋产权所有人不同意，可以将户口迁移至相应的集体户口。此外，进一步放开分户、立户条件，推进房地一体宅基地使用权确权登记颁证，加快推进农村集体经济组织成员身份确认工作，推动村集体经营性资产折股量化，赋予农民集体资产股份占有、收益、有偿退出及抵押、担保、继承权能，逐步实现村集体权益与户籍变动脱钩。

二是全面深化农村土地制度改革，整合盘活农村土地。清远发挥村集体统筹作用，以托管、代理等方式，推动土地相对连片集中规模化经营，并探索宅基地"三权分置"的有效形式，引导农民退出闲置宅基地，由村集体统筹整合闲置宅基地和农房，引进社会资本发展加工业、乡村旅游等。在具体做法上，清远探索创新了"小庭院"模式推动农村宅基地三权分置，将部分低效村庄建设用地、零散细碎的其他建设用地进行重新整合利用，形成小庭院，推动农村宅基地三权分置与宅基地使用权入市，并整合集体经营性建设用地建设。同时大胆探索土地农村股份经济合作制，大力建设股份合作制管理和运营的农村集体经济组织，将可量化资产以份额形式实现量化到人、确权到户，配股成员只享受股份权利，不能按股份分配资产，不得提现，统一处置宅基地、经营性建设用地及其他闲置土地。

三是探索"一村四社"体系，活化农村沉睡闲置资源，特别是激活农村金融。"一村四社"中的"一村"指行政村（自然村）及集体经济组织，"四社"指其内部的资金互助社、土地合作社、房屋合作社、消费合作社。通过社员内部资产抵押借款，通过房屋、土地入社的一次定价，探索"完善农村产权抵押担保权能"的改革路径。如淡地村老宅基地将通过集体入社，通过汇聚、整合，为驻村民宿野渡谷规范流程，也为其他进村企业提供土地资源，助推农村集体经营性建设用地入市制度建立和实施。淡地村"一村四社"体系已经通过量化入股资金、资产、资源量化各主题的股份权益，通过讨论合作社章程，明确社员与集体的受益分配比例，建立了农民长期增收的体制机制。

四是建立人才返乡新机制。一方面探索成立村级人才服务公司，对接建立了人才库和企业库，探索建立"人才+"新模式，搭建起人才和企业之间的"桥梁"，促进人才服务和村级集体经济双向增收。另一方面建立起人才入乡机制，首创乡村新闻官制度。率先探索"数字乡村"，更好地推动新闻惠民、信息惠民，让农民成为直播时代的主角。开展农业专家下基层活动，创建农业专家联络站，组建由省、市专家组成的农业服务专家团；探索打破专技人才"流而不动"的制度缺陷，实行教师"县管校聘"、医护人员"县招县管镇用"等的灵活用人管理机制；积极推进"广清帮扶"。

2. 创新形成了北部"连樟标准"

一是探索了党建引领新路径。第一，加强党的领导。强化五级书记抓乡村振兴的机制，构建责任清晰、各负其责、执行有力的乡村振兴领导机制。坚持农业优先发展战略，加大人、财、物投入，补齐农业农村短板。第二，建强村党组织。认真落实省新一轮加强基层党建三年行动计划，强力推进省农村基层党建示范市创建工作，推广落实"三包三联""4+1+N"主题党日等好的经验做法，把村党组织建设成为坚强战斗堡垒。第三，选优配强"带头人"队伍。全面实施"头雁"工程，按照"有干劲、会干事、作风正派、办事公道"的标准选优配强村党组织带头人队伍，抓好后备人才队伍培育储备。第四，充分发挥党员先锋模范作用。推动基层党员干部为农民群众多办好事实事，增强党的凝聚力、号召力。

二是创新统筹规划引领，高标准做好乡村规划，解决好"乡村怎么建"的问题。第一，加强顶层设计。围绕建筑如何布局、环境如何提升、产业如何发展等，通盘考虑、整体设计、整村推进。第二，突出乡土风貌。科学把握地域特色、民俗风情、文化传承和历史脉络，不盲目模仿"城市"，也不大拆大建，打造独具特色风格的美丽乡村，真正让美丽乡村望得见山、看得见水、记得住乡愁。第三，坚持群众主体。充分尊重农民意愿，充分考虑群众生产生活需要，最大限度调动村民参与乡村振兴的积极性、主动性和创造性。

三是创新产业带动模式。从连樟实践看，就是要通过引进产业项目、建立农企利益联结机制，推动乡村经济发展、农民增收致富。第一，培育特色。立足村资源禀赋，加快推进现代产业体系和"一村一品、一镇一业"建设，做大做优特色产业。抓好特色品牌培育，打造一批农产品"金字招牌"。第二，做大龙头。走产业化、规模化、组织化发展之路，积极引进和培育农业龙头企业、农民专业合作社等新型农业经营主体，着力建设现代农业产业园等重要平台。第三，产业融合。大力推进特色农产品精深加工，推动现代农业与旅游、文化、康养等产业深度融合，不断延伸产业链、打造供应链、提升价值链。

四是重点解决要素短缺。第一，解决"土地"问题。大力推进农村土地整合整治，用好用活"拆旧复垦"、建设用地指标增减挂钩等政策。第二，解决"资金"问题。加大公共财政向"三农"倾斜的力度，整合各类涉农资金，通过以奖代补等方式撬动社会资金投入。

五是大胆推进改革创新。第一，以项目为龙头，统筹推进农村承包地、集体经营性建设用地、宅基地改革，加快释放土地改革红利。第二，搭建城乡产业协同发展平台。围绕城乡要素有效流动和产业协同发展，打造一批具有显著带动效应的现代农业产业园和重大项目。第三，积极探索生态产品价值实现机制。发挥农村自然生态良好优势，推动生态产品规模化、标准化、品牌化、信息化、市场化。第四，建全城乡基础设施一体化和公共服务均等化机制。

3. 探索出城乡融合"广清一体标准"

一是积极推动清远片区率先实现与广州高质量发展一体化，加快承接广州产业功能疏解，优化广清产业布局，主动融入广州、融入大湾区，探索形成城乡融合"广清一体标准"。近年来，广清两市以广清经济特别合作区"三园一城"（广清、广德、广佛产业园和广清空港现代物流产业新城）为主阵地，积极探索"广州总部+清远基地""广州研发+清远制造""广州孵化+清远产业化"等合作共建模式，推动两市产业链融合，共同打造具有强大竞争力的产业集群。

二是根据产业一体化的发展要求，广清两市积极组建管理机构，强化规划引领和衔接，推动经济社会管理放权赋能，强化土地等要素保障和交通基础设施支撑，加强社会事务服务管理，不断推进合作区"三园一城"开发建设。

三是重点开展广清交通一体化。目前，广清城轨一期已通车运营，建成连接两地高速公路 5 条，在建或规划 3 条。接下来，广清交通一体化还将从公路、轨道两方面持续发力，提升清远交通区位优势，使清远南部地区与广州中心城区形成"半小时通勤圈"。目前，广清携手加快推进以"三园一城"为重点的广清经济特别合作区建设，积极探索"广州孵化+清远产业化""广州总部+清远基地"等产业合作模式，推动汽车零部件、电子信息、新材料等产业集聚发展，加快推动广州营商环境 5.0 向清远覆盖。

6.2.2 长春九台"四集四引"模式

作为国家城乡融合发展试验区长吉接合片区的重要组成部分，九台区探索总结出了具有九台特色的"四集四引"改革模式，努力构建全新的工农互促、城乡互补、协调发展、共同繁荣的新型工农关系。

1. 探索人口集中形式

提出"中心城区""中心集镇""中心村"建设的发展方向。全力打造服务业集聚区，把"中心集镇"建成服务农民的区域中心，把"中心村"建成农村的社区服务中心，从而实现人口有序向中心城区、中心镇、中心村集中。

2. 探索土地集约路径

开展建设用地入市试点、"土地增减挂钩"试点、宅基地制度改革试点，简化征收、储备等一系列程序，创新产业项目用地方式，加大点状供地和混合供地在田园综合体、文旅项目用地中的运用。具体来说，九台进一步探索农民集体妥善处理产权和补偿关系，依法收回农民自愿退出的闲置宅基地、废弃的集体公益性建设用地使用权，按照国土空间规划确定的经营性用途入市；探索集体经营性建设用地使用权和地上建筑物所有权房地一体、分割转让；建立完善集体经营性建设用地使用权转让、出租、抵押二级市场，充分释放改革红利。同时，坚持利用改革成果活化农村闲置土地资源，九台区将宅基地改革与集体经营性用地入市紧密结合，通过土地综合治理，复耕腾退，将土地相关指标集中打捆使用，以化零为整、异地置换的方式，满足集体经营性建设用地调整入市的需求。通过宅基地退出与集体土地入市"双改双融",有效解决项目用地指标不足问题,增加农户宅基地财产性收入,实现调整拆旧地块村集体与建新地块村集体收益共享。通过土地资源变资产、资产变资本,使农村土地资源得到最大限度的有效利用,为实现乡村振兴提供更多的要素资源保障。

3. 打造特色产业集群

打造生物医药产业集群、先进制造产业集群、精优食品加工产业集群、新型建材产业集群、矿产能源产业集群,依托产业园建设,加快推进重点项目智能化、数字化建设,扩大产能。在实践操作上,依托长春九台经济开发区生物医药产业园建设,加快推进楚天科技、康宁杰瑞、钻智制药、莱沃医疗等重点项目,培育发展生物医药、化学制剂和中药饮片加工等产业。依托先进装备制造产业园,充分挖掘中誉集团、瑞科汉斯等企业科技创新能力,巩固和发展汽车、轨道客车零部件、高性能材料、高效节能环保装备等先进制造业。依托开发区精优食品加工产业园,加快智能化、数字化建设,以优质大米、肉品、酱菜等九台名优特农产品为主体,提升加工转化增值率和副产物综合利用水平。依托兰舍硅藻泥、中财管道、杰森石膏板、东方雨虹等新型建材龙头企业,发展新型墙体材料、新型防水密封材料、新型保温隔热材料和新型装饰装修材料。依托矿产资源,推动华能九台电厂、龙嘉矿业、宇光能源扩大产能,利用膨润土、伊利石、沸石和黄金等矿产资源,进行绿色开发开采。

4. 探索要素集成模式

在资金方面,探索推行"政担银企"创新模式,促进金融由"抽血"变"输血",探索利用入市集体土地使用权抵押进行融资,对农民产业发展提供资金扶持。如设立"吉企银通",开发了"商无忧""银企通""农场宝"等贷款新产品。采取智能融资和金融超市两种融资方式助力银企智能对接,为企业量身打造首贷、个转企融资服务、政银保担支牧专区,旨在在政府、银行和小微企业之间搭建起信息互通的桥梁,为政府进行数据整合,为银行提供企业的更多信息,帮助小微企业享受各种优惠政策并更快、更好地获得银行贷款。此外,在生产生活等各方面的公共服务要素方面,都向中心村、中心集镇配置,进一步完善水、电、路、气、网等基础设施建设,不断提升医疗、教育、养老、就业、安全等公共服务水平,推进电商的普及应用,大力推进数字乡村的建设和发展,实现城乡均等化和互联互通。

5. 实施规划引领

确立了"建三区、强四带、兴五业"发展战略，坚持"抓基层、补短板、打基础、利长远"原则，推动九台经济社会高质量发展。具体来说，就是充分利用区位优势、产业基础，主动承接长春市中心城区产业转移和产业链延伸，全力建设长春现代化都市圈产业承接区，从根本上实现以工补农、产城融合。突出长吉协同发展重要节点作用，主动对接区域协同发展战略，统筹推进新型城镇化建设，完善区域互通通道及现代基础设施建设，全力建设长吉一体化协同发展先导区，从根本上实现以城带乡、城乡互补。在城乡融合发展上全面深化改革，突破体制机制上的束缚，促进土地、资金、人口、人才等生产要素双向有序流动，围绕搭建城乡产业协同发展平台，促进城乡产业协同发展，构建"三产"融合的现代产业体系，规划建设"长春现代化都市圈产业承接带、商贸物流产业带、生态旅游产业带、特色农业产业带"四大产业带。并围绕现有优势产业基础，坚持目标导向，重点发展生物医药、先进装备制造、精优食品加工、新型建筑材料、现代商贸物流五大主导产业。

6. 开展政策引导

制定出台《农村集体经营性建设用地入市管理办法》等18个配套文件，采取招拍挂、协议出让和租赁等方式推进土地入市，修订《九台区农村宅基地审批管理暂行办法》等7个宅基地改革相关配套试行文件。

7. 实施双轮引擎

科技创新方面，按照"科技创新小微企业—科技创新小巨人企业—高新技术企业"模式，推动技术开发及企业转型升级。人才制度改革方面，设立人才开发专项资金，建立城乡有序流动的户口迁移政策，确保农业转移人口进城落户无障碍、零门槛。

8. 推出模式引路

龙嘉街道红光水稻"5G＋"高新技术产业园项目探索的"三换两集中"等模式，推进新农村建设，发展集体互助式养老。"三换"是指：用自家的宅基地使用权换取楼房居住权；以水田经营权入股合作社，年底换取分红；用村集体资产使用权换村民集体养老、环境改善等公益事业。"两集中"则指将分散居住的村民向楼房集中，将分散的土地经营权向合作社和企业集中。该模式破解了农村集体资产总量少、没有好的致富带头人、缺乏带动性项目三个难题，持续推动群众增收获益。

6.2.3　江西鹰潭高水平一体化模式

1. 创新农村集体经营性建设用地入市制度

一是创新入市制度。鹰潭全面制定了入市管理、入市交易、收益分配等6项基础制度，打通了城乡土地"同等上市、同地同权"制度通道。在入市管理中，制定了《鹰潭市集体经营性建设用地入市管理办法（试行）》（以下简称《管理办法》），形成了7个清晰的入市程序：入市准备、民主决策、批准、入市交易、签订合同、不动产登记和报建，同时对每个程序各部门主要工作职责进行细化，为入市操作提供了依据。《管理办法》第十七条"入市准备"环节中，明确规定集体经营性建设用地入市前，入市主体需要完成"拟入市宗地勘测定界、对地上附着物的补偿、依法申请取得自然资源部门核发的规划条件、委托有资质的评估机构进行地价评估确定入市价格"4项工作，以利于区（市）集体经营性建设用地入市实际操作。在入市交易中，提出了鼓励委托乡镇集体经济组织作为入市实施主体的意见。鉴于村组干部流动性大、人员变化快、集体经营性建设用地使用者不愿意和村组打交道的实际情况，《管理办法》第十一条提出"鼓励农民集体委托或授权乡镇集体经济组织作为入市实施主体"；同时在第二十条"签订合同"环节，明确规定"区（市）自然资源主管部门、乡镇人民政府共同作为合同第三方鉴证单位，在区（市）自然资源局和乡镇人民政府备案"，以减少用地者使用集体经营性建设用地的顾虑。在收益分配中，鹰潭市制定了《鹰潭市集体经营性建设用地入市收益分配暂行办法》（试行）（以下简称《入市收益分配暂行办法》）。第一，调节金征收标准实行上限管理。针对入市成本难以核定导致土地增值收益难计算的实际情况，采取"按成交总价款一定比例征收调节金的简易办法"，对征收标准采取上限管理，即商服用地按不高于成交价款的10%提取；工业用地及其他经营性用地按不高于成交价款的5%提取。简易办法将为区（市）征收调节金实际操作免去烦琐的成本核算，节约行政成本和办事时间，同时采用"不高于"的上限管理办法，赋予区（市）征收比例的弹性空间，可以将更多的收益让给集体经济组织，壮大集体经济，增加农民收入。第二，简化转让收入。如《入市收益分配暂行办法》第七条规定"土地转让收入以市场评估价格确定转让收入"。采取本办法是基于成熟的国有建设用地使用权市场管理实际，采用评估方法确定入市再转让收入，既可以免去复杂的转让收入计算，又可以通过第三方进行土地估价，更加公开、公平、公正，操作简单。第三，对集体提留采用下限管理，支持壮大集体经济。入市的目的是壮大集体经济，增加农民收入。《入市收益分配暂行办法》第十五条规定，村集体对入市收益进行提留，提留比例采用下限管理，不低于入市收入的10%，保障了集体经济入市收益的最低限度，有效避免入市收入全部分给集体经济组织成员，有利于集体留取资金发展集体经济。

二是创新入市管理系统，搭建了全国首个入市管理系统和交易平台，解决"地怎么交易"的问题。具体来看，鹰潭市首创了入市全业务网上运行制度。比如，《管理办法》第八条提出了入市审批、土地储备、合同签订和开发利用监管全业务网上运行制度。目前，全国各地针对国有土地管理、交易、监管建立了很多先进的平台、出台了管理办法，但基本上只有某一项或几项业务在网上运行。为方便集体经营性建设用地入市交易和业务管理，构建快捷、高效的运行平台，鹰潭市充分运用移动互联网、云计算、大数据、人工智能等新一代信息技术，对各地先进的管理平台技术进行系统集成，自主构建起涵盖土地储备、异地调整、入市审批、网上交易、用地监管等入市全业务，建立起集全景看地、一码管地、即时交易、全程网办等功能于一体的鹰潭市集体经营性建设用地入市管理系统。该系统的建成，将彻底实现集体经营性建设用地入市从申请、审批到看地、交易、登记发证"一次不跑""不见面办理"，最大限度为交易双方和管理部门提供方便，最大限度提高办事效率。

三是创新入市模式。鹰潭市结合农村宅改释放的土地资源，建成全国首个全部使用集体土地的入市产业园，既改变了原来征地收入一分了之的行为，又保障了乡村振兴特色产业用地需求。目前已积极推进文坊竹木产业园、高新区中辰工业产业园、童家镇返乡创业园、冷水镇茶产业园4个入市产业园建设，既促进了当地传统优势产业提升，为乡镇发展提供强劲动力，又打造了"入市+农民持续增收综合示范点"。目前全市入市成交乡镇覆盖率100%，逐步形成了城乡统一的建设用地市场。

2. 完善农村产权抵押担保权能

一是建立了确权评估、交易流转等12项机制，聚焦价值评估、授信模式、风险分担三个核心问题，建立"1+3+4"制度体系，充分激活农村各类产权抵押担保权能。推动建立农村产权价值评估体系，制定价值评估综合性管理办法和操作指南，如贵溪市、余江区分别建立农村产权交易平台。村集体层面，推动中国农业发展银行鹰潭分行对农村集体产权整体打包、整体评估、整体抵押；经营主体层面，推动市工控融资担保公司开发农村产权担保类专项产品；农户层面，"一户一策"精准设计授信方案。同时，积极推进农村产权抵押纳入全省财农信贷通，建立省市县金融机构四方共担的风险分担机制。

二是探索构建"一权一品""金融科技+""信易+"三种组合授信新模式，着力破解农村产权评估难、征信难、抵押难等问题，切实把纸上的农村产权变成发展的真金白银。所谓"一权一品"，即一个农村产权对应创新一种金融产品。选取集体经营性建设用地使用权、农村承包土地经营权、农民住房财产权（宅基地使用权）、集体林权等农村主要产权，引导各类银行开发"一权一品"抵押贷款产品，办理农村产权抵押贷款业务。而"金融科技+"模式则是利用"数字乡村+普惠金融"平台，银行依托该平台，获取农民信用评价的相关信息，通过大数据分析给予基础授信，再根据农民提供的农村产权信息确定用信额度。农民在银行确定的信用额度内申请贷款，贷款即刻到账。"信易+"主要包括五大项目，分别是：为缓解守信中小微企业融资难、融资贵问题的"信易贷"；为方便创新创业主体租赁办公设备和办公空间的"信易租"；为让守信主体更舒适、更便利享受出行服务的"信易行"；为让守信主体更便利获得行政审批服务的"信易批"；为让守信个人享受优质旅游服务的"信易游"。鹰潭市加快推进"信易贷""信易租""信易批""信易行""信易游"等"信易+"产品在农村中的应用，努力创建全国社会信用体系建设示范城市。

3. 打造城乡基础设施一体化五张网

一是全域一体搭建城乡供水、污水处理、公路交通、电商物流、垃圾处理"五张网"，推动城镇基础设施向乡村延伸。如在供水上，以鹰潭市花桥水利枢纽工程为统一供水口，将原17个城乡供水企业整合成3个供水公司，推进城乡供水同源、同网、同质、同价。在城乡公路交通上，聚焦农村公路乡镇"各管一段"的问题，将全市农村公路划入市公路中心管理，构建管养一体化模式。在城乡生活垃圾处理上，创新实施了第三方治理模式。首先，按照全域一体发展定位，打破行政区划限制，所辖各县（市、区）、管委会的51个乡镇场的生活垃圾由一家公司负责收集转运，全域生活垃圾由一家焚烧发电厂焚烧处置，让85万农村群众享受和城市居民同样的环卫服务。其次，按照"政府购买服务"的方式，引入第三方公司和鹰潭市城市资产运营有限公司共同成立项目运营公司，负责城乡生活垃圾的清扫、收集、转运。在垃圾处理末端，引进另一家公司负责建设、运营生活垃圾焚烧发电项目，项目采取当前国内外最成熟稳定、运用最广泛的垃圾处置工艺焚烧发电模式。最后，引入"互联网+智慧环卫"模式，创造性地将城区"智慧城管"平台与农村"智慧环卫"平台有机结合，将垃圾桶、收集站、运输车、洒水车等设备集成在一套数字化管理平台上，实现全过程"数字化、视频化"定位监控，让农村垃圾"无处藏身"。尤其值得一提的是，鹰潭市在全市范围内设置了"智能垃圾驿站"366个，这些"智能垃圾驿站"配置了基于窄带物联网技术的数字化管理模块。

二是特别在"快递和快消品"全市统一配送模式上进行了创新。具体来看，在快递配送上，鹰潭市首先在月湖区、贵溪市、余江区分别建立快递企业联盟，并明确了链主。月湖区整合圆通、申通、韵达、中通、百世及智通等品牌快递企业资源，成立了链主企业鹰潭市世通易达物流服务有限公司。贵溪市整合申通、圆通、百世、韵达等品牌快递资源，明确链主企业为贵溪鼎创商务服务有限公司。余江区由申通快递公司为链主整合中通、圆通、韵达、百世等品牌，组建第三方供应链公司。其次，全市配送车辆统一了标识，并实现统一管理。全市120余辆快递电动三轮车均喷涂了"快递"及"城乡高效配送"标识，并统一进行了备案、编号。再次，乡村末端网点实现共享，进一步扩大了电商物流融合发展覆盖面。在全市改造新建了200个电商物流综合服务中心（快递超市），基本做到了快递网络全域覆盖。企业联盟将实行统一配送，节约下来的配送人员、车辆全部投入新的服务中心。这在畅通"农产品上行、快消品下行"双向通道，实现电商物流城乡融合发展的同时，大大提高了资源利用效率，提高了配送时效性，降低了企业运营成本。最后，以区市为单位实现了统一配送。各区市快递企业通过合作，由企业联盟统一采购、配置了自动分拣传输设备，所有快递超市业务实行统一分拣、统一配送。这种配送方式有效改善了快递企业独自经营，以及企业由于业务量小、配送成本高而不敢在乡村设点运营的局面。实行统一配送后，在经济效益方面：每个网点每天配送的快递可达300件以上，收集的快递达50件以上，所有乡村网点由以前的每单亏损1.2~1.5元，转变为每单盈利约0.6元。

4. 打造城乡教育医疗"双循环"新模式

一是全域推行教师"县管校聘"改革。鹰潭市创新了编制和岗位管理机制，实现教师去校籍化管理，义务教育学校教师"县管校聘"全域推开。该市成为江西省第一个全域一体实行教师"县管校聘"改革的设区市。具体来看，鹰潭市通过"县管校聘"管理体制改革，开展校长、教师"双聘任"制，针对科级以下校长、副校长和学校中层干部，将任命制改革为聘任制，实现去行政化管理；对其他专任教师，学校根据教学实际需求，科学设置岗位，采取"四级四轮"的方式竞聘上岗、择优聘用，将相对富余的学科教师派往其他师资紧缺学校和乡村学校，使这些学校的教育质量得到提升，激发教师竞聘上岗的积极性。城乡教师编制统一落在新组建的县级教师交流发展中心，不再具体核定到校，实现了"学校人"向"系统人"的转变。

二是每年校长、教师交流轮岗比例不低于15%，打破教师"一校定终身"传统。这几年通过开展"县管校聘"，参与交流轮岗的校长、教师共428名，基本解决了教师结构性紧缺、农村学校教学质量不高等问题。

三是县域内医疗机构合并成一个紧密型医共体，建立"编制周转池"，人事编制实行"县管县招乡用"，村医实行"乡聘村用"，破解了"向下转诊"难题。通过医共体改革，全面铺开"乡聘村用"，卫生院聘用乡村医生，向他们发放基础工资和绩效工资、购买养老保险，这样一来，就全面解决了所有公有产权卫生室没有医生看病的问题。

5. 全面深化宅基地改革

开展农村"三变"改革试点和对"两闲"盘活利用，努力用改革的办法盘活资源资产，用创新的理念强化利益联结，不断缩小城乡居民收入差距。一是出台《关于开展农村"三变"改革促进村级集体经济发展农民持续增收的实施方案》，建立健全"农村集体资产登记保管使用处置制度""农村集体资产股份有偿退出与继承办法"等10多项制度，组建农村集体经济组织，构建归属清晰、权责明确、保护严格、流转顺畅的现代农村集体产权制度。二是摸清农村集体经济组织资产家底，将集体拥有的土地、林地、水域等资源要素和闲置的房屋、设备等作为入股资产，通过"村集体+基地+新型经营主体"等股份合作的形式，构建以农民为主体、以股权为纽带、整合多方资源要素的现代乡村产业发展平台，积极探索"三变"改革有效路径，激活市场、激活主体、激活要素，发展壮大村集体经济，促进农民持续增收。比如，贵溪市金屯镇金屯村盘活闲置资源资产，将村内基础设施、旅游资源以及闲置农房等入股到企业发展乡村旅游，建立了

"公司+村集体+农户"的经营模式，村集体及农户可获得岗上玻漂项目收入30%的分红。为充分发挥农民主体作用，激发农民创新创业创造活力，真正让农民成为"三变"改革的参与者与受益者，各地将村集体经济组织自有资金、部分农业农村扶持类资金，通过"农户+村集体+基地+新型经营主体"等路径入股到经济效益好、发展前景广的家庭农场、农民合作社、龙头企业等，农民按合同约定获得收益分红。三是积极鼓励和引导农民将土地承包经营权、住房财产权以及自有资金、技术等生产要素，通过协商或者评估折价，投资入股新型农业经营主体，打造一批"股份农民"。如余江区邓埠镇竹溪邓家通过土地入市盘活退出的闲置宅基地，全村所有村民每人出资1万~2万元作为股金入股，建设商业大楼进行租赁，用于发展餐饮、住宿等产业，让村民每年享受到村集体股份制红利，将村民变成"股东"。龙虎山镇龙虎村150户农户将460亩土地承包经营权入股到土地股份合作社，合作社将入社的承包地经营权集中流转给种植、养殖大户发展绿色水稻，所得收益的30%作为种粮大户的管理费用，其余收益用于合作社股东分红，农户每年获得每亩400元的保底分红。

6.2.4 西安高陵区"三机制+三转变+三建设"模式

1. 探索"三个机制"，规范农村土地流转

一是建立资格审查和项目审核机制。对提出土地流转的工商企业和规模化组织农户对外流转土地的街村组，由区农经中心联合相关部门对其经营能力、土地性质、权属关系、产业规划等情况进行预审。

二是完善风险防范机制。对原有的履约保证金制度进行修改，明确"反包倒租"、入股、购买履约保证保险等7种情况可以免交履约保证金。

三是探索"预流转"机制。指导村集体为农户提供粮食生产全程托管服务，在不改变农户土地经营权的前提下整合土地资源，适时根据需要组织农户流转土地。

2. 探索统分结合双层经营的新模式，推动农村"三变"改革

按照"家庭承包、集体经营"的思路，建立土地入股托管模式，推动村集体为农户提供土地全程托管，实行"保底+分红"，着力探索具有高陵特色的土地托管模式。将张卜街道张桥村作为首个试点，确定了"村党支部+合作社+MAP+入股托管"的全程托管模式，由村集体为群众提供玉米生产"耕种防收售"一条龙服务，产量大幅提高，农民收入显著增长。

3. 探索发展"共享村落"，有效激活农村发展活力

"共享村落"是在农村集体土地所有权、农民宅基地资格权和房屋所有权不变的前提下，将农民闲置宅基地和闲置农房使用权，以一定年期，通过出租的方式进行的集体经济合作社和社会资本合作的行为。在政府的引导下，高陵区设计了四种共享模式：整体改造型，对于整组整村群众进社区居住的村庄，通过村集体经济合作社与社会资本长期合作联营，共同改造提升、包装开发；融合发展型，利用现有存量宅基地及房屋，通过集体经济合作社和社会资本合作的方式，植入特色产业，共同包装开发；租赁改造型，充分利用高陵区集体建设用地入市试点政策，在有条件的村庄利用集体建设用地开展建设租赁住房试点；零散改造型，对零散整户退出的，将腾退院落通过集体经济合作社出租给有需求的人群。按照"政府引导、部门指导、街村主导"方式，将宅基地自发流转纳入规范化的轨道，有效保障交易双方的合法权益，有利于稳定市场预期。"共享村落"的实施，一方面，有效激活了农村闲置的土地资源，显现宅基地财产价值，壮大了村集体经济，提高了农民财产性收入，为更多具有田园梦想和创新创业梦想的城市居民提供了居住养老、创业发展的必要空间，提高了土地利用率；另一方面，城市居民的生活理念、发展理念以及各类产业要素为高陵区的乡村振兴集聚了活力，实现了城乡发展要素双向流动。此外，"共享村落"的实施，在一定程度上也倒逼了农村村庄整体环境的改善，推动了美丽乡村建设，提升了农村居民幸福感和获得感。

4. 探索盘活集体资产资源、壮大集体经济的实现形式

统筹推进各项改革，放活土地权能，增强农村产业发展用地保障能力，盘活农村建设用地资源。一是拓展农村集体经营性建设用地入市途径。凡是符合规划和依法取得的存量农村集体经营性建设用地，国土空间规划确定为工业、商业等经营性用途，产权明晰、已依法办理土地所有权登记、具备开发建设所需基础设施配套等基本条件的土地，实行直接就地入市。依据村庄整体规划，对土地开展整治并配套相关基础设施，重新规划产权归属，实行综合整治入市。对零星、分散的集体经营性建设用地，先行复垦为农业用地，并将腾挪出的建设用地指标调整到产业集中区，实行异地调整入市。二是建立集体土地基准地价体系。探索城乡统一的税收制度并建立城乡统一的建设用地市场，实现同地同价。建立兼顾国家、集体、个人的土地增值收益分配机制，合理提高个人收益，发展壮大集体经济。三

是依托田园综合体、共享村落等发展载体，初步形成了土地托管型、资产租赁型、入股捆绑型、集体经营型四种壮大集体经济的路径，为创新创业和乡村旅游、养老休闲等产业在乡村的落地提供了平台，有效带动农村一二三产业融合发展。

5. 推进新社区建设，创新新型城镇化管理

探索形成"城边村并入、城中村融合、小村并大村"三种改造模式，推进新社区建设，促进居民向城镇、农民向新社区集中。政企合作的城边村并入模式：由于城边村土地商业价值不是很高，改造后村庄节余土地不足以抵顶开发商投入，因而政府在城市规划范围内划定部分土地来弥补开发商拆旧建新的投入。村企合作的城中村融合模式：针对城中村土地商业价值较高、在经济上具有可行性的特点，主要以村组为主体与开发商进行合作。政府运作的小村并大村模式：主要用于农业规划区范围内的村庄，这部分村庄距离城镇较远，土地价值较低且有价无市，难以筹集改造资金，由政府独立实施，通过拆旧建新将距离较近的行政村或自然村合并安置。

此外，高陵区在统一居民户口性质、探索农业转移人口市民化成本分担机制、推动产业融合发展方面也做了大胆探索。如在统一居民户口性质方面，取消户口性质区分，统一登记为居民户口。按照"试点先行、整体推进"的原则，推进户籍一元化改革工作，将现有农业和非农业户口一次性转为居民户口。同时，制定了转户居民在养老、医疗、就业、住房等方面的 67 项衔接政策，允许转户居民 5 年内按照"就高不就低、自由选择、不重复享受"的原则，自由选择城乡政策待遇。在农业转移人口市民化成本分担机制方面，经过探索实践，本地农民的进城落户基本形成了"政府为进城农民提供社会保障和公共服务，集体经济组织用集体资产的出让、入股等收益来保障进城农民居住权益，个人按照法规缴纳相关费用"的成本分担模式。在推动产业融合发展方面，改造提升已建成的各类现代农业产业示范园，建设一批集"产、加、销、游"于一体、产业链条完整的都市农业示范园，同时促进"农业+""文化+"等新业态培育，推动多产业深度融合发展。大力开展农超、农校、农企、农社对接，与西安及周边地区 80 多家超市、28 家省市级单位食堂、高校、大中型企业建立蔬菜等农产品的供应合作关系。创新发展"农产品+互联网"模式，建成农产品电商创业园。积极培育休闲农业、体验农业、观光农业等新型都市农业，发

展创意农业、会展农业等农业新业态。全面启动西安市农产品物流城建设，构筑以贸易为核心，集加工、制造、展览展示、商务办公等功能于一体的农贸产业集群。目前高陵区已经成为西安名副其实的"一仓三园"（粮仓、菜园、果园、农乐园）。

7 提升成渝地区双城经济圈城乡融合发展水平的应对策略

成渝地区双城经济圈城乡融合发展的总体趋势是向好的，但是不充分性和不平衡性十分突出，尤其是不平衡性，在省域之间、片区之间乃至空间格局上都有典型表现。成渝地区双城经济圈城乡要素配置不合理、城乡基本公共服务供给不充分、农村经济发展模式粗放、农民收入增长不稳定等问题仍然显著。

在新时代尤其是在"十四五"规划纵深推进之时，必须立足新型城镇化和乡村振兴两大基本战略，持续巩固并有序推进成渝地区双城经济圈城乡融合发展的良好态势，借助城乡融合发展试验区落地的政策改革契机，加强城乡融合体制机制改革创新，全面激活乡村社会的内生动力，推动优化成渝地区双城经济圈城乡融合发展立势成效，为畅通国内大循环、顺利构建新发展格局、实现农业农村现代化、有效缩小城乡差距、扎实推进共同富裕取得实质性进展贡献力量。

7.1 以乡村振兴为牵引，在城镇化进程中统筹推进城乡融合

典型发达国家如美国、德国、日本等在推进现代化的进程中，城市与乡村的关系也经历了从分离到融合、从不协调到协调的动态演变。随着工业革命的不断推进，典型发达国家在工业化的驱动下逐步实现城镇化。但是随着城镇化的推进，城市逐渐成为人口、财力、物资和信息的聚集地，而乡村则成为城市生活与发展所需要的重要资源的供应区，农业生产和大规模工业生产分离开来。这对于城市的发展和繁荣具有积极作用，但也导

致了乡村经济急剧下滑,农村贫困化、失学和流失等问题出现。后来这些国家通过实施相关法律法规、加大乡村投资、加强公共服务体系建设、保障城乡居民基本权益等,推进农业现代化,促进城乡协调发展。

由此可见,西方国家的农业现代化是工业化和城镇化完成后发生的,在工业化的机器代替人力和城镇化的农村劳动力减少的双重效应下,农业的现代化得到顺畅衔接。然而,我国的农业现代化是在城镇化刚走过半程时就开始启动的。一方面,农业劳动生产率还未大幅提升,大量农民工就开始涌入城市;另一方面,数亿农业转移人口尚未实现完全城市化。因此,与西方"串联式"现代化相比,我国"并联式"现代化发展时间紧、任务高度叠加。因此,我国相继提出新型城镇化和乡村振兴战略,旨在发挥协同作用,推进农业农村现代化。

7.1.1 "双轮"驱动成渝地区双城经济圈城乡融合发展的总体思路

既然城乡发育协同或者改变当前的城乡发育失衡是优化提升成渝地区双城经济圈城乡融合度的有效路径,那么接下来的任务就变成了如何有效改善成渝地区双城经济圈内各区域的城乡发展协同度。

首先,加快推进成渝地区双城经济圈新型城镇化,让稳步推进、高效集约、可调控的城镇化成为推进城乡融合、盘活促进城乡要素流动的突破口。对于这些地区而言,虽然乡村功能和发育的得分整体高于城镇化得分,但这种评价是城镇化和农业农村发展都处于较低水平的一种客观表现,并不符合城乡融合的生产力发展要求,因此必须优先推进城镇化,从城镇化质量和城镇化空间格局上推动城乡整体功能和生产效率跃迁,带动传统乡土结构的解体和现代化转型。

其次,在城镇化持续走向纵深的同时,推动成渝地区双城经济圈乡村振兴实质性落地。必须稳住农业农村发展和城镇化同步推进基本盘,在生产要素逐步向城镇集中的过程中,稳步增加农村投入,引导城镇化过剩要素更多地投向农村,助力农村产业和设施建设,通过市场和政府"两只手",抑制城乡差距显著扩大的趋势。

最后,以积极融入中心城市和区域性中心城市为导向,合理布局城乡主导产业,通过产业融合促进城乡融合。比如,成都平原经济区内的其他节点城市,可积极融入成都大都市发展战略,通过合理化产业分工和承接产业转移,推动城镇化和农业农村现代化提质增效。而川南或川东北节点城市也可积极对接所在片区的区域性中心城市，通过做强做大城镇和产业基础，实现工农互动，城乡共荣。

对于数量不多的城市并重型地区，如成都全域或重庆部分主城区，则应以优厚的财力、强有力的大都市区引力，着力畅通城乡要素双向流动机制，以户籍制度改革和土地制度改革联动为基础，以城乡公共服务均等化为条件，全方位推动"城归经济"的形成，促进资源要素下乡，活化重塑乡村功能，振兴乡村。

7.1.2　"双轮"驱动成渝地区双城经济圈城乡融合的重点领域

1. 加快创新发展，推动城乡产业融合

产业融合是通过技术创新（包括技术集成）和制度创新（如放松管制）形成的产业边界模糊化和产业发展一体化现象，也是通过产业之间的融合渗透和交叉重组，形成新产业、新业态、新模式的动态发展过程[①]。农村产业融合不是简单地将一二三产业相加，而是要以特色农业为依托，有效衔接融合二产、三产，最终实现 $1 \times 2 \times 3 = 6$[②]。近年来，随着乡村振兴战略的推进，农村产业融合发展在培育乡村多种功能价值、加快农业转型和促进农民就业增收中的作用迅速凸显。产业融合是现代产业优化升级的重要趋向，更是带动城乡要素流动、实现城乡融合的关键驱动力。从城乡经济协调的角度来看，农村与农业对经济发展的作用主要表现在提供产品、创造市场以及积累生产要素三个方面。但是农业基础薄弱、农村人口众多是我国大多区域的基本特征。产业融合通过城乡之间的产业联动与结合，能够极大地丰富和繁荣乡村经济业态，从而加速农业农村现代化进程，最终消减农业和工业的界限、缩小城乡之间的经济差距，逐步消灭城乡对立现象。

2. 加快绿色发展，推动城乡生态融合

工业革命以来，人类对社会发展的认识日益深化，在不同发展阶段形成了多种不同的发展观。传统发展观以工业技术革命为核心，以资本主义体制为基础，将经济增长视为唯一目标，并将环境、社会和人类福祉置于经济发展之下，导致资源过度开发、环境严重污染和生态系统崩溃。相对

---

① 姜长云：《发展数字经济引领带动农业转型和农村产业融合》，《经济纵横》2022 年第 8 期。
② 程承坪、谢雪珂：《日本和韩国发展第六产业的主要做法及启示》，《经济纵横》2016 年第 8 期。

而言，绿色发展则意味着传统工业化模式的根本性变革，绿色发展注重经济系统、社会系统和自然系统之间的共生关系，以低能耗、低物耗、低排放的绿色经济增长模式为基础，通过绿色科技、绿色能源和绿色资本带动绿色产业发展、提高绿色经济比重，旨在实现经济增长与资源消耗、污染排放的脱钩，真正实现人与自然和谐共生①。因此，以绿色发展驱动城乡融合，消除城乡生态分离分治、搭建城乡融合发展绿色通道，是构建新发展阶段下城乡地域系统经济社会大循环体系的必然抉择。

3. 加强城乡精神文明建设，推动城乡文化融合

精神文明建设通过优秀传统文化、社会主义核心价值观和思想道德建设多层次、多方面驱动城乡融合发展。这种驱动力不仅来自精神根基的传承，更源于价值观的引领和思想道德的内在要求。新时代通过深入挖掘和发扬这些精神，可以更好地实现城乡文化认同、价值观念和社会责任等方面的有机统一，助推城乡深入融合发展。

4. 推进城乡基本公共服务均等化，推动城乡社会融合

党的二十大强调，要"统筹乡村基础设施和公共服务布局，建设宜居宜业和美乡村"。城乡基本公共服务普惠共享是在推进城乡融合发展中破解农村难题的重要路径。现阶段我国在加快城乡融合发展进程中，需要进一步增强政府的公共产品供给功能，在"有效的市场、有为的政府"组合中实现城乡间的深度融合，从而为高质量发展和高水平共同富裕奠定基础。

5. 增强县域载体作用，推动城乡空间融合

县域是中国分布最广泛的、相对独立的行政地域单元，是国民经济、社会发展的基本承载，也是促进城乡融合、实现共同富裕的重要连接点。县域是统筹城乡经济社会发展的最佳结合点。县域是城市资源反哺的体制通道以及城乡经济结合的"牵线人"，能在畅通城乡要素循环、促进城乡经济均衡发展方面发挥重要作用。具体而言，县域将成为未来承载农村剩余劳动力转移、实现城乡人口双向流动的重要载体，而县域经济发展是增强农业转移人口吸纳能力的保障。县域作为完整的经济综合体，是促进城乡经济互动融合发展的关键单元。此外，县域作为公共服务的基本建设单位，是缩小城乡公共服务差距、破解城乡人口双向流动过程中公共服务供

---

① 胡鞍钢、周绍杰：《绿色发展：功能界定、机制分析与发展战略》，《中国人口·资源与环境》2014 年第 24 期。

给困境的关键所在①。因此，县域城乡融合是缩小城乡发展差距的关键突破口。

7.2 加快创新发展，推动城乡产业融合

7.2.1 促进城乡产业深度融合

农村一二三产业融合发展是加快乡村产业振兴、推进农业农村现代化、建设农业强国的重要举措。2015年中央一号文件首次提出"推进农村一二三产业融合发展"的重大政策导向。此后，历年中央一号文件从不同层面部署推进农村产业融合发展。2017年10月，党的十九大报告从实施乡村振兴战略的维度提出"促进农村一二三产业融合发展"。2018年6月，《乡村振兴战略规划（2018—2022年）》提出，到2022年初步形成农村一二三产业融合发展格局。2021年12月国务院印发了《"十四五"推进农业农村现代化规划》，促进农村一二三产业融合发展。2022年，中央农村工作会议从锚定建设农业强国目标的维度，强调加快产业振兴，"要向一二三产业融合发展要效益"。成渝地区双城经济圈在促进城乡产业融合方面进行了有益探索，但还需从以下三个方面持续发力。

1. 加强一二三产业产业链有机融合

加强城乡产业的关联度，推进城乡产业链双向延伸，促进城乡产业交叉融合、渗透融合和互补融合。打通一二三产业界限，实现一二三产业融合发展，促进农业、工业、服务业产业链条畅通，推动价值链进一步优化、创新链进一步聚力，形成新的乡村综合业态。运用现代产业技术、互联网信息、管理手段，提升农产品精深加工和农村电商发展水平，挖掘农产品的潜在附加值，提升农业价值。成渝地区双城经济圈以加快实施一批城乡融合典型项目为手段，推动城乡要素跨界配置和产业有机融合，形成示范带动效应。

2. 发展融合产业新形态和消费新业态

充分挖掘农业的多功能和乡村的多重价值，纵向拓宽农业产业链，激

---

① 李海金、戴丹：《县域内城乡融合发展：何以可能与何以可为》，《南京农业大学学报》（社会科学版）2023年第23期。

活乡村资源的经济价值、生态价值、社会价值、文化价值，实现农业与旅游、文化、教育、体育、康养等的深度融合，催生农旅融合、农创融合等产业新形态和消费新业态，提升产品竞争力。成渝地区双城经济圈应在对各地推进农村产业融合发展的模式进行总结和推广的基础上，结合地区内资源禀赋情况、产业结构、经济发展水平、历史文化传统，因地制宜，制定具有地区特色的农村产业融合发展模式，鼓励发展"互联网+"农业、休闲观光农业、绿色生态旅游农业、农耕文化体验产业、健康养老产业、农产品电商、乡村生活直播产业等新业态、新模式，打造本土化品牌。

3. 优化城乡产业布局

优化城乡产业空间布局，积极打造城乡产业分工明确、产业链联系紧密、一二三产业互动的现代产业体系，在城乡间着力构建要素互通、产业互融的良性互动关系。按照分类指导原则建设特色产业功能区：城市产业布局以现代服务业、先进制造业为主；农村以现代农业、都市农业、观光农业、乡村旅游业等为重点。同时，以各类现代农业融合发展园区、田园综合体为主要载体，延伸产业链，促进一二三产业互动，打造城乡产业融合发展先行区和示范区。以特色小城镇为载体，打造集聚特色产业的创新创业生态圈。

7.2.2 发展农业产业化联合体

农业产业化联合体是一种新兴的农业产业组织形式，在促进农村一二三产业融合与农业现代化中发挥着重要作用，成为农业农村发展的新动能。2017 年，原农业部等 6 部门联合发布的《关于促进农业产业化联合体发展的指导意见》中，要求促进龙头企业、农民合作社和家庭农场等新型农业经营主体深度融合，培育发展农业产业化联合体。2018 年中央一号文件《中共中央国务院关于实施乡村振兴战略的意见》强调培育发展农业产业化联合体，发展多种形式适度规模经营。乡村振兴背景下，发展农业产业化联合体，促进多元主体协同发展已成为实现农业高质量发展和农民共同富裕的重要途径。成渝地区双城经济圈存在农业产业化联合体规模较小、整体实力不高、利益联结机制不健全、政策支持有待提升等问题。今后发展重点在以下三个方面。

1. 培育各类新型农业经营主体

在联合体组织模式下，以农业龙头企业、农民合作社和家庭农场为单元构成了要素贡献不同、分工分层不同，但利益目标一致的新型农业经营主体①。成渝地区双城经济圈农业产业化联合体发展仍处于初创期。从主体内部来看，龙头企业、农业合作社、家庭农场分别发挥着带动核心作用、纽带作用和基础作用，但是龙头企业实力弱、科技含量低，农业合作社运作不规范，家庭农场效益提升困难等问题普遍。从主体间关系来看，将农民合作社和家庭农场仅仅定位于服务提供者和种养者角色的现象长期存在，造成二者对农业龙头企业过度依赖，使得外部市场风险不断向农业龙头企业集中，农民合作社和家庭农场被边缘化。为有效保证现代农业产业化联合体的持续运营效益，一方面要提升农业产业链上各类农业规模经营主体的发展能力，另一方面要促进联合体内部各产业链主体之间的分工协作。一是健全土地、金融等政策支持体系，加快破除体制性障碍，改善各类新型农业经营主体发展政策环境。二是增强农民合作社的产业链资源整合能力，鼓励家庭农场进入产前、产后环节，并推动有实力的农民合作社成为联合体的骨干成员，深度参与联合体的经营管理，加快培养农业合作社、家庭农场的参与能力，实现联合体成员之间的深度融合。

2. 健全农业产业化联合体利益联结机制

健全的利益协调和约束机制是现代农业产业化联合体的核心②。处于农业产业链不同位置的农业经营主体客观上也存在收益的差别。按照理性经济人假设，龙头企业、专业合作社、家庭农场、普通农户作为联合体涉及的农业经营主体，都将实现自身利益最大化作为生产活动的根本目标。如何在实现各农业经营主体利益最大化的同时，兼顾其他"弱势"农业经营主体的发展，从而促进农业产业化联合体整体效益的提升，是共同富裕背景下，农业产业化联合体发展的重要目标和要求。因此，要强化农业产业化联合体利益联结机制，使各农业经营主体形成"利益共享，风险共担"的经济共同体。

首先，加快培育种养环节生产类农民合作社。由于联合体创立初期就具有典型的"精英俘获"特征，"排斥"普通农户，因此可以通过培育种养环节生产类农民合作社，扶持其规范化发展，为普通农户创造参与联合体的途径。

---

① 韦德贞、李冰：《农业产业化联合体的范式结构、组织嬗变及增效机制探析》，《农业经济》2021 年第 9 期。

② 孙正东：《现代农业产业化联合体运营效益分析：一个经验框架与实证》，《华东经济管理》2015 年第 29 期。

其次，探索新型农业产业化联合体利益联结模式。一是鼓励联合体开展股份合作，在联合体内形成以资金为纽带的产业共建关系。支持新型农业经营主体和小农户以土地、劳动力、资金、设备等入股，同时鼓励农业龙头企业与家庭农场、农民合作社双向入股。二是鼓励联合体将农资供应、技术培训、生产服务、贷款担保与产品销售契约合同相结合，形成联合体内部成员之间的深度融合，形成稳定利益共同体①。三是创新联合体各农业经营主体间的利益分配形式。鼓励联合体各农业经营主体按照签订平等协作契约，协商共定利益分配原则，兼顾效率与公平，采用固定分红、利益兜底、二次返利、收益分享、股份分红等多种方式，共享联合体发展成果。

最后，加强联合体风险治理。要规范联合体各农业经营主体经营行为，结合"诚信、契约、制度"全面增强风险抵御能力。坚持权利与义务相统一的原则，强化联合体内各经营主体的诚信合作机制，防范违约风险。强化生产制度规范，加强前端生产环节的标准化管理和质量监督控制，加大后端市场经营和金融风险抵御能力建设。支持联合体成立风险基金和购买农业保险。

3. 加强农业产业化联合体发展的政策支持

一是强化财政金融对农业产业化联合体的精准化支持。在中央农业生产发展资金外，将农业产业化联合体培育纳入省级农业产业化引导资金重点支持范围，同时建议省政府牵头设立专门支持农业产业化联合体发展的"政府风险补偿基金"，支持省级示范联合体成员贷款融资。针对当前农业产业化联合体的隐形金融风险问题，建议充分利用乡村振兴金融创新示范区契机，尽快启动农业产业化联合体支持政策创新试点工作，重点探索财政金融融通支持农业化联合体发展的有效措施。二是完善农业产业化联合体创建培育和认定规程，促进农业产业化联合体运行规范化。根据支持环节、地区的不同，按照申报条件分类设置成可计分可评价的量表，对申报项目择优支持，重点规范联合体章程和利益联结机制。同时加强项目年度绩效考评和验收，在验收过程中加大农业大数据、农业综合信息平台和无人机的运用，财政资助金额与验收考评结果直接挂钩。三是加大政策宣传和培训。针对重点农业产业化龙头企业发展联合体的意愿问题，建议各地

---

① 王欣、宋燕平、王艳荣：《联合体内部互动对家庭农场价值共创意愿的影响研究：基于安徽省农业产业化联合体的实证分析》，《中国农业资源与区划》2023 年第 44 期。

农业和农村主管部门定期召开产业化联合体政策宣讲活动，并针对性地组织各产业化龙头企业负责人，进行业务培训和试点经验推介。

7.2.3　以数字化赋能城乡产业融合

纵观国内外经验，大城市、特大城市和城市群、都市圈往往是发展数字经济的先行区和重点区。发展涉农数字经济，推动农业和农村产业融合数字化转型，为培育城市群、都市圈在推进乡村振兴和新型城镇化双轮驱动中的战略平台功能提供新契机。成渝地区双城经济圈四川片区内的内江市隆昌市、成都市大邑县、宜宾市兴文县、泸州市纳溪区，重庆片区内的垫江县、大足区、渝北区、荣昌区、巴南区入选国家数字乡村试点地区。成渝地区双城经济圈以数字化赋能城乡产业融合，要总结试点经验，突破发展瓶颈，促进数字化与农村产业融合的深度结合。

1. "数商兴农"推动乡村"电商+"转型

"数商兴农"通过电子商务平台发展，改变农业传统零售模式，使农业生产者直接面对终端消费者，提高物流体系效率，实现农产品生产价值的最大化；有效解决农产品供需不匹配问题，有效指导农产品生产活动；进一步丰富农产品种类、延伸农业产业链，使农产品加工业规模化生产，形成一二三产业融合新形态。

第一，加强农村互联网和物流基础设施建设，强化农产品网货转化及供应链保障能力。一方面，不断完善农村互联网基础设施建设，提升5G网络覆盖率，持续扩大光纤网络覆盖面，补齐农村电商基础设施短板。加强农村地区通信网络日常运营维护，推动农村电商基础设施实现数字化、智能化升级。另一方面，加快农村流通物流体系基础设施建设，加强农产品重要产地的冷链物流基础设施建设，打通农产品流通的"最初一公里"；支持乡镇运输服务站建设工作，畅通和健全城乡物流配送体系。

第二，打造农产品电商品牌，提升农产品附加值。强化农产品的品牌意识，挖掘地域特色，打造新品牌，从品牌名称、标识和包装等多方面进行精准设计，使其反映农村地域文化价值和生态价值，从而打造品牌文化，形成品牌资源优势。积极开展"大数据+农产品品牌"的新型营销模式，扩大品牌影响力，提高农产品的品牌竞争力。在品牌策划、注册到宣传和推广等各个流程，做好全方位农产品品牌维护工作，推动品牌可持续发展。

第三，积极探索"数商兴农"的新业态新模式，提升农产品供应链和产业链现代化水平。鼓励和引导直播、短视频、社区团购、小程序订购、电商直采等新业态新模式下沉至农村地区，同农产品实现融合对接，改善传统农业生产与销售模式。建设农产品直播电商基地，规范和发展农产品直播带货和售后服务机制。创新发展"平台+农业"新模式，促进电商企业与农业农村的深度耦合，畅通农产品销售渠道。构建和健全"大数据+农业农村"，对农业生产大数据进行建模分析，加强科技与农业的融合，推动农业科技成果转化。加强电商企业和农业科学院的合作，以企业为主体，促进产学研相结合，实现科技惠农。

第四，加强农村电商人才培育和引进，为城乡电商领域协同发展注入内生动力。继续改善农村电商人才供给现状，采取公益培训和市场增值培训相结合的方式，以创业孵化为重要载体，从产品、营销、物流、品牌等方面提升农村电商人才的综合能力。积极发掘和培育农村本土电子商务人才，鼓励电商企业和电商专家下沉至农村地区开展交流与指导工作。激励并支持年轻人下乡创业，使掌握、利用的电商知识和信息在发展农村电商中发挥独有优势。

2. 以数字化驱动农旅融合发展

以数字化驱动农旅融合发展，加快城乡产业融合纵深发展。农旅融合指的是农业与旅游业两种产业相互交融、渗透和影响的过程。旅游多样化、个性化的需求，以及农业发展、农民增收的需求，从供需两端促使农业与旅游业两大产业的日渐融合向纵深化方向发展。

第一，从农业管理、生产、经营和服务多方面打造数字化农业，为农旅融合奠定基础。利用数字技术改造传统农业生产方式，延伸乡村产业链条，提高农产品附加值，推动农业智能化、数字化、规模化升级，打造数字化农业，赋能乡村旅游产业链，从而为形成"农业+旅游"的产业融合发展新格局奠定坚实基础。建立健全土地资源管理系统，因地制宜布局发展特色农业、集约农业，打造美丽田园景观。将高新技术与基础学科有机结合，实现在农业生产过程中对农作物、土壤的实时监测，对农作物生长环境、病虫害预警等数据进行信息获取。搭建农产品电商交易系统，为农产品提供线上销售渠道，并搭建电商交易管理后台和商品溯源系统。提供农业数据分析和监测管理服务，以及线上农业专业咨询服务，开展线上农业技术培训和知识宣讲活动等。

第二，发展智慧乡村旅游，实现农旅多方融合发展。搭建数字化、智能化的乡村旅游服务综合管理平台，统筹、监测和管理乡村旅游资源数据，监督和分析旅游市场行情动向，建立统一应急管理机制。充分挖掘乡村文化资源，根据大数据汇集的乡村文化资源，将田园风光、特色建筑、农村文化脉络等作为农村旅游的开发点，创新发展"乡村旅游+观光农业+休闲农业"产业融合模式。

第三，依托数字技术和数据资源，实现乡村智能导览全覆盖。根据农村地域特色，规划设计精品旅游路线，将特色农业与旅游热点有机串联起来，构建农旅紧密融合发展的空间网络。基于此，根据游客的不同需求，定制对应的专属旅游路线，搭建一体化信息服务平台以提供乡村特色旅游信息查询、在线预订和语音讲解等个性化服务，打造全覆盖的人工智能辅助出游的服务场景。利用VR技术全景展示乡村观光景点和风貌，为游客提供沉浸式体验。旅游带动农产品的曝光，通过线上旅游服务平台展示和销售农产品，拓宽农产品线上流通途径。

3. 数字技术带动农业产业化联合体建设

数字技术带动农业产业化联合体建设，推动城乡产业深度融合发展。农业部等6个部门联合印发的《关于促进农业产业化联合体发展的指导意见》指出，农业产业化联合体是龙头企业、农民合作社和家庭农场等新型农业经营主体以分工协作为前提、以规模经营为依托、以利益联结为纽带的一体化农业经营组织联盟。

第一，以数字化驱动分工协作机制创新，激活农业经营融合发展的内生动力。凭借数字技术强大的联动力，带动并联结农业产业化经营主体，破除龙头企业、农民合作社和家庭农场之间的互动障碍，依托数字交互平台超越传统的分工合作形式。发挥数字经济的引领作用，创新发展"数字+公司+农民合作社+家庭农场"等形式，在推进农业产业化主体多元化的同时，形成紧密的网状关系结构，创新推动农业产业经营组织联盟一体化发展。

第二，数字赋能资源要素共享。一是利用数字化土地资源管理平台，引导农户以土地经营权入股家庭农场、农民合作社和龙头企业发展农业产业化经营，完善农业生产托管服务的线上交易渠道，促进土地要素有序且有效流转。二是借助具有高渗透性的数字技术要素畅通资金流，开发满足农业产业化联合体需求的数字普惠金融产品，缓解农业生产资金短缺难题。以数字技术为依托，构建内部信用合作机制和资金互助平台，引导资金有效流动。三是建立健全市场监测系统来及时捕捉市场信号，并构建联合体内部的沟通合作网络平台，保障信息流畅通无阻。四是引导数字智能要素向龙头企业集聚，龙头企业提供技术指导、技术培训等服务，向农业合作社和家庭农场推广新品种、新技术和新工艺。五是通过数字平台整合品牌资源，提供线上农产品展销活动，统一开展营销推广，强化联合品牌的影响力。

第三，利用数字技术完善利益共享机制。农业产业化联合体的主体间存在利益分配平衡的要求，各主体相互依存、俱荣俱损。借助大数据与算法技术搭建诚信监督与促进平台，对失信者进行及时曝光。通过数字普惠金融来创新利益联结模式，提供促进农业产业化联合主体互动共生的数字金融服务，促成具有实质性内容的合作，形成利益共享、风险共担的经济共同体。

7.3 加快绿色发展，推动城乡生态融合

要进一步打通成渝地区双城经济圈内绿色发展驱动城乡融合的堵点，推动绿色资源、绿色要素和绿色服务在城乡之间的循环流动，提升城市群"双核"城市的绿色创新地位和辐射扩散能力。

7.3.1 科学制定绿色发展规划

制定科学合理的绿色发展规划，通过绿色分工整合地区资源优势以协调推进城乡绿色发展一体化。首先，绿色发展以绿色规划为先导，要在成渝地区双城经济圈实现城乡融合的高质量发展，必须推动区域内经济发展模式的全面绿色转型。这一转型的引领要以科学合理的绿色规划为主导，并将绿色发展的理念、原则和目标融入"城镇—乡村"空间及其连接带的经济社会各个方面和全过程。其次，成渝地区双城经济圈以绿色发展驱动城乡融合高质量发展的关键在于：以成都和重庆为中心，将其他中小城市作为外围，通过城市间有效的分工与合作，在绿色产业和生态功能等领域实现协调互补，以充分发挥不同城市的比较优势并优化区域内整体资源配置。就中心城市而言，成都和重庆需要利用异质性的发展特征进一步打破

同质化竞争，积极寻求更多的互补合作空间，并建立有效的跨区域合作协调机制；就外围城市而言，应立即确定清晰明确的功能定位，通过绿色产业的专业化发展及时实现经济效益的集聚①。最后，还可以加强成渝地区双城经济圈产业绿色转型的平台建设，促进成渝地区双城经济圈绿色技术创新水平外溢，助力国内国际双循环的新发展格局建设。

7.3.2 促进生态资源价值转化和提升

城乡融合过程中注重乡村生态环境的保护和改善至关重要，成渝地区双城经济圈要积极探索一条有利于乡村经济可持续发展区域特色化道路，实现乡村经济和生态环境共同发展。

首先，注重乡村生态环境建设，建设美丽乡村。第一，为乡村生态环境保护和恢复制定切实可行的政策措施。通过产业政策、环境规划和资金扶持等多种手段促进农业和乡村经济的可持续发展以及乡村生态环境的改善。第二，加强科技和技术支持，推广乡村生态环境保护技术。加强农业和乡村环境的技术创新，采用现代农业技术和先进的环境治理技术，实现生产效益和生态效益的良性互动。第三，加强社会力量的参与和推动，形成共建共享的生态环境治理机制。积极引导社会组织、非营利机构和志愿者团体主动参与乡村生态环境的治理工作，形成多元化的生态环境治理体系。积极建设基层自治组织，加强与社区居民的沟通和合作，充分发挥社会力量的作用，实现生态环境的共建共享。

其次，加强生产、生活、生态环境的协同再造，促进资源的整合。健全城乡要素双向流动机制，促进城乡资源优势互补，推动农业和农村经济结构优化升级，实现城乡共荣。在乡村振兴战略的实施过程中，成渝地区双城经济圈应探索符合本土乡村特色资源禀赋和实际情况的差异化发展路径。重视人才培养，鼓励小农户参与区域特色产业链，创新完善产销对接和利益联结机制，增强农产品附加值，促进乡村经济多元化发展。结合成渝地区双城经济圈各市的要素禀赋结构和比较优势，发展比较优势产业，同时充分发挥政府的资源调动能力。一方面，成渝地区双城经济圈各城市可以运用市场化手段对资源要素进行整合，从而提高资源配置效率、推动绿色发展。对绿色发展低效率区而言，要加快推动其对生态资源的非消耗

---

① 金晓雨、张婷：《成渝地区双城经济圈分工演变与城市生产率：从产业分工走向功能分工》，《重庆理工大学学报》（社会科学版）2020年第34期。

性利用，将生态优势转化为经济发展优势，发展特色生态经济，推进生态与田园、康养、文化、旅游、教育、互联网等产业深度融合，大力发展生态体验、生态科考、生态康养、生态旅游等，倡导智慧旅游、低碳旅游。对绿色发展高效率区而言，要在保持原有发展的基础上充分发挥对低效率区的带动作用，如加大重庆的清洁能源供给、发挥成都的科技领先优势和眉山的技术高效率效应等。通过市场化交易促进生产要素自由流动，进一步提高资源优化配置的效率。另一方面，政府应当充分发挥对资源和要素的调动能力，以促进绿色发展的供需有机衔接①。政府可以通过制定涉及经济社会发展和重大民生问题的战略规划来加快不同地区之间的资源互补和要素融合，以推动区域协同发展并保障社会的公平正义。

最后，强化示范带动作用。为了更好地推动乡村振兴，应总结先行试点工作的典型案例，如国家农业绿色发展先行区、农村能源革命试点以及"两山"理论实践创新基地等，通过专题网站和新媒体技术等加强宣传引导，必要时可以设立地区性奖项以表彰先进经验，激发更多干部和群众的积极性，形成有效的激励机制。另外，还可使用专项资金支持地方政府搭建多主体合作平台，探索形成多元共治的可持续发展治理机制，打破部门之间的壁垒，实现资源优势的有机整合，提升可持续发展水平，促进乡村经济、社会和环境的协调发展。

7.3.3 利用绿色金融推进绿色技术的研发创新和成果转化

从整体来看，绿色金融在成渝地区双城经济圈内推动绿色发展方面的贡献率尚显不足，助推绿色技术创新和成果转化的长效机制尚未形成，在引导资源绿色配置和激励传统污染型企业进行绿色转型方面仍存在巨大潜力待开发。因此，成渝地区双城经济圈内各级政府应高度重视绿色金融的发展，根据区域内资源禀赋和产业发展现状制定并实施相应的绿色金融政策，因地制宜选好政策执行的重点和方向。其中，一方面可以通过发放绿色信贷，以优惠利率的方式向绿色企业提供贷款，支持其研发和投资活动；另一方面，可以设立绿色发展基金支持相关企业的发展，从而引导和撬动区域内经济资源流向绿色产业，并倒逼部分高污染、高耗能企业进行

---

① 李梦欣、任保平：《中国特色绿色发展道路的阶段性特征及其实现的路径选择》，《经济问题》2019年第10期。

绿色技术研发、实现绿色转型①。同时，成渝地区双城经济圈的各级政府还应以《成渝城市群发展规划》为指引，加大对绿色技术创新和成果转化的支持力度，在决策过程中综合考虑研发强度、能耗强度以及污染物排放情况等因素，并在此基础上加强环境规制约束，提升区域内的绿色创新水平。此外，还需要推动成都、资阳等技术领先地区充分发挥技术进步的溢出效应，通过技术帮扶和技能培训等手段，提高宜宾、泸州、绵阳等绿色发展低效率区以及雅安等技术效率较低地区的绿色发展效率和成果应用产出效益。这将有助于实现区域间绿色发展水平的协调与提升。

7.3.4 强化绿色发展产学研协同创新

要加强成渝地区双城经济圈产学研协同创新合作，强化人力资本与科技创新的互动协调。人力资本作为经济活动的要素，被广泛认为是实现绿色发展的重要驱动力，通过提升人力资本的水平，可以在有效推动科技创新的同时改变消费模式、增强环保意识，进而提升绿色全要素生产率，这对促进绿色发展具有重要意义。一方面，教育被视为提升人力资本的重要手段，对于成渝地区双城经济圈各级政府来说，将教育作为优先发展战略，并加大教育投入力度，深化教育领域综合改革，引导教育资源的合理流动，培养符合国家建设、产业发展以及生态环境需求的优质人才至关重要②。具体而言，需要加强成渝地区双城经济圈中产学研协同创新的合作，促进四川大学、电子科技大学、重庆大学和西南大学等高校之间的交流与合作，集聚绿色创新资源，并鼓励企业与高校科研合作，组建绿色技术研发和应用中心，以提升该地区的绿色创新绩效。另一方面，需要加强人力资本与科技创新之间的互动和协调。人力资本与物质资本以及科技创新的匹配和协调是实现区域经济发展的重要基础条件。为了实现成渝地区双城经济圈的绿色发展目标，进一步推动城乡融合高质量发展，必须在充分发挥和利用人力资本作用的基础上，确保与之相协调和相匹配的科技创新方向和应用技术发展。这样可以激发创新活力和优势，减少人力资本的闲置和错配所带来的经济效率损失，并推动区域经济从能源依赖型和资源依赖

---

① 胡文涛、孙俊娜、陈亮：《绿色金融、产业结构生态化与地区绿色发展》，《当代经济管理》2023 年第 45 期。
② 刘斌、赵飞：《人力资本提升对企业绿色发展的影响：来自中国"高校扩招"的证据》，《湖北大学学报》（哲学社会科学版）2023 年第 50 期。

型向创新驱动型转变①。

7.4 加强城乡精神文明建设，推动城乡文化融合

7.4.1 推动城乡文化交融并蓄

文化是影响城乡融合的重要因素，不但是撬动城乡融合的杠杆，更是推动城乡生产要素流动的催化剂②。推动城乡文化交融并蓄，不仅是助力城乡精神文明建设的重要抓手，也是实现城乡融合发展的基础条件。

第一，要加强对城乡中华优秀传统文化价值的挖掘。"中华优秀传统文化是中华民族的突出优势，是我们在世界文化激荡中站稳脚跟的根基。"③ 优秀传统文化承载着社会的价值观念、道德规范和行为准则，蕴含着对人与社会、人与自然关系的深刻思考，对于塑造人们的思维方式和生活态度具有深远的影响，也是城乡融合发展的重要推动力量。首先，中华优秀传统文化中"以和为贵""睦邻友好"等思想蕴含着礼仪和道德规范，为城乡居民提供了价值观的引导，对社会意识和社会风气的培育具有重要作用，有利于加强城乡居民之间的友好往来，促进城乡关系和谐发展。其次，中华优秀传统文化强调"立身以立学为先""尊师重教"等教育理念，对促进城乡教育均衡发展具有重要作用，以城乡教育"和而不同""美美与共"为基本追求，推进城乡教育的快速发展，不仅是实现乡村教育优质发展的道路选择，也有利于解决城乡融合过程中的人才问题，进一步推动以人为核心的生产要素在城乡之间的流动。最后，存在于中华优秀传统文化体系中的很多文化要素都体现了对自然的尊重和敬畏，这与城乡生态融合的发展理念高度一致。以中华优秀传统文化滋养城乡居民的生态审美观、环境发展观，使生计、生活、生产与生态文明建设成果有效联结起来，相互协调，彼此促进，不仅有助于城乡居民精神文明和生态文明意识

① 苏科、周超：《人力资本、科技创新与绿色全要素生产率：基于长江经济带城市数据分析》，《经济问题》2021 年第 5 期。

② 赵志强、范建刚：《系统论视域下新时代城乡融合发展：多重维度、驱动机理与实践路径》，《当代经济研究》2023 年第 8 期。

③ 本书编写组：《中共中央关于党的百年奋斗重大历史成就和历史经验的决议》，人民出版社，2021，第 46 页。

的提高，也有助于城乡生态文明的可持续发展，逐渐形成绿色的生产生活模式。通过弘扬和传承中华优秀传统文化，构筑城乡之间共同的精神家园，促使城乡居民在文化认同上产生共鸣，形成社会共同体意识，为推动城乡融合发展提供精神共识。

第二，要加强城乡中华优秀传统文化的创造性转化和创新性发展。扶持和发展城乡文化产业，推动城乡文化产业融合发展。加强文化引领、产业带动，以城市文化产业带动乡村文化的创新性发展和有机更新。加强乡村文化活化利用，重塑乡村文化生态。城乡共育乡村文化精品，依托区域独特的文化资源禀赋，建立一批乡村文化产品孵化和创意基地、工作室，充分运用文化创意，建构城乡特色文化空间，深度挖掘和诠释乡村文化的历史样态、现实内涵和时代魅力，共同培育生命力强、群众满意和市场欢迎的乡村文化精品。通过数字化技术推广优秀文化资源，使城乡居民能够共享文化成果。巴蜀文化是成渝地区的文化基因，在川渝携手推动下，巴蜀文化遗产正展现出新的活力。例如：大足石刻景区推出 8K 球幕电影，让游客沉浸在 360 度全景声画面中体验石刻艺术；安岳卧佛院打造集石刻文化与自然生态景观为一体的休闲度假旅游景区。两地正共促文旅消费提档升级，联合开发、推介旅游线路等。

第三，健全城乡公共文化服务体系，健全城乡公共文化服务供给机制。当前我国城乡文化发展处于失衡状态，促进城乡融合的关键任务仍在农村。要推动城市高质量的文化资源向乡村倾斜，均衡城乡文化资源；推动城乡居民参与公共文化管理模式，建立城乡居民文化评价及反馈机制；推动公共文化服务项目高效对接城乡居民的精神文化需求。要城乡协力加强乡村文化保护，推动乡村非物质文化遗产传承；高效开展城乡文化活动，鼓励社会力量参与推动城乡公共文化建设；建立城乡文化结对帮扶机制，促进城乡居民之间的文化互动。2023 年 7 月，重庆市委办公厅、市政府办公厅印发的《重庆市推进以区县城为重要载体的城镇化建设实施方案》（以下简称《方案》）提出，要发挥区县城连接城市、服务乡村作用，推动城乡基础设施一体化、基本公共服务均等化，加快城乡融合发展步伐。

7.4.2　培育社会主义核心价值观

社会主义核心价值观是精神文明驱动城乡融合的价值遵循。社会主义核心价值观是中国特色社会主义的精神灵魂，其强大的引领和凝聚力是城乡融合发展中不可或缺的红线，其使城乡之间的发展不再仅限于简单的经济关系，而更体现为共同的文化认同和价值取向。在国家层面，社会主义核心价值观呼唤"富强、民主、文明、和谐"。这一价值观要求城乡融合不仅要实现城乡之间经济繁荣与发展成果共享，还要在民主参与机制上保障城乡居民最广泛的权益表达，实现城乡之间的互融共生。在社会层面，社会主义核心价值观强调"自由、平等、公正、法治"。这一指导思想促使城乡之间的经济、文化、教育等要素实现全面自由发展，通过资源配置和公共服务等方面的平等与公平分配，逐渐缩小城乡之间的差距，实现共同富裕的目标。在个人层面，社会主义核心价值观强调"爱国、敬业、诚信、友善"。爱国不仅是城乡居民对国家责任的认同，更是激发城乡共同为中华民族伟大复兴而奋斗的力量源泉。在这一理念的引导下，城乡之间的合作与奉献成为共同价值的象征。敬业要求每个个体在城乡融合中具备专业素养，诚信作为基本的处世准则推动城乡居民在交往中真诚守信，形成和谐的社会关系。这种和谐关系不仅在个体层面具有积极意义，更在城乡融合进程中建立起稳固而紧密的精神纽带。城乡之间友善的互助关系不仅推动城乡的共建共享，更在社会网络的形成中起到促进作用，促使城乡关系更加融洽。在社会主义核心价值观的引导下，这三层理念构成了一个和谐而深邃的体系，为城乡的融合发展提供了坚实的价值指引和支撑。

以社会主义核心价值观为价值引领推动城乡精神文明建设，核心在于通过创新实现手段，通过教育引导、舆论宣传、文化熏陶、实践养成、制度保障多形式、多渠道，使社会主义核心价值观内化于"心"，外化于"行"，让社会主义核心价值观落实到城乡居民精神生活的各领域。

第一，加强社会主义核心价值观宣传教育。加快创新教育体系和教育形式，形成学校、家庭、社会三位一体的社会主义核心价值观教育体系。持续利用展板、标语等进行传统形式的宣传，同时用好互联网、抖音等网络社交平台，宣传弘扬社会主义核心价值观。通过通俗化宣传增强城乡居民对社会主义核心价值观的认知程度，消除陈规陋习以及错误价值观对城乡居民的不良引导。

第二，将社会主义核心价值观融入精神文化产品生产全过程。积极的精神文化产品是宣扬核心价值观的重要载体，应将社会主义核心价值观融入精神文化产品创作、生产和传播的每个环节，提升精神文化产品质量。

精神文化产品的创作要以坚持"以人民为中心"为导向,以提升城乡居民精神文化素质为出发点;精神文化产品的生产目的更注重社会效益,但同时也要兼顾经济效益;要生动宣传精神文化产品"富强、民主、文明、和谐"社会主义国家的奋斗精神,"自由、平等、公正、法治"的社会理念,"爱国、敬业、诚信、友善"的价值准则。

第三,将社会主义核心价值观融入各种精神文明创建活动。持续推进学校、单位、社区等开展丰富多彩的精神文明创建活动,进行先进个人和先进家庭评选等,营造良好的社会氛围,增强城乡居民的参与感,进而加深全社会对社会主义核心价值观的认同。

7.4.3 共塑城乡融合道德规范

思想道德建设是精神文明建设驱动城乡融合的内在要求。公民道德是一个国家、一个民族、一个社会文明程度和精神力量的重要体现与基础标尺,对于维护公共秩序、实现公众利益、保持社会稳定以及促进社会全面进步、人的全面发展具有重要意义,是开启全面建设社会主义现代化国家新征程、向第二个百年奋斗目标进军的道德要求①。党的十八大以来,习近平总书记高度重视并切实推进社会主义思想道德建设,不仅提出推进公民道德建设工程、广泛开展宣传道德模范活动,而且就城乡精神文明建设融合发展提出系列重要论述。作为社会主义现代化建设的强大精神力量和道德支撑,加强社会主义思想道德建设构成了新时代城乡融合发展的重要内容。通过社会主义思想道德建设,可以构建城乡融合的共同价值观和道德框架。在加强社会主义思想道德建设的实践层面,通过强调城乡之间共同的价值追求,如社会公平、尊重劳动、关爱弱势群体等,从而形成城乡互融共通的伦理道德体系,消除城乡居民交流交往中的价值理念障碍,进一步减少城乡之间的陌生感,凝聚城乡居民的认同感和归属感,促进彼此之间的理解和合作。同时,社会主义思想道德建设提倡的文明进步、诚实守信等道德准则,为城乡融合提供了道德支持,不仅要求城市居民关心农村,与农村居民共同推动农业现代化和农村经济的发展,也呼吁农村居民要积极融入城市生活,与城市居民互相学习、互相尊重。在这个过程中,思想道德建设的引领作用成为城乡融合发展的纽带,促使各方形成共建共

---

① 王维国:《新时代公民道德建设与治理的创新发展》,《思想教育研究》2022年第1期。

享的意识，使城乡融合发展的目标更具凝聚力和可行性。

当前，在深入推进城乡融合的进程中，要助推城市社会道德建设和乡村社会道德建设双向互动、相向而行，使城乡道德体系互融共通、优化升级。

一要在广大乡村地区进行社会主义法治和科学教育，提高农民的法治意识和科学文化水平，为乡村经济发展提供良好的法治环境与高素质的人力资源；同时，还要继承传统乡村道德中的合理部分，挖掘传统乡村道德中的积极思想，发挥传统村规家训在乡村文化建设之中的作用，为乡村经济发展营造良好的社会风气。《重庆市精神文明建设"十四五"规划（2021—2025年）》提及要进一步提升市民科学文化素质和身心健康素质，大力弘扬社会主义核心价值观等系列举措，切实推进地区精神文明建设，构筑城乡融合的精神基底。

二要加强城市道德建设，系统消除市场经济对道德体系建设产生的负面影响，遏制唯利是图、见利忘义的行为，传承中华优秀传统的道德基因和红色基因，引导城乡居民爱党爱国、明德向善、重情重义、孝老爱亲、守法诚信，形成城乡互融共通的伦理道德体系，消除城乡居民交流交往中的价值理念障碍，服务实现共同富裕的战略大局。同时，制定城乡融合的道德规范，规范居民行为，强调互助、共享、和谐的道德要求。破除陈规陋习、弘扬文明新风是建立科学、健康、文明生活方式的必然要求。近年来，成都市运用组织道德评议会、红白理事会，制定村规民约，实行积分制等方式大力加强农村思想道德建设，着力破除影响城乡融合的思想因素。

7.5　增强县域载体作用，推动城乡空间融合

县域作为国家治理和国民经济的基本单元，具有连接城市和乡村的重要纽带作用。2021年中央一号文件《中共中央国务院关于全面推进乡村振兴加快农业农村现代化的意见》提出，"加快县域内城乡融合发展""把县域作为城乡融合发展的重要切入点"。2022年中央农村工作会议上习近平总书记强调："要破除妨碍城乡要素平等交换、双向流动的制度壁垒，促进发展要素、各类服务更多下乡，率先在县域内破除城乡二元结构。"县

域成为破除城乡二元结构、实现高质量城乡融合的重要载体。增强县域城乡融合中的载体作用，是成渝地区双城经济圈实现城乡融合的重要突破口。

7.5.1 加强城乡空间规划

经验表明，城乡布局合理能够极大程度地提高土地利用效率，也能使乡村社会更加充满活力。在传统意义上，由于乡村经济收入主要来自劳动报酬，随着工业化进程的推进，劳动力收入份额减少将扩大城乡收入差距，造成乡村劳动力、土地和资本等要素资源流失。这种城乡间产业布局和产品体系的差异是导致城乡失衡现象的根本原因。因此，中国在推进乡村振兴战略时应调整城乡空间布局，发掘农村的多功能性，解决城乡发展失衡问题。

首先，要优化规划，统筹协调。我国传统的城市规划理论缺乏乡村发展的调控机制，城市发展往往与乡村发展相互冲突，缺乏统筹协调。此外，在传统规划中，往往按时间顺序在城市外围划出一定范围的发展备用地，这虽然保证了城市发展的连续性，但同时也容易形成"摊大饼"式的发展模式，造成复杂的城市交通、环境等问题。因此，在城乡规划工作中，要明确各级政府的职责和任务，充分利用专家智力和社会资源，建立多部门协同配合的工作机制，以提高城乡统筹规划的能力。同时，也应通过提高城市绿化率、减少交通拥堵、减少污染等方式，增强城市的综合承载能力，从而推动城乡关系的融洽和谐。

其次，实行土地利用计划，对增长边界进行管理。城乡统筹规划的实施必然涉及乡村地区的规划编制问题，但是由于乡村地域广阔，财力和人力等资源都决定了不可能全覆盖地编制控制性详细规划。因此，要建立科学的城乡土地利用规划体系，合理划分增长边界，控制城市扩张范围和速度，规划出合理的土地利用格局，保障农业用地，创造良好的城乡共生环境，以保持城乡协调发展。

最后，注重规划农业保护措施。我国的城市和区域规划往往与农业区划相独立，规划中缺乏农业产业发展规划的内容。这导致城镇发展破坏了农业产业用地的完整性，对农业产业链产生了影响。应该通过制订专门的土地利用计划，确定需要重点保护的农业产业用地，并设立相关的法律法规进行保护。同时，注重发挥不同地区的资源特色和优势，推动农业工业相互融合、协调发展，逐步优化产业空间布局，平衡农业可持续发展和高附加值二、三产业用地需求之间的关系，在保护农业用地的同时，促进城乡经济协调发展。

7.5.2 有效发挥县域和小城镇的片轴带动作用

1. 扩大县域中心镇功能及建成区规模

扩大县域中心镇功能及建成区规模，合理扩张和多中心布局县域特色场镇，提升小城镇人口吸纳能力。根据经济圈内返乡与进城人员规模提升县域中心镇综合承载能力，优化县城主导产业结构和空间形态，改善县城宜居宜业品质，创造新型消费和投资场景，畅通城乡消费内循环；大力开展重点乡镇和特色场镇建设工作，利用产业下乡、人才下乡、投资下乡等契机加快较大人口规模乡镇的特色场镇创建，加快形成一批商贸流通、文旅创意、数字电商特征明显的特色小镇，促进乡镇—居民点—产业园区有机融合，吸纳农村人口和返乡创业人口向特色小镇集中。

2. 增强县域空间规划自主权

增强县域空间规划自主权，有利于形成城乡统一、对接顺畅的资源要素配置机制。利用整县城乡融合试验区试点契机，推动县域国土规划"多规合一"改革，统筹布局城乡产业、土地利用、基础设施、城乡建设和村庄居民点，持续推进村庄规划编制，活用"三块地"改革、农村建设用地增减挂钩机制和城乡建设用地"增存挂钩"试点协同推进农村城镇化和乡村社区化，将更多用地指标用于支持农村三产融合项目和集体经济投资运营项目，下放建设用地指标县域内调剂权限，倾向性扶持重点集镇和特色乡镇建设，提高城乡融合空间承载水平与质量。

3. 增强县乡基础设施、公共服务的可达性

增强县乡基础设施、公共服务的可达性，关键在于增强县域综合服务能力。以县城作为区域性公共服务和基础设施供给极核，带动乡镇成为服务农民的区域性中心，多点位辐射带动基本公共服务和基础设施向乡村延伸，实现县、乡、村公共服务功能的互补和有效衔接。分级分区构建城乡基础设施通达性、基本公共服务供给均等化的质量评估体系。有条件的地方政府可将城乡基础设施项目和公共服务建设项目整体打包，实行县级牵头的一体化开发模式。

7.5.3 实施梯度发展战略推进空间均衡发展

1. 推进城乡融合发展雁首试验区发展

从定量分析结果来看，成渝地区双城经济圈中城乡融合发展的高地在四川片区的成都全市和重庆片区的重庆主城区，它们具有在城乡融合发展过程中引领突破并示范推广的改革价值。因此，在加快实施面向成渝地区双城经济圈内的城乡融合梯度发展战略的过程中，应坚持"快马拉快车""大马带小马"的原则，将成都全市和重庆主城区定位为改革引领"雁首"，优先出台并制定成渝地区双城经济圈成都全市城乡融合发展行动方案和成渝地区双城经济圈重庆主城区城乡融合发展行动方案，并分步骤开始制定毗邻地区城乡融合发展实施意见，积极对接先试先行区。

当前，国家在成渝地区双城经济圈空间范围内已批准成都西部片区和重庆西部片区的城乡融合试点改革方案。其中成都西部片区涉及温江区、郫都区、都江堰市、彭州市、崇州市、邛崃市、大邑县、蒲江县 8 地区，是成都市主要的"西控"区域；而重庆西部片区则主要涉及荣昌区、潼南区、大足区、合川区、铜梁区、永川区、璧山区、江津区、巴南区，是重庆主城区扩围后的主要中心城区腹地地区。在这两片入围国家战略的城乡融合发展雁首试验区内，国家重点探索的是建立城乡有序流动的人口迁徙制度、农村集体经营性建设用地入市制度、搭建城乡产业协同发展平台等方面。成都的城乡融合路径附带绿色发展和生态价值转化的内容，而重庆则附带乡村建设和城镇化效能提升等内容，这与成渝两地城市群发育水平及空间结构有一定关系。

2. 扩围并强化国家级城乡融合试验区的改革成效

在国家试点区基础之上，川渝两地应积极响应并超前布局属地范围内城乡融合 2.0 试点蓝图，积极在省域范围内扩围并强化国家级城乡融合试验区的改革成效。研究结果表明：成都平原经济区、川南经济区、川东北经济区均具有较好的城乡融合基础，可以在以上三大经济区内分别再遴选 1~2 个城乡融合试点区，从省域层面同步开展城乡融合试点改革，通过改机制、建样板、增成效、强化放权赋能，尊重基层首创，及时总结归纳不同经验模式，并向全省推广。现阶段，成都可在每个地级市设立的试点区的基础上，将试验点逐步扩围成试验片区，扩大试点推广范围、提升成效。同理，重庆也可进一步有序将目前的 9 区县整体扩围为 21 区县，并在两群择机遴选择 1~2 个区县开展市级城乡融合发展试点工作，两地最终统筹形成以"成都、重庆主城区"为核心，以成都向东扩围、重庆向西扩围，统筹两翼和毗邻地区为发展轴的经济圈城乡融合梯度发展格局。

3. 完善区际空间功能和空间联系

一是进一步协调四川与重庆"十四五"规划蓝图中的交通、土地利用、产业、乡村振兴以及空间格局，重点针对城乡融合过程中直接涉及的人口迁徙、城镇化、户籍制度、农村土地利用制度、产业功能区、城乡公共服务与基础设施配套进行梳理，特别是针对两地毗邻地区，要制定专门发展措施，形成常态化共商共建联席磋商制度。

二是以成熟经济区和区域性中心城市为主体，依托产业合作园区、城乡融合先行示范区等，有效扩大区际空间功能、密切空间联系。如广安的川渝合作示范区建设、万达开川渝统筹发展示范区、川南渝西融合发展试验区、高滩—茨竹产城融合新区，遂宁与潼南共建的川渝毗邻地区一体化发展先行区，资阳与大足共建的文旅融合发展示范区等，都有助于提升川渝连接地域城乡融合水平。

7.5.4 促进城乡治理和谐有序

城乡治理是国家治理的基石，事关党和国家大政方针能否有效贯彻落实。面向社会主义现代化建设新征程，统筹推进城乡现代化治理是实现国家治理体系和治理能力现代化的基础工程，应坚持以人民为中心的发展思想，持续推进城乡治理向标准化、信息化和法治化方向发展，建立健全具有中国特色的现代城乡治理体制，高效破解城乡治理难题，构建更加协调有序的现代城乡社会治理秩序。

一是切实增强党组织统筹治理能力，坚持党建引领。把城乡基层党组织建设作为贯穿城乡治理的主线，以改革创新思维鼓励各地结合自身实际、特点和需要，探索以党的建设引领城乡治理的新路径，引导城乡基层党组织把工作重心转移到做好城乡公共服务、公共管理和公共安全工作上去，尤其是要强化党对乡村治理能力的提升，不断健全完善基层治理的组织体系、制度体系、服务体系，确保党的路线方针政策在城乡能够得到全面贯彻落实。2020 年 6 月，重庆市发展改革委推动成渝地区双城经济圈建设统筹处党支部成立，在推动成渝地区双城经济圈建设工作中充分发挥支部战斗堡垒和党员先锋模范作用，为推动成渝地区双城经济圈建设走深走实贡献力量。

二是构建多元共治的城乡治理格局，建立健全党委领导、政府负责、社会协同、公众参与、法治保障的社会治理机制。推动政府、社会、群众等多元主体在城乡治理中协同发力，强化政府在城乡治理进程中的主导职责，进一步增强群众自治组织的规范化建设和管理，完善社会力量参与城乡社会治理的激励政策，促进自治、德治、法治相结合，推动多元主体在城乡治理中形成合力，全面提升城乡治理效能，不断健全多元共治的城乡治理体系，全力构建多元共建共治共享的城乡治理新格局。例如，在成渝地区双城经济圈建设战略的影响下，近年来，广安市以高水平创建跨区域协同治理样板为目标，大力实施"联网强链"协同治理工程，把发展作为第一要务，围绕深化改革、产业振兴、民生服务三大重点综合施策，推动毗邻地区协同共治、联动发展，积极构建渝广毗邻地区和睦和乐、深融互促善治格局。

7.6 完善制度体系，健全城乡融合机制保障

7.6.1 完善城乡融合的立法与顶层设计

美国、德国和日本等各国都十分重视通过立法把乡村振兴的各种政策、目标和措施法律化，采取基本法与普通法相结合的方式，强化乡村振兴的制度性供给，使得城乡融合发展和乡村振兴始终处于法律保障之下。比如，美国制定了《乡村复兴法案》和《农村发展法案》，明确提出了加强城乡联系和促进乡村发展的目标和措施。德国则出台了《城市和地区规划法》和《国土空间规划法》，通过建立统一的城市建设和规划制度，实现了城乡均衡发展。日本也陆续颁布实施了 30 多部与乡村振兴相关的法律法规，如吸引城市工商产业向农村延伸的《乡村导入工业》（1971 年）、吸引劳动力回流以促进多样化主体合作和实现城乡共同协调发展的《过疏地区自立促进法》（2000 年）等，为日本农业产业发展、乡村振兴和环境治理等各方面有法可依取得了很好的成效。在保障机制方面，美国、德国和日本也有着各自的经验。美国通过建立联邦、州、县三级政府的协作机制，充分发挥市场主导作用，推动城乡融合发展。德国采取了地方自治制度和公共服务保障机制，实现了城乡基础服务的均等化和互补发展。日本

建立了全国性的城乡融合推进机制，主要表现为政府强力引导，推动市场主导的区域发展政策措施。

中国同样重视把乡村振兴的各种政策、目标和措施法律化、制度化。2018 年以来各年的中央一号文件、《乡村振兴战略规划（2018—2022年）》、《中国共产党农村工作条例》、《中华人民共和国乡村振兴促进法》以及《关于建立健全城乡融合发展体制机制和政策体系的意见》共同构成了实施乡村振兴战略和推进城乡融合的政策体系"四梁八柱"。

首先，深化立法与顶层设计，制定一系列相关政策和法规，以加强城乡融合发展的顶层设计和统一管理。并且为了有效应对城乡发展中出现的新问题，需要及时对这些政策和法规进行修订和完善，建立健全城乡融合的法律体系。

其次，建立健全城乡协作机制，加强各部门、各地区之间的密切协作，形成政策联动，促进城乡资源共享和有序流转，推动城乡一体化发展。在这方面，可以借鉴美国和德国的经验，充分发挥市场主导作用和政府引导作用，加强公共服务保障，实现城乡资源优化配置和一体化协调发展。

最后，要搭建信息平台，并提供技术支持。政府可以牵头建立城乡信息平台，提供精准信息支撑，加强信息公开和共享，推动城乡融合的信息化与网络化。同时，加强现代化信息技术的支持，提供专项的定期技术培训活动，提高相关工作人员的信息技术素养，建立健全城乡信息系统，提高农业现代化水平。

7.6.2 强化城乡要素自由流动和平等交换的机制建设

2018 年中央一号文件要求"推动城乡要素自由流动、平等交换"。"自由流动"表明要素产权所有人具有支配权和选择权，可以自主选择是否流动以及流动方向。"平等交换"是指使市场在要素资源配置中起决定性作用，赋予农民更多要素收益分配权利。要素由限制流动转向自由流动、单向流动转向双向流动，是实现城乡分割向城乡融合转化的根本标志。然而，我国长期存在的二元社会结构导致发展要素主要向城市单向流动，城乡利益固化，使乡村处于从属地位。2019 年，《中共中央 国务院关于建立健全城乡融合发展体制机制和政策体系的意见》要求"坚决破除妨碍城乡要素自由流动和平等交换的体制机制壁垒，促进各类要素更多向乡村流动"。因此，要实现城乡要素自由流动和平等交换，坚持市场在资源配置中的决定性作用，消除体制机制上的痼疾，创新劳动力、土地、资本等关键制度改革，实现城乡二元制度向一元制度转化①。

1. 建立城乡融合人才双向流动的长效机制

消除城乡人口流动限制，既要合理保护和妥善处理农村进城务工人员的基本权益，还要合理引导城市人才下乡。

第一，以户籍制度改革为核心，健全农业转移人口市民化机制。户籍制度改革是促进人口和劳动力合理有序流动的重要手段。2014 年 7 月，国务院印发了《关于进一步推进户籍制度改革的意见》，紧接着《居住证暂行条例》《关于深入推进新型城镇化建设的若干意见》等文件发布，进一步推动新时代户籍制度改革从制度顶层设计到全面推进落实；发挥户籍制度改革和社会保障制度改革的联动效应，在增强城市综合承载力的前提下逐步放宽放开农业转移人口市民化的行政性限制，建立城乡和地区间的社会保障衔接机制，进一步减弱其社会保障差异化供给功能②。要在切实维护好进城农民在农村既有权益的基础上，加快构建市民化成本多元化分担机制，增强农业转移人口进城意愿和能力。

第二，加快建立城市人才入乡激励机制。通过制定财政、金融、税收、社会保障、职称评定、选拔聘用等激励政策，吸引各类人才返乡入乡创业就业③。

2. 深化城乡融合农村土地制度改革

促进城乡土地资源双向流动的关键在于深化农村土地制度改革，以坚持土地公有制为前提，不断创新城乡土地公有制的实现形式，进行产权细分和交易放活来强化土地的再配置效应。通过农村"三块地"制度改革，建立城乡统一的土地市场，撬动盘活农地、宅基地和集体建设用地的资产价值属性，实现农村产权价值有效显化④。

第一，改革完善农村承包地制度。完善农村承包地所有权、承包权、经营权"三权分置"制度，进一步推动承包地登记确权颁证工作，在依法

① 丁静：《新时代乡村振兴与新型城镇化的战略融合及协调推进》，《社会主义研究》2019 年第 5 期。

② 高帆：《城乡融合发展如何影响中国共同富裕目标的实现》，《中国经济问题》2022 年第 5 期。

③ 谢天成：《乡村振兴与新型城镇化融合发展机理及对策》，《当代经济管理》2021 年第 43 期。

④ 罗必良、耿鹏鹏：《理解县域内的城乡融合发展》，《南京农业大学学报》（社会科学版）2023 年第 23 期。

保护集体所有权、保障农民承包权的基础上，进一步放活经营权。完善构建各层级农村产权流转交易平台，推动农地经营权自愿有偿流转。采用农地证券化、土地信托等形式，创新土地全能流转金融方式，增强土地资产的变现能力。

第二，稳慎改革农村宅基地制度。在坚守"土地公有制性质不改变""耕地红线不突破""农民利益不受损"的底线下，稳慎探索宅基地所有权、资格权、使用权"三权分置"的有效实现形式，完善农村闲置宅基地和闲置农房收储机制。鼓励依法依规盘活利用闲置宅基地和闲置房屋，建设共享农庄、共享小院、共享村落等，通过村庄资源盘活拓展增加农民财产性收益。

第三，建立集体经营性建设用地入市制度。推进集体经营性建设用地入市流转试点，实现城乡土地同权同价。有序推进农村集体经营性建设用地就地入市或异地调整入市，支持村集体在农民自愿的前提下依法将有偿收回的闲置宅基地、废弃集体公益性建设用地转变为集体经营性建设用地入市，探索农村集体经营性建设用地出让、租赁、入股、抵押等有助于实现与国有土地同等入市、同权同价的不同形式，使农民可以分享土地市场的增值收益①，从而为城乡统一的土地市场制度建设奠定实践基础。

3. 建立城乡融合多元投入机制

资金是推动城乡经济发展的血液，对加快乡村振兴、推动城乡融合发展至关重要。有效破解城乡融合资金瓶颈，应推进公共财政配置进一步向"三农"领域倾斜并加大投入力度，创新和扩宽农村投资融资形式和渠道，加快建立"三农"领域的资金长效投入机制，形成财政优先保障、金融重点倾斜、社会积极参与的农村多元资金投入格局②。

第一，要健全财政投入保障机制，利用财政资金为乡村"输血"。积极发挥财政资金引导作用，支持相关平台和载体建设项目，并撬动更多社会资金投入乡村建设行动，不断提高涉农资金配置效率。将更大比例的土地出让收入投入农业农村和公共服务领域，在风险可控的基础上通过发行地方政府债券支持城乡融合公益性项目。

---

① 刘爱梅、陈宝生：《协调推进新型城镇化与乡村振兴战略的体制对策：基于城乡共享体制建设的视角》，《学习与探索》2019 年第 11 期。

② 孙绍勇：《新时代全面推进城乡融合发展的共同富裕逻辑旨要》，《福建论坛》（人文社会科学版）2023 年第 3 期。

第二，完善乡村金融服务体系，加大各类金融支持力度，努力吸引更多社会资金投入，利用金融资金、社会资本为乡村"造血"。一是建立健全兼具多元化和普惠性特征的乡村金融体系。优化乡镇金融网点布局，积极发挥相关的政策性银行融资优势，加大服务"三农"的支持力度，加快发展新型农村合作金融，创新中小银行和地方银行涉农类金融产品供给机制，为农村发展提供精准化、差异化的金融服务产品。二是探索多样化的担保融资形式。依法有序对农村集体经营性建设用地使用权、农民房屋财产权、集体林权进行抵押融资，以及对承包地经营权、集体资产股权等进行担保融资。三是通过市场化方式吸引社会资本成立城乡融合发展基金，打破城乡经济界限，为打造城乡融合发展示范项目提供资金保障[①]。四是推进成渝地区双城经济圈内城市扩大数字普惠金融试点范围，在充分考虑自身产业优势、地理位置、资源禀赋条件的基础上，探索有区域特色的数字普惠金融发展模式，促进区域数字普惠金融的发展。

第三，建立工商资本入乡促进机制，有序引导工商资本投资农业。一是优化乡村营商环境。降低资本进入农村、开展涉农产业的制度壁垒，为工商资本进入农村提供土地、财税等方面的支持，利用土地、财税政策杠杆，引导资本进入农村开展农业经营方式创新和三次产业融合。二是完善社会资本投资农业农村相关政策指引，支持社会资本依法依规拓展业务，探索在政府引导下工商资本与农村集体经济的新的合作共赢模式。推动实现农村资源变资产、资金变股金，充分利用集体资本为乡村"活血"。三是加强工商资本的监管和风险防控，引导社会资本与农民建立紧密的利益联结机制，切实维护农民利益。

7.6.3　健全城乡公共服务供给体制

完善的公共服务体系是产业发展的基础，是推动城乡融合协调发展的重要保障。党的二十大强调，要"提高公共服务水平，增强均衡性和可及性"。促进城乡公共资源均衡配置、城乡基本公共服务普惠共享，是体现城乡居民权利平等、共享发展成果的重要标志。在推进城乡融合的过程中，应以城乡结构为突破口，加快推进城乡基本公共服务和基础设施制度一体化，进一步提高供给水平一体化。

---

① 文军、陈雪婧：《城乡融合发展中的不确定性风险及其治理》，《中国农业大学学报》（社会科学版）2023 年第 40 期。

1. 完善城乡基本公共服务一体化机制

基本公共服务是由政府提供和保障的公共产品，是全体社会成员所享有的最基础的生存权和发展权。基本公共服务均等化是优化城乡之间公共资源配置，确保全体居民生存和发展的起点平等、机会均等的基本要求。推进城乡基本公共服务均等化，要加强城乡基本公共服务规划和政策统筹衔接，最终使城乡居民的基本公共服务对接共享并逐步达到同一标准。

第一，促进城乡教育资源均衡配置。教育平等是保障城乡居民代际融合发展的关键举措，要着力建立城乡一体、均衡发展的教育体系[①]。一是着力缩小城乡间学前教育差距。加大农村学前教育投资力度，完善农村学前教育设施、健全学前教育保障机制，整合社会资源补足儿童早教短板。二是完善城乡统一的义务教育体制，使城乡适龄儿童享有均等的受教育机会。探索建立中小学生学籍自由流动机制。建立有利于城乡公平和人力资本长期积累的普通教育和职业教育分流机制。三是综合考虑编制供给、待遇提升、保障性住房供应等形成教师资源向农村倾斜的鼓励机制，改善乡村教师队伍规模。四是着力缩小城乡教育水平差距，借助信息技术将城市优质教育资源输送到农村，构建城乡教育资源共享机制。

第二，完善城乡医疗保障机制。城乡在医疗人才与资源等方面的优势互补是全面提升农村医疗卫生的质量的关键。一是加大对农村医疗卫生事业的投入力度，改善医疗条件。调整城乡医疗卫生财政投入的结构，将财政投入更多向乡村和经济发展落后地区倾斜，改善乡村卫生诊所的条件，加大医疗设备、医疗人才队伍的建设力度，开展城镇医院与乡村诊所的对口帮扶项目、增加相关帮扶补贴等。二是均衡城乡医疗人员配置。适当提高基层机构的补助与工资标准，从而吸引更多医疗人员到农村基层服务。进一步打通基层医务人员职称晋升通道，拓宽基层医务人员职业发展前景。巩固大城市医院和农村基层医疗机构联动发展机制，提升医联体合作效率。加强四川大学华西医院、重庆医科大学附属医院等优质医疗资源互补与辐射带动，促进城乡医疗资源的流动，从而提高整体医疗服务能力。

第三，建立健全社会保障制度。社会保障制度城乡一体化，不只是城乡社会保障制度与服务的相互衔接与协调，更是要实现社会保障制度城乡

---

① 茅锐：《我国城乡融合的逻辑演变规律及对策建议：兼论国际经验与地方探索》，《国家治理》2022 年第 21 期。

一体化融合①。一是加快建立城乡统一的社会保险制度体系。充分发挥市场作用机制，建立多层次养老保险体系，逐步提高城乡居民养老保险待遇。以乡村为重点，不断扩大城乡养老保险参保率，实现城乡养老保险全覆盖，真正实现老有所养。建立城乡统一的医疗保险制度体系，完善城乡居民关于大病保险的补偿政策，提高城乡居民的医疗保险统筹层次，并适当提高保险比例。二是建立城乡统一的社会救助制度。根据各地城乡具体情况，科学制定社会救助政策与标准。加大乡村社会救助资金的投入，提高农村的社会救助水平，缩小城乡居民之间的差距。三是加强成渝地区双城经济圈城市社会保障公共服务设施跨区域共建共享，提高资源配置效率。探索居民医疗保险跨省异地就医结算和居民养老保险个人账户资金跨省转移。

第四，推进城乡就业公共服务均等化。完善就业服务体系，特别是加强农村基层的就业服务机构建设，是解决我国城乡差异化就业问题的关键，有利于促进我国就业的平等和可持续发展。当前，农村就业服务体系严重落后是成渝地区双城经济圈与我国其他农村地区普遍存在的问题。缺乏规范的就业服务组织和经费保障、新型职业农民培训项目滞后等问题突出。此外，农村居民对于职业农民的认知仍然不充分，也没有注重自身综合素质的培养。尽管互联网已向农村延伸，但农村的公共服务信息网络功能仍不够健全，农民很难获取及时有效的信息服务，影响农村剩余劳动力的转移。应加强对农民职业培训机构的管理，拓展农村居民服务项目，以培养农村专业人才。同时，完善农村公共服务信息网络，提供高效、优质的服务，以便加强农村居民的转移就业。进一步完善农民工的职业技能培训补贴办法，鼓励农民参加教育培训。全面提升城乡公共就业服务机构建设工作，鼓励农民参与农村就业服务组织，并制定完备的制度体系。将城市的就业服务机构向农村延伸，为农民提供政策咨询和就业推荐服务，同时推动城市人才到农村发展。

2. 基础设施一体化建设机制

党的二十大强调，要"统筹乡村基础设施和公共服务布局，建设宜居宜业和美乡村"。要推进城乡基础设施一体化，明确城乡交通、水利、能

---

① 李海金、戴丹：《县域内城乡融合发展：何以可能与何以可为》，《南京农业大学学报》（社会科学版）2023年第23期。

源和信息等基础设施公共产品定位，加强城乡基础设施在规划、建设、管护三方面的统筹力度，坚持规划、建设、管护"三统一"原则，实现城乡基础设施互联互通、共建共享①。一是从区域整体上进行统筹规划，补齐乡村道路、供水、供电、垃圾处理、信息网络供应等方面的短板，加快重要市政公用设施建设，增强交通基础设施服务功能，推动城乡基础设施网络一体化发展。二是构建乡村基础设施分级分类投入保障机制，通过财政注资和市场筹资等方式扩展建设规模，保证农村基础设施建设顺利进行。三是建立城乡基础设施一体化管护机制。落实管护责任和明确产权归属，建立政府主导、多方参与、市场运作的管护体制机制，保证管护效果。四是继续推进成渝地区双城经济圈内各城市间的地铁、公交的有效衔接，以及成都和重庆间高铁、高速公路等的建设。

3. 利用数字化推动城乡基本公共服务均等化与基础设施建设一体化

在教育方面，大力发展在线教育、线上教育资源平台，加大农村学校信息教学设施投入力度，建立大数据资源库统筹各地教育资源和教育情况，实现城乡共享优质教育资源，提高农村教育水平。在医疗方面，以"互联网+医疗"为核心建立数字化线上医疗平台，能够为农村人群提供在线问诊等医疗服务，并依托大数据平台建立医疗信息网络，与城市居民共享医疗信息资源，降低农村人群的医疗成本，解决看病难的问题。在就业方面，通过数字技术整合就业信息向农村劳动力开放，数字经济的到来也催生出大量新兴职业，为解决农村人群的就业问题提供新途径和新机遇。在社会保障方面，以数字经济为支撑的"互联网+养老""互联网+社保"，能够在政府相关部门、养老机构和需求人群之间建立直接对接关系。

城市与农村在数字化层面实现新融合，有赖于坚实的物质基础。数字技术盛行的时代，数字基础设施是数字乡村建设的核心载体。通过加大农村数字基础设施建设，如5G、数据重心、云计算、人工智能、物联网等新一代信息通信技术在农村的推广与应用，能够有效推动数字乡村建设工作，缩小数字乡村建设和智慧城市建设在数字化水平上的差距。另外，除了农村数字基础设施建设，传统基础设施与新型数字化基础设施在农村的维护和运营成本也相对更高。地方政府可以通过数字技术统一整合和实时监管分散的基础设施，根据利用率的不同投入不同程度的基础设施建设。

---

① 张克俊、杜婵：《从城乡统筹、城乡一体化到城乡融合发展：继承与升华》，《农村经济》2019年第11期。

7.6.4 构建系统集成的跨行政区城乡融合激励保障方案

由于推动成渝地区双城经济圈城乡融合发展是中央给予成渝地区全面深化改革的一项重点任务，加之城乡融合水平的好坏又直接决定了成渝地区双城经济圈构建中国区域增长第四级和加快形成区域协调发展新格局，决定了西部地区高质量发展目标能否顺利实现，因此必须将成渝地区双城经济圈城乡融合战略作为今后一段时期内的头等大事来抓。为此，需要川渝两地拿出壮士断腕的勇气和决心，从破除行政区分割、区域竞争的角度出发，谋求长期效益并形成政策合力，从而形成成渝地区双城经济圈经济发展与社会治理共建共治共享新局面。

要实现上述愿景，必须做出如下决策：一是两地牵头成立成渝地区双城经济圈城乡融合工作领导小组，构建超行政区的牵头机构，保障工作科学化、常态化推进；二是专门出台经济圈内统一的城乡融合行动实施方案和激励措施，制定覆盖所有地级市和区县的财税、人才、土地、金融、产业扶持政策，以奖代补促进基层政府助力城乡融合；三是在毗邻地区专门成立专项小组和出台专项规划，促进合作示范区的推进和落地；四是尽快从制度层面出台适合两地一体化的要素流动及生产生活便利化配套措施，建立两地通认的体制机制清单，建立城乡融合年度考核制度，并将其纳入先进县域评价重点考核任务指标。

参考文献

（一）经典著作类

［1］中共中央马克思恩格斯列宁斯大林著作编译局. 马克思恩格斯全集：第1卷［M］. 北京：人民出版社，1995.

［2］中共中央马克思恩格斯列宁斯大林著作编译局. 马克思恩格斯全集：第3卷［M］. 北京：人民出版社，1960.

［3］中共中央马克思恩格斯列宁斯大林著作编译局. 马克思恩格斯全集：第4卷［M］. 北京：人民出版社，1958.

［4］中共中央马克思恩格斯列宁斯大林著作编译局. 马克思恩格斯全集：第7卷［M］. 北京：人民出版社，1959.

［5］中共中央马克思恩格斯列宁斯大林著作编译局. 马克思恩格斯全集：第22卷［M］. 北京：人民出版社，1965.

［6］中共中央马克思恩格斯列宁斯大林著作编译局. 马克思恩格斯全集：第46卷［M］. 北京：人民出版社，1979.

［7］中共中央马克思恩格斯列宁斯大林著作编译局. 马克思恩格斯选集：第1卷［M］. 北京：人民出版社，1995.

［8］中共中央马克思恩格斯列宁斯大林著作编译局. 马克思恩格斯选集：第2卷［M］. 北京：人民出版社，1995.

［9］中共中央马克思恩格斯列宁斯大林著作编译局. 马克思恩格斯选集：第3卷［M］. 北京：人民出版社，1995.

［10］中共中央马克思恩格斯列宁斯大林著作编译局. 马克思恩格斯选集：第4卷［M］. 北京：人民出版社，1995.

［11］马克思. 资本论：第3卷［M］. 北京：人民出版社，2004.

［12］列宁. 列宁全集：第3卷［M］. 北京：人民出版社，2013.

［13］列宁. 列宁全集：第4卷［M］. 北京：人民出版社，1995.

［14］列宁. 列宁全集：第 23 卷［M］. 北京：人民出版社，1990.

［15］列宁. 列宁全集：第 30 卷［M］. 北京：人民出版社，1957.

［16］毛泽东. 毛泽东选集：第 4 卷［M］. 北京：人民出版社，1991.

［17］毛泽东. 毛泽东文集：第 6 卷［M］. 北京：人民出版社，1999.

［18］毛泽东. 毛泽东文集：第 7 卷［M］. 北京：人民出版社，1999.

［19］毛泽东. 毛泽东文集：第 8 卷［M］. 北京：人民出版社，1999.

［20］邓小平. 邓小平文选：第 1 卷［M］. 北京：人民出版社，1994.

［21］邓小平. 邓小平文选：第 2 卷［M］. 北京：人民出版社，1994.

［22］邓小平. 邓小平文选：第 3 卷［M］. 北京：人民出版社，1993.

［23］江泽民. 江泽民文选：第 2 卷［M］. 北京：人民出版社，2006.

［24］江泽民. 江泽民文选：第 3 卷［M］. 北京：人民出版社，2006.

［26］习近平. 习近平谈治国理政：第一卷［M］. 北京：外文出版社，2014.

［27］习近平. 习近平谈治国理政：第二卷［M］. 北京：外文出版社，2017.

［28］习近平. 习近平谈治国理政：第三卷［M］. 北京：外文出版社，2020.

［29］习近平. 习近平谈治国理政：第四卷［M］. 北京：外文出版社，2022.

［30］习近平. 习近平著作选读：第一卷［M］. 北京：人民出版社，2023.

［31］习近平. 习近平著作选读：第二卷［M］. 北京：人民出版社，2023.

（二）理论专著类

［1］弗里斯. 欧洲的城市化：1500—1800［M］. 朱明，译. 北京：商务印书馆，2014.

［2］芒福德. 城市发展史，起源、演变和前景［M］. 宋俊岭，倪文彦，译. 北京：中国建筑工业出版社，2004.

［3］李侃如. 治理中国：从革命到改革［M］. 胡国成，赵梅，译. 北京：中国社会科学出版社，2010.

［4］迈斯纳. 马克思主义、毛泽东主义与乌托邦主义［M］. 张宁，陈铭康，译. 北京：中国人民大学出版社，2005.

［5］速水佑次郎，神门善久. 农业经济论［M］. 沈金虎，译. 北京：中国农业出版社，2003.

［6］阿莱格尔. 城市生态，乡村生态［M］. 陆亚东，译. 北京：商务印书馆，2003.

［7］刘易斯. 二元经济论［M］. 施炜，等译. 北京：北京经济学院出

版社，1989.

[8] 贝纳沃罗. 世界城市史[M]. 薛钟灵，等译. 北京：科学出版社，2000.

[9] 王正中. 中国农民现代化及其推进策略 [M]. 合肥：合肥工业大学出版社，2008.

[10] 张晓山，李周. 中国农村发展道路 [M]. 北京：经济管理出版社，2013.

[11] 宋洪远. 中国新农村建设：政策与实践 [M]. 北京：中国农业出版社，2012.

[12] 张培刚. 农业与工业化 [M]. 北京：商务印书馆，2019.

[13] 韩长赋，韩俊. 农村改革40年：理论与实践：庆祝农村改革40周年座谈会文集 [M]. 北京：中国农业出版社，2019.

[14] 徐勇. 城乡差别的中国政治[M]. 北京：社会科学文献出版社，2019.

[15] 徐勇. 国家化、农民性与乡村整合 [M]. 南京：江苏人民出版社，2019.

[16] 魏后凯. 新中国农业农村发展研究70年 [M]. 北京：中国社会科学出版社，2019.

[17] 温铁军，张孝德. 乡村振兴十人谈：乡村振兴战略深度解读 [M]. 南昌：江西教育出版社，2018.

[18] 李红玉. 马克思主义城乡融合发展理论及其现实意义 [M]. 北京：中国社会科学出版社，2018.

[19] 刘卫红. 构建城乡一体化新格局 [M]. 西安：西安交通大学出版社，2016.

[20] 白永秀，吴丰华. 中国城乡发展一体化：历史考察、理论演进与战略推进 [M]. 北京：人民出版社，2015.

[21] 白雪秋，聂志红，黄俊立，等. 乡村振兴与中国特色城乡融合发展 [M]. 北京：国家行政学院出版社，2018.

[22] 周其仁. 城乡中国 [M]. 北京：中信出版集团，2017.

[23] 叶超. 体国经野：中国城乡关系发展的理论与历史 [M]. 南京：东南大学出版社，2014.

[24] 徐志耀. 农村小城镇发展动力机制研究：基于空间外部性分析框架 [M]. 北京：商务印书馆，2014.

[25] 金海年. 2049：中国新型农业现代化战略 [M]. 北京：中信出

版社，2016.

　　［26］武廷海，张能，徐斌，等. 空间共享：新马克思主义与中国城镇化［M］. 北京：中国商务出版社，2017.

　　［27］林毅夫. 制度、技术与中国农业发展［M］. 上海：上海三联出版社，2008.

　　［28］刘维奇. 城市化与城乡关系：兼论中国城市化健康发展之路［M］. 北京：中国财政经济出版社，2014.

　　［29］罗必良. 产权强度土地流转与农民权益保护［M］. 北京：经济科学出版社，2013.

　　［30］宋惠敏，刘蕾，孙红军. 城乡一体化中农村科技人才发展研究［M］. 石家庄：河北科学技术出版社，2013.

　　［31］江泽林. 农业现代化、城镇化与城乡融合发展［M］. 北京：中国社会科学出版社，2018.

　　［32］陈燕妮. 马克思恩格斯城乡融合思想与我国城乡一体化发展研究［M］. 北京：中国社会科学出版社，2017.

　　［33］费孝通. 中国城乡发展的道路［M］. 上海：上海人民出版社，2016.

　　［34］陈吉元，胡必亮. 中国的三元经济结构与农业剩余劳动力转移［M］. 北京：外文出版社，2014.

　　［35］陈方猛，等. 推进城乡融合发展研究［M］. 北京：中国财政经济出版社，2020.

　　［36］董长瑞，孔艳芳. 中国城乡二元结构变迁与治理研究［M］. 北京：经济科学出版社，2019.

　　［37］高帆. 从分割到融合：中国城乡经济关系演变的政治经济学［M］. 上海：复旦大学出版社，2019.

　　［38］潘晓成. 论城乡关系：从分离到融合的历史与现实［M］. 北京：人民日报出版社，2019.

　　［39］王弟海. 中国二元经济发展中的经济增长和收入分配［M］. 上海：复旦大学出版社，2019.

　　［40］林毅夫，蔡昉，李周. 中国的奇迹：发展战略与经济改革［M］. 上海：格致出版社，2018.

　　［41］陈春生. 中小城镇发展与城乡一体化［M］. 北京：中国社会科学出版社，2018.

[42] 白雪秋，聂志红，黄俊立，等. 乡村振兴与中国特色城乡融合发展 [M]. 北京：国家行政学院出版社，2018.

[43] 孙华臣. 城乡协调发展的理论逻辑与经验证据 [M]. 北京：经济科学出版社，2017.

[44] 辛向阳. 中国特色新型城镇化道路研究 [M]. 天津：天津人民出版社，2015.

[45] 童长江. 城乡经济协调发展评价及模式选择 [M]. 北京：科学出版社，2013.

[46] 岑乾明. 马克思恩格斯的城乡观及其当代价值研究 [M]. 北京：中国社会科学出版社，2013.

[47] 宗锦耀. 农村一二三产业融合发展：理论与实践 [M]. 北京：中国农业出版社，2017.

[48] 崔占峰. 二元结构异化与城镇化进程中的"三农"：制度变迁与方式转变 [M]. 北京：经济科学出版社，2014.

[49] 周世军. 论制度壁垒与城乡收入不平等 [M]. 北京：经济科学出版社，2014.

[50] 汝信，付崇兰. 中国城乡一体化发展报告（2013）[M]. 北京：社会科学文献出版社，2013.

[51] 王永龙. 分工与融合视角的现代农业发展研究 [M]. 北京：中国社会科学出版社，2012.

[52] 梁伟军. 产业融合与现代农业发展 [M]. 武汉：华中科技大学出版社，2012.

[53] 朱有志. 中国新型农村集体经济研究 [M]. 长沙：湖北人民出版社，2013.

[54] 刘凤芹. 农地制度与农业经济组织 [M]. 北京：中国社会科学出版社，2005.

[55] 王贵宸. 中国农村合作经济史 [M]. 太原：山西经济出版社，2005.

[56] 冯俊峰. 乡村振兴与中国乡村治理 [M]. 成都：西南财经大学出版社，2018.

[57] 童婵福. 走进新时代的乡村振兴道路：中国"三农"调查 [M]. 北京：人民出版社，2018.

[58] 宋洪远. 大国根基：中国农村改革40年 [M]. 广州：广东经济

出版社，2018.

[59] 袁震. 我国城镇化进程中农村土地制度改革的理论与实践［M］. 北京：法律出版社，2017.

[60] 邓大才. 激活内动力：新时期农村综合改革的"东莞突围"［M］. 北京：中国社会科学出版社，2016.

[61] 马恩成. 广东农村改革试验区实践［M］. 北京：中国农业出版社，2016.

[62] 赵德健. 逼出来的改革：东平土地股份合作与乡村治理的实践探索［M］. 北京：中国社会科学出版社，2016.

[63] 方志权. 农村集体产权改革：实践探索与法律研究［M］. 上海：上海人民出版社，2015

[64] 翟新花. 我国农村集体经济体制变迁中的农民发展［M］. 北京：中国社会科学出版社，2015.

[65] 孙超英. 城乡统筹中的农村产权制度重构：基于成都"试验区"的探索［M］. 成都：西南财经大学出版社，2015.

[66] 黄延信. 农村集体产权制度改革实践与探索［M］. 北京：中国农村出版社，2014.

[67] 陆卫. 农村改革创新：1978—1992［M］. 上海：上海教育出版社，2014.

[68] 韩俊. 中国农村改革：2002—2012：促进"三农"发展的制度创新［M］. 上海：上海远东出版社，2012.

[69] 李铁，乔润令. 城镇化进程中的城乡关系［M］. 北京：中国发展出版社，2013.

[70] 折晓叶，艾云. 城乡关系演变的制度逻辑与实践过程（创新工程）［M］. 北京：中国社会科学出版社，2014.

[71] 张晓山. 构建新型城乡关系[M]. 北京：中国社会科学出版社，2014.

[72] 李泉. 城乡一体化进程中的新型城乡形态研究［M］. 北京：中国社会科学出版社，2015.

[73] 程水源，刘汉成. 城乡一体化发展的理论与实践［M］. 北京：中国农业出版社，2010.

[74] 黄坤明. 城乡一体化路径演进研究［M］. 北京：科学出版社，2009.

[75] 成德宁. 城市化与经济发展：理论、模式与政策［M］. 北京：

科学出版社，2004.

[76] 黄小晶. 城乡发展比较 [M]. 北京：中国经济出版社，2009.

[77] 刘传江，徐建玲. 中国农民工市民化进程研究 [M]. 北京：人民出版社，2008.

[78] 刘明慧. 城乡二元结构的财政视角研究 [M]. 北京：中国财政出版社，2008.

[79] 刘平量. 城市化：制度创新与道路选择 [M]. 长沙：湖南人民出版社，2006.

[80] 白永秀. 中国城乡发展一体化：历史考察、理论演进与战略推进 [M]. 北京：人民出版社，2015.

[81] 白永秀. 国际视野下中国城乡发展一体化模式研究 [M]. 北京：中国经济出版社，2013.

[82] 薛晴. 中国特色城乡发展一体化的形成与发展 [M]. 北京：经济科学出版社，2017.

[83] 范晓静. 城乡发展一体化：解决"三农"问题的根本途径 [M]. 上海：上海人民出版社，2014.

[84] 伍长南. 统筹城乡发展研究 [M]. 北京：社会科学文献出版社，2013.

[85] 李萍. 统筹城乡发展中的政府与市场关系研究 [M]. 北京：经济科学出版社，2013.

[86] 程开明. 从城市偏向到城乡统筹 [M]. 杭州：浙江工商大学出版社，2010.

[87] 白永秀，王颂吉，鲁能，等. 国际视野下中国城乡发展一体化模式研究 [M]. 北京：中国经济出版社，2013.

[88] 崔海兴，郑风田. 我国城乡发展一体化理论与实证研究 [M]. 北京：中国农业出版社，2016.

[89] 张天柱. 创新乡村振兴发展模式：田园综合体发展创建与案例研究 [M]. 北京：中国科学技术出版社，2018.

[90] 鄢奋. 公共产品供给均等化：基于乡村振兴战略视阈下的研究 [M]. 北京：经济管理出版社，2019.

[91] 姚洋. 特色小镇建设：乡村振兴的重要途径 [M]. 北京：中国社会科学出版社，2018.

[92] 孙惠芳. 乡村文化建设经典案例 [M]. 北京：中国农业出版社，2018.

[93] 蒋高明. 乡村振兴:选择与实践 [M]. 北京:中国科学技术出版社, 2019.

[94] 朱建江. 乡村振兴与中小城市小城镇发展 [M]. 北京:经济科学出版社, 2018.

[95] 孙景淼. 乡村振兴战略 [M]. 杭州:浙江人民出版社, 2018.

[96] 江立华. 农民工的转型与政府的政策选择:基于城乡一体化背景的考察 [M]. 北京:中国社会科学出版社, 2014.

[97] 李冰. 二元经济结构理论与中国城乡一体化发展研究 [M]. 北京:中国经济出版社, 2013.

[98] 张占斌. 城镇化推进城乡发展一体化研究 [M]. 石家庄:河北人民出版社, 2013.

[99] 刘珺. 城乡一体化中农民社会权益保障研究 [M]. 北京:科学出版社, 2014.

[100] 汪三贵. 城乡一体化中反贫困问题研究 [M]. 北京:中国农业出版社, 2016.

[101] 张文. 城乡一体化与劳动就业:城乡劳动力市场一体化的就业结构优化效应与路径研究 [M]. 北京:社会科学文献出版社, 2013.

[102] 徐同文. 城乡一体化体制对策研究 [M]. 北京:人民出版社, 2011.

[103] 陈学明. 城乡一体化视角下新型城镇化改革研究 [M]. 成都:西南交通大学出版社, 2015.

[104] 杨美成. 构建城乡融合发展的利益分享机制研究 [M]. 南京:东南大学出版社, 2021.

[105] 程静, 刘阳. 城乡融合下的农村公共服务体系研究 [M]. 昆明:云南人民出版社, 2021.

[106] 陈润羊, 田万慧, 张永凯. 城乡融合发展视角下的乡村振兴 [M]. 太原:山西经济出版社, 2021.

[107] 岑大明. 乡村振兴战略与路径 [M]. 昆明:云南人民出版社, 2020.

[108] 陆超. 读懂乡村振兴 [M]. 上海:上海社会科学院出版社, 2020.

[109] 袁建伟, 曾红, 蔡彦, 等. 乡村振兴战略下的产业发展与机制创新研究 [M]. 杭州:浙江工商大学出版社, 2020.

[110] 陈美球. 乡村振兴与土地使用制度创新 [M]. 南京:南京大学出版社, 2019.

[111] 陈轶. 城乡关系发展理论与实践 [M]. 南京: 东南大学出版社, 2016.

（三）中文期刊类

[1] 陆进锋, 仝德, 龙嘉骞, 等. 县域城乡融合发展与宅基地制度改革: 理论逻辑及实现路径 [J]. 自然资源学报, 2023, 38 (8): 2135-2147.

[2] 江曼琦, 张景帆. 农村人力资本变迁与农业劳动生产率: 中国城乡融合趋势下的实证分析 [J]. 经济问题, 2023 (9): 77-87.

[3] 冯永泰. 新时代城乡融合发展的依据、问题与路向: 基于马克思恩格斯城乡关系理论视角 [J]. 当代经济研究, 2023 (8): 23-31.

[4] 赵志强, 范建刚. 系统论视域下新时代城乡融合发展: 多重维度、驱动机理与实践路径 [J]. 当代经济研究, 2023 (8): 45-54.

[5] 罗志刚. 中国农村社区治理的回顾与前瞻: 基于城乡融合发展视角 [J]. 江汉论坛, 2023 (8): 79-84.

[6] 苏红键. 中国特色的县域城镇化: 以城乡两栖促城乡融合 [J]. 甘肃社会科学, 2023 (4): 200-208.

[7] 龙花楼, 徐雨利, 郑瑜晗, 等. 中国式现代化下的县域城乡融合发展 [J]. 经济地理, 2023, 43 (7): 12-19.

[8] 文丰安. 中国式现代化进程中城乡融合高质量发展的路径探析 [J]. 海南大学学报（人文社会科学版）, 2023, 41 (5): 34-41.

[9] 高静, 初立苹. 社会保障城乡融合水平的区域差异、动态演进与结构分解 [J]. 上海对外经贸大学学报, 2023, 30 (4): 101-124.

[10] 王薇, 刘惠. 乡村振兴背景下城乡融合耦合协调发展的现状和策略研究: 以示范区 11 省份为例 [J]. 农业经济, 2023 (7): 92-94.

[11] 石正璐. 马克思恩格斯城乡关系思想及其在乡村振兴战略中的实践发展 [J]. 上海师范大学学报（哲学社会科学版）, 2023, 52 (4): 93-101.

[12] 张露, 罗必良. 中国工农城乡关系: 历史演进、基本经验与调整策略 [J]. 中国农村经济, 2023 (6): 2-21.

[13] 李小红, 段雪辉. 城乡融合发展中乡村主体性激活路径研究 [J]. 理论探讨, 2023 (4): 89-94.

[14] 文丰安. 中国式现代化视域下城乡融合发展的逻辑演进与实践路径 [J]. 学习与探索, 2023 (7): 70-79.

［15］郭玲霞，刘宇峰，封建民，等．中国省域新型城镇化与城乡融合发展的时空格局及其影响因素［J］．地球科学与环境学报，2023，45（4）：781-795．

［16］崔景华，肖笑瑶．日本城乡融合发展的财政扶持政策及其效应研究［J］．现代日本经济，2023，42（4）：1-13．

［17］文军，陈雪婧．城乡融合发展中的不确定性风险及其治理［J］．中国农业大学学报（社会科学版），2023，40（3）：18-33．

［18］段锴丰，施建刚，吴光东，等．城乡融合系统：理论阐释、结构解析及运行机制分析［J］．人文地理，2023，38（3）：1-10，68．

［19］赵伟佚，潘玮，李裕瑞．县域内城乡融合发展：理论内涵与研究进展［J］．地理研究，2023，42（6）：1445-1464．

［20］高增安，何兴隆．习近平关于新时代城乡融合发展的重要论述研究［J］．经济学家，2023（6）：5-14．

［21］文宏，林彬．摆脱路径依赖：城乡融合发展与制度创新的过程研究［J］．社会政策研究，2023（2）：16-27．

［22］陈海鹏，彭思雨，沈倩岭．数字经济、要素流动与城乡融合发展［J］．统计与决策，2023，39（10）：100-105．

［23］贺立龙，刘九源．共同富裕与现代化视域下的乡村振兴、城乡融合与区域协调发展研究［J］．政治经济学评论，2023，14（3）：89-105．

［24］陈雨生，孙召发，韩杨，等．农村土地制度改革促进城乡融合发展路径与机制［J］．经济地理，2023，43（5）：36-45．

［25］李海金，戴丹．县域内城乡融合发展：何以可能与何以可为［J］．南京农业大学学报（社会科学版），2023，23（3）：21-31．

［26］周慧，刘杨，周加来．共同富裕背景下县域城乡融合发展的理论逻辑与实践进路［J］．南京农业大学学报（社会科学版），2023，23（3）：44-52．

［27］姚毓春，李冰．城乡融合助力农业农村高质量发展的机理、挑战与路径［J］．天津社会科学，2023（3）：99-106．

［28］吴重庆．人口规模巨大的现代化过程中的城乡融合与区域协调发展［J］．中山大学学报（社会科学版），2023，63（3）：6-8．

［29］祝天智．城乡融合发展视域下进城落户农民土地承包经营权保障研究［J］．学术界，2023（5）：82-88．

[30] 郑瑜晗，龙花楼. 中国城乡融合发展测度评价及其时空格局 [J]. 地理学报，2023，78（8）：1869-1887.

[31] 杨骞，金华丽. 新时代十年中国的城乡融合发展之路 [J]. 华南农业大学学报（社会科学版），2023，22（3）：127-140.

[32] 朱玉春，胡乃元，马鹏超，等. 统筹推进县域城乡融合发展：理论内涵、实践路径与政策建议 [J]. 农业经济问题，2024（2）：98-108.

[33] 刘浩. 乡村生活现代化：城乡融合视角下的消费空间变迁 [J]. 社会科学研究，2023（3）：124-132.

[34] 罗婉璐，王武林，林珍，等. 中国城乡融合时空演化及驱动因素 [J]. 地理科学进展，2023，42（4）：629-643.

[35] 晏朝飞. 共同富裕视域下中国城乡融合水平差异及其收敛性 [J]. 技术经济与管理研究，2023（4）：118-122.

[36] 段雪辉，李小红. 面向中国式现代化：数字城乡融合发展的理论机制与实践创新 [J]. 科学管理研究，2023，41（2）：117-126.

[37] 杨爱君，宋李毅. 县域城乡融合推进乡村生态振兴的路径研究 [J]. 农业经济，2023（4）：37-38.

[38] 徐达. 技术变革抑或创新尝试：数字文化赋能城乡融合实现文化共富的探索研究 [J]. 浙江大学学报（人文社会科学版），2023，53（4）：101-112.

[39] 崔树强，周国华，吴国华，等. 空间交互视角下长株潭城市群地区城乡融合度评价及其驱动机制 [J]. 地理研究，2023，42（4）：1029-1049.

[40] 夏柱智. 乡村振兴战略下县域城乡融合发展的理论与实践：一个分析框架 [J]. 河南社会科学，2023，31（4）：9-17.

[41] 张帅，廖和平，朱琳，等. 重庆市城乡融合发展时空特征与影响机制研究 [J]. 西南大学学报（自然科学版），2023，45（4）：42-54.

[42] 郭晓鸣，丁延武. 以城乡融合促进共同富裕的战略思考 [J]. 经济纵横，2023（3）：8-16.

[43] 薛广义，薛松. 城乡融合背景下推动农村产业与经济融合发展研究 [J]. 农业经济，2023（3）：27-28.

[44] 王廷勇，杨光情，杨丽，等. 进城农民和下乡市民：城乡融合发展中的两大主体的行为逻辑 [J]. 农业经济，2023（3）：74-77.

[45] 牛志勇. 城乡融合背景下人口双向流动与融合制度体系构建

［J］．农业经济，2023（3）：96-98.

［46］齐心，陈珏颖，刘合光．以新发展理念推进城乡融合发展：逻辑与路径［J］．经济社会体制比较，2023（2）：14-23.

［47］范根平，王玲玲．城乡融合的科学内涵及其实践路径：基于马克思主义城乡关系理论的思考［J］．北京交通大学学报（社会科学版），2023，22（1）：146-152.

［48］孙绍勇．新时代全面推进城乡融合发展的共同富裕逻辑旨要［J］．福建论坛（人文社会科学版），2023（3）：5-16.

［49］徐雪，王永瑜．城乡融合的逻辑机理、多维测度及区域协调发展研究：基于新型城镇化与乡村振兴协调推进视角［J］．农业经济问题，2023（11）：49-62.

［50］王昉，张铎．新中国城乡关系思想演进与共同富裕的实践路径［J］．江西社会科学，2023，43（2）：140-154.

［51］方创琳，赵文杰．新型城镇化及城乡融合发展促进中国式现代化建设［J］．经济地理，2023，43（1）：10-16.

［52］王克强，杨亚炫，刘红梅，等．集体经营性建设用地入市影响城乡融合发展研究［J］．农业技术经济，2023（2）：45-63.

［53］张英男，龙花楼．面向城乡融合发展的县域国土空间规划：理论认知与实践探索［J］．中国土地科学，2023，37（2）：1-10.

［54］王中政，黄锡生．论城乡融合发展的空间逻辑［J］．理论月刊，2023（2）：112-122.

［55］罗必良，耿鹏鹏．理解县域内的城乡融合发展［J］．南京农业大学学报（社会科学版），2023，23（1）：16-28.

［56］范建刚，赵志强．城乡融合发展视阈下的乡村产业振兴研究［J］．农村经济，2023（1）：35-44.

［57］孙博文．坚持城乡融合发展，持续缩小城乡差距，促进实现共同富裕：学习阐释党的二十大精神［J］．生态经济，2023，39（2）：13-25.

［58］孙祥栋，王红雨，刘锐剑．中国式城乡融合政策演化、理论框架及其突破进路研究［J］．区域经济评论，2023（1）：43-53.

［59］戈大专，孙攀，汤礼莎，等．国土空间规划支撑城乡融合发展的逻辑与路径［J］．中国土地科学，2023，37（1）：1-9.

［60］胡卫卫，刘畅．城乡融合发展视域下数字治理的价值意蕴、限度

审视与创新路径［J］．北京工业大学学报（社会科学版），2023，23（2）：132-143.

［61］王耀晨，张桂文．中国城乡融合发展进程评价［J］．统计与决策，2022，38（24）：33-38.

［62］李泉．着力推进城乡融合和区域协调发展的实践探索与重点突破［J］．兰州学刊，2023（1）：15-30.

［63］杨一鸣，王健，吴群．中国城乡实体要素流动对城乡融合发展的影响机制研究［J］．地理科学进展，2022，41（12）：2191-2202.

［64］史卫民，彭逸飞．共同富裕下我国城乡融合发展的理论维度与路径突破［J］．西南金融，2022（12）：81-93.

［65］杜志雄．坚持城乡融合，推动县域经济高质量发展［J］．农业经济与管理，2022（6）：1-4.

［66］高强，薛洲．以县域城乡融合发展引领乡村振兴：战略举措和路径选择［J］．经济纵横，2022（12）：17-24.

［67］胡卫卫，张迪，龚兴媛．城乡融合发展中数字治理共同体的三重逻辑与建构路径［J］．华中农业大学学报（社会科学版），2023（2）：112-120.

［68］刘威，梅晶哲．城乡融合发展：西方理论局限与中国实践嵌入［J］．社会科学战线，2022（12）：220-232.

［69］张桂文，王子凤．马克思城乡关系理论中国化的历史演进及实践经验［J］．政治经济学评论，2022，13（6）：86-103.

［70］张明皓，叶敬忠．城乡融合发展推动共同富裕的内在机理与实现路径［J］．农村经济，2022（11）：1-10.

［71］唐莹．城乡融合背景下耕地利用转型新动力与转型推进策略［J］．农村经济，2022（11）：34-41.

［72］李雯骐，张立，张尚武．中国城乡融合研究的议题、评述及展望［J］．城市规划学刊，2022（6）：36-43.

［73］刘志刚．城乡融合发展视域下乡村振兴的文化困境与现实路径［J］．江苏行政学院学报，2022（6）：76-82.

［74］张柯．新时代推动城乡融合高质量发展的逻辑理路及路径选择［J］．农业经济，2022（11）：110-112.

［75］曾佳丽，苏维词，李青松．三峡重庆库区城乡融合发展的时空格局及影响因素分析［J］．地域研究与开发，2022，41（5）：32-38.

［76］王大超，赵红. 中国城乡融合发展效率评价及其影响因素研究 ［J］. 财经问题研究，2022（10）：101-109.

［77］李和平，池小燕，肖竟，等. 县域城乡融合发展单元的构建与发展路径研究 ［J］. 规划师，2022，38（10）：101-108.

［78］高帆. 城乡融合发展如何影响中国共同富裕目标的实现 ［J］. 中国经济问题，2022（5）：12-24.

［79］郭君平，曲颂，刘合光. 中国城乡关系的演进脉络、结构性失衡及重构方略 ［J］. 改革，2022（9）：83-93.

［80］李留青. 城乡融合与电商崛起背景下乡村振兴的发展策略研究 ［J］. 农业经济，2022（9）：50-52.

［81］陈磊，姜海，田双清. 县域城乡融合发展与农村土地制度改革：理论逻辑与实现路径 ［J］. 中国土地科学，2022，36（9）：20-28.

［82］周立，汪庆浩，罗建章. 工农城乡关系的历史演进、时代特征与未来展望 ［J］. 福建论坛（人文社会科学版），2022（9）：54-62.

［83］郑永兰. 乡村振兴战略下的城乡融合发展机制研究：从农民工再嵌行为切入 ［J］. 安徽大学学报（哲学社会科学版），2022，46（5）：120-125.

［84］刘合光. 城乡融合发展视域下的乡村产业发展新方向 ［J］. 人民论坛·学术前沿，2022（15）：62-68.

［85］王林梅，乔丹. 成渝地区双城经济圈城乡融合发展水平测度与优化策略研究 ［J］. 中国西部，2022（4）：33-43.

［86］梁鹏. 乡村振兴战略下河南省城乡融合发展路径研究 ［J］. 农业经济，2022（7）：40-41.

［87］陈志钢，茅锐，张云飞. 城乡融合发展与共同富裕：内涵、国际经验与实现路径 ［J］. 浙江大学学报（人文社会科学版），2022，52（7）：68-78.

［88］李宁. 城乡融合发展驱动共同富裕的内在机理与实现路径 ［J］. 农林经济管理学报，2022，21（4）：473-480.

［89］孙良顺，田泽. 迈向更高水平城乡融合的新型城镇化：基于"城乡两栖"的讨论 ［J］. 经济学家，2022，（6）：39-47.

［90］周文. 新型城镇化和乡村振兴背景下的城乡融合发展研究 ［J］. 政治经济学评论，2022，13（3）：87-101.

［91］陈运雄，姚玉梅. 城乡融合发展背景下产业扶贫模式的创新策略

［J］. 农业经济，2022（5）：81-82.

［92］王绍琛，周飞舟. 困局与突破：城乡融合发展中小城镇问题再探究［J］. 学习与实践，2022（5）：107-116.

［93］马斌，宋智勇. 基于乡村振兴视角的城乡融合研究［J］. 宏观经济管理，2022（5）：76-84.

［94］方创琳. 城乡融合发展机理与演进规律的理论解析［J］. 地理学报，2022，77（4）：759-776.

［95］蒋永穆，胡筠怡. 从分离到融合：中国共产党百年正确处理城乡关系的重大成就与历史经验［J］. 政治经济学评论，2022，13（2）：13-28.

［96］刘守英，龙婷玉. 城乡融合理论：阶段、特征与启示［J］. 经济学动态，2022（3）：21-34.

［97］熊易寒. 城乡融合、要素流动与乡村振兴［J］. 人民论坛，2022（5）：32-35.

［98］孔祥智，谢东东. 城乡融合发展面面观：来自县域的报告［J］. 河北学刊，2022，42（2）：129-139.

［99］龚勤林，陈说. 新中国成立以来党领导城乡关系调整的历程与经验［J］. 经济问题探索，2022（2）：1-14.

［100］孔祥智，谢东东. 缩小差距、城乡融合与共同富裕［J］. 南京农业大学学报（社会科学版），2022，22（1）：12-22.

［101］王留鑫，赵一夫. 基于城乡融合视角的乡村振兴实现路径［J］. 宁夏社会科学，2022（1）：97-102.

［102］刘合光. 以共同富裕为目标推进城乡融合发展的逻辑与路径［J］. 社会科学辑刊，2022（1）：149-157.

［103］刘合光. 城乡融合发展的进展、障碍与突破口［J］. 人民论坛，2022（1）：46-49.

（四）外文期刊类

［1］PIKNER T, PITKÄNEN K, NUGIN R. EmergentRural-urban relations in covid-19 disturbances：multi-locality affecting sustainability of rural change［J］. Sociologia ruralis, 2023, 63（3）：564-587.

［2］MOTTA P, JAIME C, ESCOBAR S F. Transformation of urban-rural relationships in the context of global challenges［J］. The international journal of social quality, 2022, 12 (2): 25-50.

[3] KARLHEINZ K, ALEXANDRA A, FRANCESCA G, et al. Transitioning towards a sustainable wellbeing economy—implications for rural-urban relations [J]. Land, 2021, 10 (5): 1-21.

[4] R. N S. Ruralperspectives on Asia's urban-rural relations [J]. The journal of Asian studies, 2021, 80 (2): 540-543.

[5] CHURCH P S, FLORESS M K, ULRICH-SCHAD D J, et al. How water quality improvement efforts influence urban-agricultural relationships [J]. Agriculture and human values, 2020 (prepublish): 1-18.

[6] ABBASI M. Urban-rural relations in mandatory palestine: tiberias, urban notables and control of the Palestinian countryside, 1918—1948 [J]. Journal of holy land and Palestine studies, 2020, 19 (1): 81-99.

[7] FORLEO B M, BENEDETTO G. Creative cities of gastronomy: towards relationship between city and countryside [J]. International journal of gastronomy and food science, 2020, 22: 247-249.

[8] ZAZO-MORATALLA A, TRONCOSO-GONZÁLEZ I, MOREIRA-MUÑOZ A. Regenerative food systems to restore urban-rural relationships: insights from the concepción metropolitan area foodshed (Chile) [J]. Sustainability, 2019, 11 (10): 1-22.

[9] OESTREICHER S J, FATORELLI L, MERTENS F, et al. Rural livelihood trajectories in the central brazilian amazon: growing inequalities, changing practices, and emerging rural-urban relationships over nearly a decade [J]. World development perspectives, 2018, 12 (3): 10-12.

[10] FRANÇOIS B, LISA B, GILLES D, et al. Energy transition: the el dorado of urban-rural relationships? The case of metropolitan and upland TEPOS [J]. Revue de géographie alpine, 2018, 35 (4): 106-112.

[11] LAZZARINI L. The role of planning in shaping better urban-rural relationships in bristol city region [J]. Land use policy, 2018 (71): 311-319.

[12] NAYLOR M. Footpaths lead to better urban-rural relationships [J]. Farmers weekly, 2017, 168 (1): 223-225.

[13] ANDREW M. "Book-review" rural-urban relationships in the nineteenth century: uneasy neighbours? [J]. Urban history, 2017, 44 (2): 351-352.

［14］ MCTOMINEY A. Rural-urban relationships in the nineteenth century: uneasy neighbours? ［J］. Urban history, 2017, 44 (2): 1-30.

［15］ NEO H, POW P C. The weight of small cities: development and the rural-urban nexus in Jinghong, Southwest China ［J］. The professional geographer, 2015, 67 (4): 555-563.

［16］ SALI G, CORSI S, MONACO F, et al. Urban-rural relationships in feeding metropolis: a case study in ljubljana metropolitan area ［J］. Advanced engineering forum, 2014, 23 (4): 1-6.

［17］ KEMP L R. Town and Gown Relations Revitalize America's Downtowns ［J］. National civic review, 2014, 103 (2): 27-29.

［18］ ARONSON R D. Ijebu Yoruba Urban-rural relationships and class formation ［J］. Canadianjournal of African studies/La revue canadienne des études africaines, 2014, 5 (3): 263-279.

［19］ SOARES M J, SIOLARI M, DIAS S F. Habits and ways of life inside minas gerais a contribution to the discussion about the relationship citycountryside in Brazil today ［J］. Labor &engenho, 2014, 8 (1): 5-17.

［20］ MARSDEN T. Sustainable Place-making for Sustainability Science: the contested case of agri-food and urban-rural relations ［J］. Sustainability Science, 2013, 8 (2): 213-226.

［21］ CARMO M R. Polycentrism as a multi-scalar relationship between urban and rural areas: the case of portugal ［J］. European planning studies, 2013, 21 (2): 149-166.

［22］ LAUREN D, MARION W. The devil wears dockers: devil pacts, trade zones, and rural-urban ties in the dominican republic ［J］. New west Indian guide, 2013, 87 (3-4): 294-321.

［23］ REBAI N. Commercial agriculture and territorial resistance: analysis of urban-rural relations in the province of azuay ［J］. Eutopia: revista de desarrollo economico territorial, 2013 (1): 69-81.

［24］. LARRALDE-CORONA. The transformation of labor, geographic mobility, and town-country relations in the rural area of the State of Mexico ［J］. Economía, 2012, 12 (40): 123-125.

［25］ ANH T N, RIGG J, HUONG T T L, et al. Becoming and being urban in hanoi: rural-urban migration and relations in Viet Nam [J]. The journal of peasant studies, 2012, 39 (5): 1103-1131.

[26] NOGAR G, ADA, JACINTO P, et al. Old trajectories, new organisations: an analysis of territorial transformations in urban-rural relations in the argentinean pampas [J]. Cuadernos de desarrollo rural, 2012, 9 (69): 67-82.

[27] ORTEGA R R. Urban-rural relations in the central region of mexico: a viewpoint from tlaxcala [J]. Urbani Izziv, 2012, 23 (supplement 2): 11-21.

[28] TAPPE O. Memory, tourism, and development: changing sociocultural configurations and upland-lowland relations in Houaphan Province, Lao PDR [J]. Sojourn: Journal of social issues in Southeast Asia, 2011, 26 (2): 106-111.

[29] WOKOUN R, KOURILOVA J, PELUCHA M, et al. Prospective future trends in urban-rural relationships within the territorial agenda of the eu: a critical analysis of implementation with a special focus on the example of the Czech Republic [J]. European planning studies, 2010, 18 (11): 1881-1896.

后　记

　　"城乡融合发展"的概念虽然是在党的十九大报告中首次提出的，但是成渝地区是我国较早关注到城乡差距并积极探索实行城乡一体化发展路径的地区。早在 2003 年成都就率先开展统筹城乡改革，2007 年国家发展和改革委员会批准重庆市和成都市设立全国统筹城乡综合配套改革试验区。恰好在求学和工作阶段，本人有幸参与了成渝城市群以及相关地市县的相关规划的制定，走访了四川和重庆的诸多市县，并对这些地区城乡发展进行了深入调研和持续关注，发表了关于城乡统筹方面的学术论文。

　　2020 年 1 月，中央财经委第六次会议提出加快推动成渝地区双城经济圈建设，将推动成渝地区发展上升为国家战略。从"成渝经济区"到"成渝城市群"再到"成渝地区双城经济圈"，不仅仅是称谓的变化，更是国家孜孜探索科学培育西部地区经济增长极过程的体现。2021 年，《成渝地区双城经济圈建设规划纲要》将推动城乡融合发展作为成渝地区双城经济圈建设的重点任务。城乡融合发展成为推进成渝地区双城经济圈协调发展和乡村振兴，推动实现共同富裕的重要路径，同时也为研究中国城乡融合发展问题提供了典型区域样本。

　　基于此，本人结合自己的研究基础和兴趣点，选择了"成渝地区双城经济圈城乡融合发展"这一研究议题，试图在马克思主义政治经济学视角下，探寻成渝地区双城经济圈城乡融合发展的实现逻辑，积极构建符合成渝地区双城经济圈区域本土化特征的城乡融合发展统计侦测体系，探索成渝地区双城经济圈城乡融合发展的现实策略，以期为中国特色城乡融合发展提供理论和经验借鉴。

　　本书有幸得到四川大学马克思主义学院出版项目资助。在本书的撰写过程中，有幸得到众多师友的不吝支持，在此一并感谢。此外，还要特别感谢西南财大出版社的编辑老师及相关工作人员的大力支持。